REFÉNS

A LUTA PELA LIBERDADE EDUCACIONAL

NUNCA MAIS

E O FUTURO DAS CRIANÇAS AMERICANAS

EX-SECRETÁRIA DE EDUCAÇÃO DOS ESTADOS UNIDOS

Betsy DeVos

PREFÁCIO POR **FERNANDO L. SCHÜLER**

Betsy DeVos

REFÉNS
NUNCA MAIS

A LUTA PELA LIBERDADE EDUCACIONAL
E O FUTURO DAS CRIANÇAS AMERICANAS

TRADUÇÃO POR BEATRIZ BEZERRA
PREFÁCIO POR **FERNANDO L. SCHÜLER**

SÃO PAULO | 2024

Título original: *Hostages no more: the figth for education Freedom and the future of the American Child*
Copyright © Acton Institute
Copyright© da edição brasileira 2024 – LVM editora

LVM Editora, sediada na
Rua Leopoldo Couto de Magalhães Júnior, 1098, Cj. 46 - Itaim Bibi
04.542-001 • São Paulo, SP, Brasil
Telefax: 55 (11) 3704-3782
contato@lvmeditora.com.br

Editor-Chefe | Pedro Henrique Alves
Editora assistente | Georgia Kallenbach, Geizy Novais e Felipe Saraiça
Tradução | Beatriz Bezerra
Revisão e preparação de texto | Adriana Alevato e Pedro Henrique Alves
Capa | Mariangela Ghizellini
Diagramação | Décio Lopes

Impresso no Brasil, 2024

Dados Internacionais de Catalogação na Publicação (CIP)
Angélica Ilacqua CRB-8/7057

D512n DeVos, Betsy

Reféns nunca mais: a luta pela liberdade educacional e o futuro das crianças americanas / Betsy DeVos; tradução de Beatriz Bezerra. - São Paulo: LVM Editora, 2024.
336 p.

ISBN 978-65-5052-182-0
Título original: *Hostages no more: the figth for education Freedom and the future of the American Child*

1. Educação e Estado - Estados Unidos 2. Educação - Estados Unidos – História – Séc. XXI 3. Conservadorismo I. Título II. Bezerra, Beatriz

24-1214   CDD 370.973

Índices para catálogo sistemático:

1. Educação e Estado - Estados Unidos

Reservados todos os direitos desta obra.

Proibida toda e qualquer reprodução integral desta edição por qualquer meio ou forma, seja eletrônica ou mecânica, fotocópia, gravação ou qualquer outro meio de reprodução sem permissão expressa do editor.

A reprodução parcial é permitida, desde que citada a fonte.

Esta editora empenhou-se em contatar os responsáveis pelos direitos autorais de todas as imagens e de outros materiais utilizados neste livro.

Se porventura for constatada a omissão involuntária na identificação de algum deles, dispomo-nos a efetuar, futuramente, os possíveis acertos.

Para Dick, meu amado marido
e um homem verdadeiramente magnífico.

SUMÁRIO

9 | Prefácio
Liberdade de escolha e diversidade educacional

21 | Introdução
O que ninguém foi capaz de dizer

29 | Capítulo 1
A oportunidade de uma vida

51 | Capítulo 2
O sistema educacional nada americano

86 | Capítulo 3
"O verdadeiro debate não é sobre Betsy DeVos"

111 | Capítulo 4
O pântano

138 | Capítulo 5
As escolas do futuro estão aqui e agora

166 | Capítulo 6
Não há nada de civil nos direitos civis

192 | Capítulo 7

A estrada do ensino superior

221 | Capítulo 8

A agenda da liberdade educacional

264 | Capítulo 9

O grande despertar parental

300 | Capítulo 10

O que um pai deve fazer?

323 | Epílogo

329 | Agradecimentos

332 | Sobre a autora

PREFÁCIO

LIBERDADE DE ESCOLHA E DIVERSIDADE EDUCACIONAL

Fernando L. Schüler[1]

Betsy DeVos era secretária nacional de educação e fazia uma visita a uma pequena escola luterana no Estado de Wisconsin. Do lado de dentro da escola, crianças de famílias com menor renda, a maioria negra, contavam sobre sua vivência naquela ótima escola, a qual tinham acesso porque o Estado mantinha um forte programa de *voucher* educacional. Do lado de fora, uma turma de militantes e ativistas sindicais, a maioria branca e de classe média, gritavam palavras de ordem contra o programa e a própria presença da Secretária. Em um certo momento, o pai de uma das crianças foi até eles e disse, simplesmente: "Vocês estão vociferando sobre os filhos de outras pessoas". A frase dizia muito sobre o debate educacional americano. É bastante provável que aquelas pessoas que protestavam tivessem mais acesso a alternativas educacionais do que aquelas famílias que haviam recebido uma ótima chance de

---

1. Fernando L. Schüler é Professor do Insper, em São Paulo, Doutor em Filosofia e Mestre em Ciências Políticas pela Universidade Federal do Rio Grande do Sul (UFRGS), com Pós-Doutorado pela Universidade de Columbia, em Nova Iorque. É Especialista em Políticas Públicas e Gestão Governamental, pela Escola Nacional de Administração Pública (ENAP) e Especialista em Gestão Cultural e Cooperação Ibero-americana pela Universidade de Barcelona (UB). É colunista da Revista Veja e do Grupo Bandeirantes de Comunicação. (N. E.)

escolher a escola de seus filhos. Mas elas estavam lá, e não pareciam muito preocupadas com isso. O mesmo ocorre no debate brasileiro, apenas de uma forma mais cruel. Uma elite defendendo o sistema de monopólio estatal da educação pública para as famílias de menor renda, que reúnem mais de 80% dos alunos brasileiros, enquanto reservam para si mesmos o monopólio do direito de escolha sobre a educação de seus próprios filhos.

Há um problema essencialmente ético, aí. Não se trata da visão de Betsy ou da defesa desta ou daquela visão política. A escolha educacional deve ser entendida como um direito. A "escolha mais importante", como me definiu um colega, também pai, tempos atrás, e da qual nenhum pai ou mãe abriria mão de realizar, se dispusesse das condições adequadas para fazê-lo. E são precisamente estas condições que cabe ao Estado assegurar. Ao longo de todos estes anos, participando do debate educacional, nunca encontrei um só defensor do monopólio estatal da educação pública que, tendo as condições econômicas, abrisse mão de exercer, ele mesmo, este direito. De modo que este debate diz respeito a uma defesa da igualdade. Em síntese: oferecer aos mais pobres o mesmo direito de que já dispõem as famílias de maior renda. Vem daí a força do argumento apresentado por Betsy deVos, com clareza, neste livro. Ele interessa primeiramente aos alunos e famílias de menor renda. São eles os "reféns", como sugere Betsy, de um sistema impessoal e aleatório, que define muito do futuro de suas crianças. E aos educadores e formuladores de políticas públicas sensíveis a seus direitos.

É possível que ninguém traduza melhor essa ideia do que as histórias de Annette "Polly" Williams e Virgínia Ford. Williams foi a ativista negra e líder democrata que inspirou e, de certo modo, criou o primeiro programa americano de *voucher* educacional de maior escala, em 1989, no Estado de Milwaukee. "Não importa quem está na Casa Branca, no parlamento, no tribunal ou na prefeitura. Não importa quem controla qualquer uma dessas casas", ela costumava dizer. "Importa quem controla nossa casa. Todas estas outras casas [deveriam] responder e respeitar o que os pais querem para os seus filhos". Sua história é semelhante a de Virginia Ford, também ela uma mãe e ativista negra.

Virginia foi uma das primeiras crianças negras a frequentarem uma escola dessegregada, aos 14 anos, em Little Rock, Arkansas, nos anos 1960. Ela conta que não queria entrar naquela escola de maioria branca, atemorizada com o *bullying* e a discriminação, mas seu pai lhe disse que "estava abrindo um caminho para todas as crianças negras americanas". E ela de algum modo levou aquilo como uma missão. Já adulta, morando em Washington, sentiu um novo tipo de segregação, desta vez econômica, com seus próprios filhos e as crianças negras de sua comunidade. E foi a partir dali que se envolveu na exigência de um vale educacional, terminando por inspirar a criação do Opportunity Scholarship Program, em Washington D.C, em 2003. Não por acaso, Williams e Ford ainda hoje são chamadas de "mães da livre escolha educacional", nos Estados Unidos.

Uma coisa que impressiona, lendo o relato de Betsy, é a semelhança entre o contexto e os embates nos Estados Unidos e no Brasil. Em vários estados americanos, ainda subsistem as "emendas Blaines", um tipo de cláusula constitucional estadual que veda a parceria dos governos com escolas confessionais. Elas foram criadas ainda no século XIX, com a ideia de obstruir a parceria pública com escolas católicas, mas hoje servem à lógica corporativa dos sindicatos. No Brasil, temos a permissão explícita, na Constituição, em seu Art. 213º, para uso dos recursos públicos em parceria com escolas "filantrópicas, confessionais e comunitárias". Esta formulação foi o resultado de um amplo debate, no processo constituinte brasileiro, cuja resultante foi a criação de um regime misto de oferta da educação pública. A decisão de que nossa educação pública poderia ser publica-estatal ou pública-não estatal. Nos anos que se seguiram, isto foi alterado a partir da criação do Fundeb e da proibição de uso dos recursos do Fundo para parcerias com o setor privado sem fins lucrativos. Aquilo que é explicitamente autorizado, na Constituição, foi vedado, em uma legislação infraconstitucional.

Outro aspecto tragicamente similar entre a realidade americana e brasileira é o da segregação social e racial produzida pelo sistema de monopólio estatal da educação pública. "Em uma área importante a educação", diz Betsy, "temos um sistema que é institucionalmente racista contra negros e outras minorias; um sistema que os prende em escolas ruins sem possibilidade de escape". É exatamente o que ocorre no Brasil. O sistema privado de ensino, majoritariamente branco e de maior renda, obtém uma nota similar a dos Estados Unidos, no Pisa, a cada três anos; já o sistema estatal, basicamente feito pelas redes estaduais de ensino, majoritariamente negro e de menor renda, obtém-se um resultado similar a do Marrocos e Uzbequistão. A diferença na média entre os dois sistemas é de cerca de 100 pontos, o que representa, grosso modo, uma distância de três anos de aprendizagem. Criamos um sistema no qual cerca de 15% dos alunos provêm de famílias com capacidade para escolher, escapam do sistema estatal e obtém um melhor resultado. Os demais 85% não dispõe dessa prerrogativa. O sistema público de educação, que em tese deveria produzir uma maior igualdade social, termina por gerar um resultado na direção contrária.

O impacto que isto produz não é apenas econômico ou associado à formação profissional e acesso ao mercado de trabalho. Há efeitos sobre a coesão social e a permanência do preconceito. Foi o que demonstrou o psicólogo social Gordon Allport, já nos anos 1950. Em um experimento, comparou-se unidades do exército americano em que já havia a convivência entre soldados negros e brancos, com unidades ainda segregadas. Nestas últimas, 63% dos soldados recusavam a "inclusão de negros e brancos, lado a lado". Nas unidades em que a convivência já existia, a rejeição caia a 7%. Era justamente a convivência humana que tinha o poder de confrontar o preconceito. Não o contato esporádico, ao estilo das redes sociais. Mas o compartilhamento da experiência humana, em especial nos anos de formação, no ambiente escolar. O mesmo ocorre quando o tema é a mobilidade social. Quem demonstrou isto foi o pesquisador de Harvard, Raj Chetty. Ele fez um estudo mapeando mais de 21 bilhões de conexões no Facebook, envolvendo perto de 84% dos americanos entre 25 e 44 anos. Os resultados mostram claramente o impacto positivo do capital social gerado na escola, na forma de contato com colegas e famílias de maior renda, sobre as chances de vida. E não se trata apenas de aspectos triviais, como a indicação para algum emprego. Mas da forma como moldamos aspirações. "Se você nunca conheceu alguém que fez faculdade", diz Chetty, "terá menos estímulo para buscar uma faculdade ou um lugar como Harvard." Allport e Chetty mostram algo bastante interessante: o compartilhamento de um mesmo mundo social produz um duplo efeito: permite a quem tem menos aspirar mais alto. E a quem tem mais, cultivar o respeito.

Programas que permitem a escolha educacional, que oferece um *voucher* para que os alunos escolham onde estudar, podem produzir exatamente este resultado. É o que se observa, por exemplo, na experiência dos alunos que recebem uma bolsa do Instituto Ponte, no Estado do Espírito Santo. O Instituto trabalha com recursos privados e parcerias com boas escolas privadas. Oferece uma chance a alunos de menor renda para que estudem nas mesmas escolas em que estudam seus pares de maior renda. É evidente que isto poderia ser feito em muito maior escala, a partir do poder público. No Brasil, a experiência do ProUni demonstra com clareza esta possibilidade. O Programa tem duas décadas, já ofereceu mais de três milhões de bolsas, tem um custo operacional muito baixo e quase nenhuma burocracia. Pesquisa conduzida pelo IPEA mostrou que os alunos bolsistas integrais obtêm uma nota 10 pontos superior, na média, aos não bolsistas, no ENADE. As perguntas relevantes a serem feitas são: se um programa como o ProUni funcionou no ensino superior, por que não poderia funcionar também no ensino básico? Se os alunos de menor renda, adultos, podem escolher a faculdade onde irão estudar, e obtém bons resultados, porque estes mesmos alunos, ou seus pares, com o mesmo perfil, não poderiam escolher uma escola para seus filhos, caso dispusessem dessa oportunidade? Nosso conservadorismo, no debate educacional, faz com que cronicamente evitemos estas perguntas. E quando elas são feitas, as respostas já vêm prontas. O melhor caminho seria a implementação de programas piloto, desenhados à luz da melhor experiência nacional e internacional sobre o tema. Experiências de "livre escolha educacional controlada". Programas devidamente focalizados, para alunos de menor renda; que ofereçam suporte para a adaptação dos alunos a um ambiente escolar mais exigente e em que as escolas credenciadas atendam a padrões de qualidade previamente definidos.

Há algo muito estranho em nosso debate público. Falamos em "diversidade", criamos quotas, queremos resolver o *gap* racial nas empresas, mas quando se trata da educação básica, empurramos o assunto para debaixo do tapete. Exatamente na fase em que se formam nossas aspirações e visões de mundo, parecemos fazer de conta que o problema não existe. Ao invés de encarar o problema de frente, dobramos a aposta em um sistema estatal parado no tempo. No fundo, há um certo cinismo nisso tudo, pois a elite que tem o poder de tomar decisões, no campo educacional, já tem acesso a um mundo diverso em termos de alternativas educacionais. Acesso a múltiplas opções de mercado. Mas por alguma razão, imagina que os demais, com menor renda, não devam ter acesso a estas mesmas oportunidades.

Um aspecto essencial neste debate diz respeito aos resultados acadêmicos obtidos por diferentes modelos de oferta educacional. Trata-se de uma discussão que dificilmente pode ser feita em abstrato. Não faz muito sentido determinar que o "Estado" sempre entregará os melhores resultados, em educação, ou que isto sempre será feito pelo "mercado". Isto pela simples razão de que há diferentes modelos de Estado, no plano global, e que mesmo no contexto de cada país há diferentes modelos regulatórios. Neste sentido, é perfeitamente possível que um modelo de Escolas Charter mal desenhado obtenha resultados piores do que uma gestão estatal centralizada, mas funcional. E vice-versa. É evidente que é possível dizer, de um modo geral, que incentivos de mercado, bem desenhados, tendem a produzir eficiência, e que o direito à escolha educacional é um tipo de valor que devemos prezar, como tal. Dito isto, é preciso avaliar caso a caso, entrar no detalhe, observar diferentes contextos e oferecer autonomia para que os gestores optem pelas melhores alternativas. O que realmente não faz sentido é a pura e simples imposição do monopólio estatal. A insistência na ideia de que "educação pública" é sinônimo de "educação estatal". Que tudo deva se resumir, sempre e eternamente, à reprodução de um só modelo. Independentemente dos resultados que ele apresenta.

Os dados disponíveis muitas vezes oferecem sinais contraditórios. Mas há algumas indicações bastante consistentes. O Center for Research on Educational Outcomes (CREDO), da Universidade de Stanford, em seu terceiro relatório nacional sobre o desempenho das Charter Schools, nos Estados Unidos, mostra que "os alunos das escolas charter têm em média 16 dias a mais de aprendizado em leitura e 6 a mais em matemática, em um ano letivo, comparativamente a seus pares em escolas públicas tradicionais". E, mais importante, que "estudantes negros e hispânicos e em situação de pobreza têm um ganho educacional ainda mais forte". Os estudos mostram que o desempenho das Escolas Charter é maior entre alunos negros e de menor renda, e que ele obedece a um ritmo crescente, ano após ano. Outro dado relevante: as redes de Escolas Charter (Charter Networks), com mais estrutura e ganhos de escala, tendem a ter resultados melhores. O estudo de Stanford mostra ainda que "alunos que frequentam a Success Academy, em Nova Iorque, receberam, em média, o equivalente a cento e trinta e sete dias a mais de aprendizado em leitura e duzentos e trinta e nove dias a mais de matemática em comparação aos alunos de escolas públicas tradicionais, em Nova York, entre 2011 e 2016". Este é um importante indicativo: não basta alterar um modelo. É preciso prestar atenção à regulação. Aprender com as melhores experiências, que estão à nossa disposição, internacionalmente, e adotar os procedimentos mais eficientes.

O mesmo ocorre com os modelos de *voucher*. Uma ampla pesquisa conduzida por M. Danish Shakeel (Harvard) e outros pesquisadores, sistematizando informações de vinte e um estudos sobre onze programas de *voucher*, concluíram que "programas de *vouchers* tendem a aumentar moderadamente os resultados nos testes padronizados, em especial nos países em desenvolvimento que apresentam um grande *gap* na qualidade das escolas públicas e privadas". As conclusões do estudo estão em linha com a melhor pesquisa acadêmica sobre o tema. Dizendo de uma maneira simples: não há fórmula mágica. Nenhum modelo, por si só, representa a garantia de melhores resultados educacionais. O desafio que temos à frente, e é exatamente este o ponto de Betsy DeVos, é encontrar a melhor combinação entre valores que consideramos essenciais, como é o direito à escolha educacional, com um modelo regulatório capaz de produzir a melhor performance escolar. É este o ponto central do relatório "School Choice and School Vouchers", da OCDE, em 2017, observando que "a escolha educacional só gerará os benefícios esperados quando a escolha for real, relevante e significativa". Isto é, se houver uma real abertura a oportunidades educacionais, se não houver restrições à entrada de diferentes modelos de escolas no sistema e se não houver discriminação ou seleção de alunos. De outra parte, é preciso conceder autonomia às escolas, de um lado, e, de outro, manter um modelo eficiente de supervisão e acompanhamento de resultados, por parte do governo. "Apesar do que os críticos possam dizer", conclui o relatório, "escolha educacional, por si só, não assegura nem prejudica a qualidade da educação". O que realmente faz a diferença é o modelo regulatório. As "regras do jogo" criadas pelo governo para o trabalho das escolas e a oferta dos *vouchers*. Se o governo, por exemplo, resolver intervir nas escolas, impondo padrões pedagógicos e burocráticos, o sistema tende a perder aquela que é, ou deveria ser, sua maior virtude: a liberdade das escolas para operar em um ambiente de mercado e competir pela adesão das famílias. Ao Estado, neste modelo, cabe a supervisão do resultado e a preservação de algumas regras fundamentais, como o princípio da não-discriminação.

O livro conta também a aventura pessoal e política de Betsy. Seu maior "pecado", na perspectiva de seus inimigos, foi ter definido para si uma causa que toca no nervo da questão educacional americana: a pergunta sobre se o sistema será pautado pelos "provedores", isto é, pelos burocratas e profissionais que atuam no próprio sistema, ou terá o aluno como foco central. Nesse aspecto, sua resposta não é a defesa intransigente deste ou daquele modelo. Sua resposta é fundamental- mente oposta: a recusa do monopólio deste ou daquele modelo. Há muitas soluções possíveis para a oferta pública da educação. Há muitas variedades de Escolas Charter. Redes nacionais, escolas comunitárias, organizações com ou sem fins lucrativos. O mesmo acontece com os sistemas de *voucher*. Nesta mesma lógica, no Brasil temos a possibi- lidade das PPPs educacionais, parcerias público-privadas, serviços sociais autônomos (SSA), adotados pelas escolas do Senai e do Senac. Qualquer uma dessas alternativas pode e deve ser avaliada. Estados Unidos e Brasil têm um aspecto em comum: são países continentais, com uma imensa diversidade regional. O ponto central de Betsy, que vale igualmente para o Brasil, é que não faz sentido impor um único modelo a partir de Washington (ou Brasília), à revelia do que se passa nos estados e municípios. "Não me concentro no 'tipo' de escola", diz ela, "no adjetivo que colocam depois da palavra (pública, Charter, privada, religiosa, entre outros)". A questão essencial são os valores envolvidos no processo. Em primeiro lugar, a "personalização" do ensino, ao invés da padronização. Em segundo lugar, a oferta de autonomia para que os gestores locais usem dos instrumentos e mecanismos institucionais que melhor se adaptam a cada realidade. Por último, o respeito ao direito elementar das famílias de escolher a escola em que seus filhos irão estudar.

Há aí uma visão sobre aquilo que é realmente importante, no processo educacional. É possível que a palavra "accountability" seja adequada para resumir bem este ponto. Em última instância o segredo de um bom sistema educacional é que ele seja adequadamente *accountable* ou "responsivo" às famílias dos estudantes. "Sempre acreditei que a maneira mais efetiva de prestação de contas de uma escola", diz Betsy, "é fazê-la com a resposta dos seus alunos e famílias". E concluí: "nada pode competir com a informação que vem de uma família livre para deixar uma escola que não está atendendo suas necessidades". Trata-se aqui do conhecido "votar com os próprios pés". Um direito que todos nós exercemos, no dia a dia, quando não estamos satisfeitos com algum tipo de serviço ou situação qualquer. A pergunta relevante, aqui, é: por que isto deveria ser diferente com a educação? Em algum momento, criou-se a estranha tese de que as famílias mais pobres não são capazes, em algum sentido, de fazer uma boa escolha educacional. Inútil perguntar de onde se tirou esta ideia. E mais: criou-se também a ideia de que a provisão pública da educação somente pode ser feita pela máquina do Estado. Como se a própria burocracia estatal detivesse um estranho tipo de "direito", e não os cidadãos. Os alunos e as famílias. Por fim, há o peso da inércia, nisso tudo. A pura e simples resistência à mudança. Ao pensar diferente. O "é assim porque sempre foi", na definição clássica do nosso velho tradicionalismo político, dada por Raymundo Faoro.

Acho curioso quando acusam uma pessoa com a visão de Betsy como "ideológica". Quando escuto isso, me pergunto o que seria mais ideológico: defender que as famílias tenham o direito de decidir sobre a educação de seus filhos? E os gestores a autonomia para escolher entre modelos, com base na realidade local? Ou simplesmente impor a sua visão a partir de Washington ou Brasília, sobre o país inteiro? A visão de Betsy, no fim do dia, é um apelo à diversidade educacional. "Ótimas escolas dão atenção à individualidade dos alunos", diz ela. A rigor, não há propriamente um modelo do que seja uma escola inovadora. Pode ser uma escola com forte carga em matemática e introdução à engenharia, e que inclusive ensine a pilotar aviões, como a escola criada por Dick DeVos, em Mineápolis. Ou pode ser uma escola voltada aos valores tradicionais e à autodeterminação individual, como a Acton Academy. Ou ainda uma escola com forte viés para os temas progressistas, como a 21C, no Estado de Indiana. O segredo está precisamente na diversidade. A diversidade que o mercado oferece, mas que foi gradativamente eliminado do universo das redes estatais de ensino e sua tendência à padronização.

O ponto é que a ruptura com o *status quo* educacional mexe com grupos de interesse há muito estabelecidos no sistema. O principal deles é formado pelos sindicatos de professores. São eles que comandaram a oposição, por vezes feroz, a todas as iniciativas de Betsy. No Brasil, os sindicatos igualmente se opõem à reforma educacional. Mas quem de fato comanda este processo, por curioso que pareça, são setores da própria elite empresarial e seus institutos, fundações e movimentos voltados a "melhorar a educação", mas cuja agenda, ao final do dia, é fundamentalmente defender o nosso velho e conhecido sistema de provisão estatal da educação. Isso se mostrou com uma fúria e irracionalidade toda especial quando da votação do novo Fundeb, no Congresso, em 2020. Em um certo momento do processo, a Câmara dos Deputados aprovou uma tímida proposta facultando aos gestores públicos o uso de até 10% dos recursos do Fundo para firmar parcerias com instituições filantrópicas de ensino. Era um mínimo de autonomia para que gestores pudessem firmar parcerias com escolas comunitárias, através da lei 13.019/14, que explicitamente previa os chamados termos de fomento e de colaboração na área da educação. Imediatamente, formou-se uma ampla e furiosa aliança entre sindicatos, partidos de esquerda e institutos empresariais para reverter, no próprio Congresso, aquela decisão. E conseguiram. Perto de duas centenas de deputados que haviam votado autorizando aquela tímida reforma, na semana seguinte votaram exatamente na direção oposta, sob o efeito da pressão unificada de toda a corporação educacional.

O livro conta um pouco da aventura pessoal e política de Betsy e permite um olhar sobre o dia a dia da política americana. Não deixa de ser algo chocante os relatos sobre os ataques pessoas, as ameaças constantes de violência, as turbas à frente das escolas e a necessidade de uma secretária de educação recorrer ao U.S. Marshals, para sua segurança. Não deixa de ser um retrato da decadência política de uma grande democracia. Um sinal de que talvez tenhamos desaprendido alguma coisa, no trato da esfera pública. Desaprendido a divergir com civilidade, quem sabe sob o efeito daninho das redes sociais e seu universo de baixa empatia e pouco afeito à reflexividade. É precisamente por isso que vale à pena ler o livro de Betsy. Ela conta, lá no fundo, a história de alguém que decidiu mover-se, na vida, em defesa de certos valores. Dentre estes valores, aquele quem melhor define a experiência moderna: a liberdade individual. O direito de não ser "fabricado" por uma gigantesca máquina impessoal de educação, sobre a qual não dispomos de poder nenhum. Na prática, transformar em um direito o que hoje funciona como um privilégio: o poder de fazer escolhas. De "mandar em nossa própria casa", como bem definiu Annette "Polly" Williams. Um direito do qual não deveríamos abrir mão.

INTRODUÇÃO

O QUE NINGUÉM FOI CAPAZ DE DIZER

No outono de 2021, um político contou a verdade e deu início a um movimento.

Glenn Youngkin, o candidato mais desfavorecido a governador de Virgínia, defendeu o controle dos pais sobre a educação dos filhos em um debate. Terry McAuliffe, que era o líder na disputa, respondeu: "Eu não acho que os pais devem ditar o que as escolas devem ensinar".

Alguns chamaram isso de "gafe" – um erro. Mas erros não motivam um milhão de comentários raivosos nas redes sociais. Erros não mudam os rumos das eleições. Erros não desencadeiam uma insatisfação parental que mais parece um incêndio em uma pradaria. Apenas a verdade é capaz de fazer isso.

Terry McAuliffe estava falando sério. E os pais em toda a América estavam cientes disso. Foi *isso* que deu início ao movimento. *Ele falou o que ninguém foi capaz de dizer*[2].

No início, quando a Covid-19 disparou, os pais foram pacientes. Eles cooperaram quando as escolas foram fechadas, fazendo sua parte para "parar a disseminação". Mas a situação perdurou por meses e meses – bem depois de ficar claro que as crianças poderiam voltar a estudar com segurança – e o humor dos americanos começou a mudar. Eu percebia isso repetidamente quando me encontrava com

---

2. No original: *He said the quiet part out loud*. (N. E.)

diversos pais. Eles estavam frustrados e, mais importante ainda, seus filhos estavam sofrendo. E as crianças que *mais* sofriam eram aquelas que *menos* tinham condições de ficar fora da escola: as mais pobres e desfavorecidas. Em outras palavras, as mesmas crianças com as quais as pessoas que administram nossas escolas públicas *alegam* se importar mais. Em uma flagrante demonstração de hipocrisia e crueldade, os líderes sindicais e as escolas públicas deram todas as desculpas que podiam para não abrirem as portas. Eles mudaram as regras e fizeram exigências intermináveis – poucas relacionadas à pandemia ou à saúde pública – antes de pensarem em permitir que as crianças voltassem para a sala de aula.

Eles trataram nossos filhos como moedas de troca. Como reféns. Peças em uma luta por poder e recursos – e ideologia.

Mas os *Terry McAuliffes* do mundo fizeram cálculos errados. A história julgará o fechamento prolongado das escolas americanas como um dos maiores fracassos da saúde pública de todos os tempos. Isso também fez com que os pais abrissem seus olhos. Quando as crianças começaram a "aprender" de maneira remota, de suas casas, os progenitores viram, em primeira mão, o que os seus filhos estavam aprendendo nas salas de aula dos Estados Unidos. De repente, tudo estava lá nas telas de computadores sobre as mesas da cozinha. Um número expressivo de pais viu seus filhos aprendendo muito pouco além de como ligar e desligar o áudio de uma conferência do Zoom. Muitos despertaram para todas as coisas que suas crianças deveriam estar aprendendo, mas *não* estavam. Pior ainda: eles viram seus filhos sendo ensinados a odiar seu país e até a si mesmos. Viram planos de aula definindo a fundação do sonho americano – de conquistas e trabalho árduo – como uma conspiração racista, projetada com o objetivo de oprimir certas pessoas propositalmente. A Covid-19 expôs as falhas do sistema. O que os pais viram quando seus filhos estavam assistindo as aulas em casa alimentou o movimento.

À medida que 2021 continuou, pais aborrecidos em reuniões escolares eram o assunto de incontáveis vídeos virais, manchetes de notícias e campanhas comerciais. Eles sentiam que não tinham voz na educação de seus filhos – e mostraram isso. O objeto de sua frustração

deixou de ser o fechamento dos colégios e passou a ser a obrigatorie-
dade de máscaras e, então, a teoria crítica da raça. Mas a disparidade
de poder central demonstrada em cada reunião do conselho escolar
permaneceu a mesma: os pais ficavam de pé atrás de microfones e
imploravam aos funcionários das escolas públicas para que pensassem
em seus filhos. Os funcionários se sentavam em plataformas elevadas
do lado oposto pensando em qual seria o seu preço.

Horace Mann (1796 – 1859), o criador do sistema público de
educação com orientação industrial, certa vez escreveu: "Nós, que
estamos envolvidos na sagrada causa da educação, temos o direito
de ver todos os pais como tendo nos dado reféns para a nossa causa".
Mann afirmou que não se podia confiar nos pais para criar seus
filhos de forma apropriada. Logo, as crianças deviam ser enviadas ao
ensino público compulsório. O sistema escolar que ele criou – que
imitava o modelo de ensino rígido e em massa desenvolvido no século
XVIII, na Prússia – tinha como objetivo impor a conformidade. Todos
aprendendo a fazer as mesmas coisas, da mesma forma, a fim de pre-
pará-los para ocupar as fábricas dos Estados Unidos. Era um sistema
onde educadores treinados, e não os pais, sabiam o que era melhor[3].
Mann falava abertamente sobre os estudantes serem mantidos
"reféns" de sua visão estatista de educação. Hoje em dia, os líderes
sindicais e o *establishment* educacional ainda usam nossas crianças como
reféns de uma causa, entretanto, não falam abertamente sobre qual
é essa causa. A maioria dos pais acredita quando eles dizem que se
dedicam a educar as crianças – o que muitos, muitos professores fazem.
Mas não são os professores que detêm o poder sobre a educação. A
verdadeira causa pela qual o *establishment* educacional tem estado
disposto a sacrificar o ensino de tantas crianças americanas tem pouco
a ver com educar os alunos e empoderar os pais e muito mais a ver

---

3. MANN, Horace. *Lectures and Annual Reports on Education*. Boston: Lee & Shepard,
1872. p. 210.

com enriquecer e apaziguar os adultos. Os empregos, os salários, o inchaço do quadro administrativo e o poder do *sistema* educacional como um todo são as suas causas. Os estudantes são meramente o meio para esse fim.

A consciência cada vez maior da falta de ingerência dos pais diante do sistema público de educação nos levou a um ponto crítico. Os pais do subúrbio aprenderam o que os da cidade sabiam há muito tempo – até mesmo as "boas" escolas se importam mais com as pessoas que as administram do que com as crianças e professores que as frequentam.

Os pais com recursos para tal demonstram seu descontentamento retirando suas crianças dessas escolas. Mudam-se para cidades diferentes ou colocam seus filhos em instituições particulares nas quais podem confiar no seu funcionamento regular. Outros optam por educar seus filhos em casa por causa das mensagens tóxicas que estão sendo ensinadas nas escolas públicas. A escolha escolar, demonizada há muito tempo pelo *establishment* educacional, está deixando de ser uma experiência interessante e se tornando uma necessidade absoluta diante dos olhos de todos. Cada vez mais pais estão se perguntando por que a liberdade educacional, ou seja, o direito de uma família escolher quando, onde e como seus filhos serão educados não é a regra para todas as crianças, mas sim um privilégio apenas para os mais favorecidos.

Essa era de consciência parental não poderia estar acontecendo em um momento pior para as escolas públicas. A questão não foi apenas porque as escolas ficaram desnecessariamente fechadas e as crianças seguiram desnecessariamente mascaradas durante a pandemia. Nem foi pelo fato de terem sido pegas tentando substituir o ensino acadêmico pela doutrinação racial. Mesmo antes da Covid-19 – portanto antes da teoria racial crítica –, as escolas dos EUA vinham fracassando, e os estudantes americanos estavam ficando para trás. O sistema se tornou um albatroz gigante para as famílias de todo o país[4].

---

4. A referência ao "albatroz" remete ao poema de Samuel Taylor Coleridge (1772 – 1834), "Balada do velho marinheiro", e vem sendo usada como metáfora para representar alguém com um obstáculo em sua jornada para alcançar seus objetivos. (N. E.)

Nation's Report Card, que lista os resultados da única avaliação de aprendizado estudantil administrada nacionalmente, apresentou o primeiro declínio registrado nas notas de matemática e leitura para alunos de treze anos nos cinquenta anos de história da avaliação, *antes da pandemia*[5]. Eis alguns exemplos de como a situação está ruim:

- Os 10% com pior desempenho entre alunos de treze anos viram suas notas de matemática caírem treze pontos desde 2012, equiparando-se ao que eram em 1982.
- Os 10% com pior desempenho entre alunos de nove anos viram suas notas de leitura caírem sete pontos desde 2012.
- Alunos negros de treze anos viram suas notas de matemática caírem oito pontos, enquanto alunos latinos tiveram um declínio de quatro pontos, aumentando ainda mais a diferença em relação aos seus colegas brancos.

Nem mesmo os estudantes com bom desempenho viram quaisquer conquistas mensuráveis pré-pandemia. Não houve sequer um ponto positivo em todo o conjunto de dados. Nenhum grupo de alunos, de nenhuma idade e de nenhuma etnia, viu seu desempenho melhorar desde 2012. A maioria apresentou declínios.

Novamente, isso foi *antes* de a Covid-19 fechar escolas e interromper o aprendizado.

Algumas pessoas dizem que a solução é injetar mais dinheiro, mas os dados contam uma história diferente. Os gastos por aluno em dólares constantes quase triplicaram desde a década de 1960. Atualmente, os Estados Unidos gastam, em média, 37% a mais por aluno do que todos os outros países desenvolvidos[6]. Mesmo assim, as notas das provas de matemática e ciência não estão melhorando. De acordo com o Programa Internacional de Avaliação de Alunos

---

5. NAEP Long Term Trend Assessment Results: Reading and Mathematics. The Nation's Report Card, 2020. Disponível em: https://www.nationsreportcard.gov/

6. EDUCATION Expenditures by Country. National Center for Education Statistics. Disponível em: https://nces.ed.gov/programs/coe/indicator/cmd/education-expenditures-by-country. Acesso em: maio 2021.

(PISA)[7] de 2018, os estudantes americanos ficaram em 37º lugar em matemática[8] em todo o mundo. Em leitura e ciência, estamos entre o décimo e o vigésimo lugares. Na verdade, o país não aparece entre os dez primeiros colocados no mundo em *nenhuma* disciplina avaliada.

Fazer a mesma coisa – e ainda mais intensamente – não trará resultados novos. Albert Einstein definiu essa atitude como insanidade.

Eu percorri uma longa jornada – mais de trinta anos de trabalho nos EUA para promover a escolha escolar, aconselhar governadores e motivar reformas – para chegar a Washington a fim de defender uma abordagem diferente: a liberdade.

A liberdade define os Estados Unidos. No entanto, para a maioria das pessoas sobre os palanques das reuniões escolares, aplicá-la à educação é impensável. O *establishment* está organizado contra a liberdade porque grupos poderosos são ameaçados por ela. Superar essas forças em nome dos estudantes americanos sempre foi uma luta de titãs. Agora, as mães, os ativistas dos direitos civis, os educadores religiosos e os visionários que participaram dessa luta ganharam novos aliados poderosos: os milhões de pais americanos que estão fartos de serem considerados inconvenientes e desconsiderados pelas escolas públicas.

Os americanos nunca estiveram tão receptivos à mudança dos fundamentos do nosso sistema educacional como hoje. Entretanto, minha experiência de décadas nas trincheiras da liberdade educacional me ensinou que essa nova receptividade deve ser transformada em vontade política – vontade política bipartidária. Isso significa que os Democratas devem repensar seu papel como braço político dos líderes sindicais das escolas, e muitos Republicanos devem reavaliar sua relutância em agir de forma ousada em prol do avanço da possibilidade de escolha escolar.

Chegou a hora de uma abordagem verdadeiramente nova. Tentamos resolver o problema injetando grandes quantidades de dinheiro nas escolas, mas isso não as fez abrir mais cedo durante a pandemia.

---

7. Program for International Student Assessment (PISA). (N. E.)

8. PISA 2018 Mathematics Literacy Results. National Center for Education Statistics, 2018. Disponível em: https://nces.ed.gov/surveys/pisa/pisa2018/pdf/PISA2018_compiled.pdf

Nós tentamos proibir ideologias tóxicas como a teoria crítica de raça, mas isso não parou – e não vai parar – a tendência de doutrinar nossas crianças em escolas administradas pelo governo.

A resposta é a liberdade educativa, que significa empoderar as famílias para que escolham como e onde o dinheiro destinado à educação de seus filhos será gasto – para financiar os alunos, não sistemas ou edifícios. Isso significa dar liberdade aos professores para inovarem e crescerem em suas profissões. Significa devolver o poder aos pais em reuniões escolares.

Nós temos a rara oportunidade de mudar o equilíbrio de poder nas nossas escolas, e precisamos agir rápido.

No fim de setembro de 2021, a Associação Nacional de Conselhos Escolares (NSBA)[9], escreveu uma carta ao presidente Joe Biden equiparando pais que se manifestavam exigindo melhorias para seus filhos a perpetradores de "terrorismo doméstico", mas a NSBA não estava trabalhando sozinha: agia em conjunto com a Casa Branca. Cinco dias depois do envio da carta, o Departamento de Justiça emitiu um memorando instruindo a força de segurança federal – o FBI – a investigar possíveis ameaças aos conselhos escolares. Os pais americanos se viram na mira de autoridades federais pelo "crime" de defenderem seus filhos. Mais tarde, o grupo de conselhos escolares retirou a carta e emitiu um pedido de desculpas – embora da mesma forma dissimulada por que uma criança se desculpa depois de ser pega pegando biscoitos do pote. O Departamento de Justiça não retirou o seu memorando.

Foi um episódio muito assustador. Os americanos geralmente têm ciência do conluio entre o Partido Democrata e os líderes sindicais para impor prerrogativas sindicais nas escolas, mas o conluio entre as forças de segurança federais e o *establishment* educacional para reprimir a liberdade de expressão é um novo golpe baixo que ameaça fundamentalmente nossas liberdades. Isso nos obriga, como nação, a agir para restaurar os direitos parentais em nossas escolas.

Em minhas décadas de trabalho para ajudar estudantes, eu nunca vi um momento tão propício para mudança como nos últimos anos. As

---

9. National School Boards Association (NSBA). (N. E.)

sementes que plantamos nas capitais dos estados de Virgínia Ocidental, Kentucky, Flórida, Arizona, Indiana, Dakota do Sul e Oklahoma – apenas para mencionar alguns – estão dando frutos com programas estaduais de escolha escolar novos ou expandidos.

Esse momento é tanto um aviso para os políticos quanto uma chama de esperança para milhares de pais americanos. Nosso sistema é controlado por adultos que estão usando nossos filhos como reféns para sua causa, seja ela mais regulamentações sobre professores, redução de concorrência das escolas *charter*[10], ou a promoção da ideologia *woke*[11]. Já passou da hora de afirmarmos o óbvio: a educação deve se preocupar com os alunos, não com os interesses específicos que controlam o sistema.

Esse é o nosso movimento. Esse é o nosso momento. Enquanto os capítulos seguintes contam a minha história de luta pela liberdade educacional, esta é, na verdade, a história da *nossa* causa: a causa de garantir que toda criança nos EUA tenha igual acesso a uma educação de primeiro mundo.

A causa de garantir que nossas crianças *não sejam mais reféns*.

---

10. Modalidade de parceria público-privada onde a escola opera como instituição pública, mas é administrada por entidades privadas, como organizações sem fins lucrativos, universidades, grupos de professores ou empresas privadas. (N. T.)

11. O termo *woke*, do inglês *to wake* (acordar), tem sido usado para fazer referência a posturas político-culturais radicais de cunho progressista de luta por igualdade racial e de gênero. (N. E.)

CAPÍTULO 1

A OPORTUNIDADE DE UMA VIDA

Na manhã seguinte à eleição de 2016, acordei sem saber quem fora eleito presidente. Fui dormir à meia-noite no dia anterior, pois tinha que acordar cedo para ir a Indianápolis e participar de reuniões com legisladores estaduais. Na última olhada nas notícias na noite das eleições, verifiquei que a competição ainda não estava decidida. Donald Trump estava ganhando terreno contra a grande favorita Hillary Clinton, em Estados como a Flórida, Ohio, Wisconsin e Carolina do Norte. As redes de notícias pareciam estar com dificuldades para aceitar o que estava acontecendo. Por volta da hora de dormir, a eleição de Hillary Clinton estava dependendo de vitórias na Pensilvânia e em Michigan, meu estado natal, onde as pesquisas pré-eleitorais mostravam que ela venceria. No entanto, os eleitores estavam mostrando uma história diferente.

Como o resto dos EUA, eu testemunhei aquela noite com espanto. Antes da eleição, a ideia de Donald Trump como presidente era algo que eu tinha dificuldade em levar a sério. Minha família, a família DeVos, se reúne periodicamente para tomar decisões acerca de nossos negócios e filantropia. Tivemos uma dessas reuniões no início do processo primário republicano, quando Donald Trump ainda era visto como um pouco mais que uma piada por aqueles que supostamente entendiam de política. Na reunião, meu sogro de noventa anos, Rich DeVos – que tinha uma afinidade por empresários bem-sucedidos e carismáticos – inclinou-se e disse: "Acho que todos nós deveríamos apoiar Trump". Minha resposta foi: "Você só pode estar brincando".

Apesar de ele negar mais tarde ser tão desinteressado por política, meu marido, Dick, também foi dormir cedo na noite da eleição. Depois que levantei, liguei a TV e, vi que Trump era o presidente eleito, eu o chamei e disse: "Você não vai acreditar! Trump venceu".

Não tinha como negar que o cenário político havia mudado nos Estados Unidos. Eu sempre estive muito envolvida com o Partido Republicano, desde a época da faculdade. Eu era uma *"Scatterblitzer"* – o que eu vou explicar depois – e fiz campanha para o favorito de minha cidade natal Gerald Ford (1913 – 2006), em 1976. Comemorei a vitória de Ronald Reagan (1911 – 2004) em 1980 e novamente em 1984. Conheci e apoiei George H. W. Bush (1924 – 2018) em 1988. Depois dos anos Clinton, apoiei o filho de Bush, George W. Eu vi os EUA elegerem seu primeiro presidente afro-americano em 2008. Mas nunca tinha visto nada como a vitória de Donald Trump em 2016.

Mais uma vez, a previsão do meu sogro estava certa.

Na manhã após a eleição, todos os membros da mídia pareciam atordoados e abatidos, como se tivessem perdido uma luta de pesos pesados. Aglomerações, que logo se tornariam multidões, se formavam nas ruas das grandes cidades do país. Mas eu não tinha muito tempo para imaginar o futuro dos Estados Unidos sob a administração de Trump; eu precisava pegar um voo para Indianápolis. Indiana era um dos estados do campo de batalha na luta para proporcionar aos estudantes – principalmente os de baixa renda – liberdade de escolha em um sistema educacional falido que se importa mais com os adultos do que com as crianças. Estava no avião, juntamente com um colega da organização de política educacional que eu presidia, repassando nossa apresentação aos legisladores de Indiana, quando recebi um e-mail de um amigo de longa data e parceiro na luta pela liberdade educacional, Jeb Bush. O e-mail tinha apenas uma linha: "Você já pensou em ser secretária de educação?"

Eu ri e mostrei a mensagem para meu colega. "Veja isso. Que loucura!"

Não respondi ao Jeb. Ainda não.

"Loucura." Essa foi a palavra que vinha à minha mente ao pensar em ir a Washington para ser uma secretária de gabinete. Passei mais de trinta anos lutando para diminuir o controle de Washington sobre a educação; para tomar o poder e recursos amontoados no Departamento de Educação dos EUA e dá-los para pais e filhos. Agora alguém estava sugerindo que eu comandasse aquele lugar? Sem falar que eu não conhecia Donald Trump. Eu nunca tinha conhecido o homem. Eu nunca havia contribuído para a sua campanha. Jeb tinha sido a minha primeira escolha para presidente em 2016.

Eu não tinha conseguido me decidir a respeito de Trump durante a campanha. Parte da razão para isso foi que, durante as primárias Republicanas, quase não falaram sobre educação. Eu disse a um repórter que estaria "assistindo e ouvindo com interesse" a Convenção Nacional Republicana em Cleveland. Além disso, muitas das coisas que Trump disse durante a campanha me faziam hesitar. Era difícil aceitá-lo. Por outro lado, a alternativa – a candidata democrata, Hillary Clinton – não era uma opção. Eu estava em um limbo.

Fui para a convenção como uma delegada do ex-governador de Ohio, John Kasich, não porque ele era o meu candidato, mas porque eu queria ir e a única vaga disponível para nosso distrito foi designada para Kasich. Como prometido, assisti e prestei atenção com interesse. Fiquei contente ao ouvir a retórica de Trump começar a mudar. Em seu discurso de aceitação da indicação, ele defendeu a escolha educacional pelos pais. Ele direcionou sua retórica diretamente para o maior problema do nosso sistema educacional: o fato de que ele havia sido projetado para servir a adultos e não crianças.

"Vamos resgatar crianças de escolas falidas ajudando seus pais a mandá-las para uma escola segura de sua escolha", disse Trump aos delegados. "Minha oponente prefere proteger burocratas a servir às crianças americanas".

Ele estava falando a minha língua.

Mais tarde, Trump melhorou ainda mais o discurso, anunciando subsídios de 20 bilhões de dólares aos estados que permitissem que os pais escolhessem as escolas de seus filhos. Os detalhes da proposta eram precisos. Os fundos seriam direcionados aos estudantes de baixa renda, precisamente os que estão sendo mais prejudicados pelo sistema, e caberia aos estados determinarem exatamente como o dinheiro seria utilizado – algo essencial para mim. Acredito piamente que a educação americana *nunca* deve ser gerida e controlada pelo governo federal. O poder deve estar tão perto quanto possível dos pais e dos alunos – e isso significa com as famílias primeiro, e depois com as comunidades locais.

Tudo era muito animador. No dia seguinte à eleição, o plano de Trump estava na minha mente quando terminei minhas reuniões em Indianápolis e peguei um voo de volta para casa. Era uma agenda que eu estaria interessada em ajudar a tornar realidade para as famílias americanas como secretária de educação dos Estados Unidos. Mas seria mesmo possível conseguir essa oportunidade? Eu tinha as minhas dúvidas.

Quando Dick e eu finalmente conseguimos conversar, contei a ele sobre o e-mail que havia recebido de Jeb naquela manhã. Ele riu – uma daquelas risadas que querem dizer "você está falando sério?" – e perguntou o que eu havia respondido. Eu disse ao Dick que estava esperando para responder ao Jeb, mas que pensava que minha resposta sobre ser secretária de educação deveria ser algo do tipo "Isso não é algo sobre o que eu já havia pensado, mas, se tivesse tido a oportunidade, como não considerá-la?" Dick replicou: "Isso é exatamente o que eu estava pensando que você diria". Nós dois sabíamos intuitivamente que, se me chamassem para servir a nosso país dessa forma, teríamos que ponderar seriamente sobre isso.

Esse não foi o meu primeiro convite para servir no governo federal. Ofereceram-me o cargo de embaixadora dos EUA na Holanda durante o segundo mandato do presidente George W. Bush. Foi uma honra ser convidada, mas recusei. Eu trabalhava pela liberdade educacional em muitos estados e estava conseguindo gerar um impacto positivo.

A oportunidade de ser secretária de educação, no entanto, era diferente. Era uma chance de gerar impacto em um nível maior. Mesmo assim, eu hesitei.

Eu não estava duvidando da minha paixão pela reforma educacional. Depois da minha família, ela era a razão da minha vida. E eu não estava duvidando da minha habilidade para realizar o trabalho. Eu já havia observado a educação sob todos os ângulos – desde orientar crianças em situação de risco e fundar uma escola *charter* com Dick até liderar organizações nacionais e orientar candidatos e autoridades eleitas de todas as tendências. O que eu duvidava era que o *establishment* educacional – os líderes dos sindicatos escolares, o emaranhado de organizações de *lobbying* e os burocratas que detinham o real poder sobre o sistema – permitiria que eu servisse. Para dizer o mínimo, eu não era uma candidata convencional para o cargo de secretária de educação. No entanto, novamente, lembrei que nós não tínhamos elegido um presidente convencional.

Eu respondi ao e-mail de Jeb.

⊱⊰⊱⊰⊱⊰

É difícil explicar a sensação de ver a si mesma sendo descrita por estranhos na mídia. A novidade acaba rapidamente. Na minha experiência, ler sobre mim mesma se torna uma fonte de frustração – razão pela qual eu quase sempre evito fazer isso. A mídia gosta de retratar heróis e vilões; imagens caricaturadas de pessoas em um mundo em preto e branco. Mas a vida não é assim e eu também não. Não sou chamativa, sou basicamente introvertida. Não gosto de falar sobre mim mesma ou mal de outras pessoas. Meus pais me ensinaram a fazer o bem da maneira certa, mas não necessariamente falar sobre isso. Minha fé me ensinou que eu sou uma filha de Deus única e insubstituível, assim como todos os outros seres humanos, e minha comunidade me ensinou que sentimos uma alegria enorme e conforto por fazer parte de algo maior. A comunidade de verdade, pelo que eu aprendi, demanda modéstia, generosidade e sacrifício.

Sou neta e bisneta de imigrantes. Os pais da minha mãe vieram da Holanda para os Estados Unidos quando eram adolescentes. A família do meu pai veio uma geração antes. Ambas eram famílias de fazendeiros. Mais tarde, nós descobrimos que viveram a menos de 16 quilômetros uma da outra na região da Frísia na Holanda. Não há indícios de que se conheciam em sua terra natal, mas, quando chegaram aos EUA, assim como muitos outros imigrantes holandeses, se estabeleceram no oeste de Michigan e, assim como os primeiros imigrantes holandeses de meados do século XIX, eles buscavam liberdade e oportunidades econômicas – uma chance no sonho americano. Estabeleceram-se em uma cidade a menos de 10 quilômetros *do* Lago Michigan. Ela era chamada – você adivinhou – Holland.

Tanto minha mãe, Elsa Zwiep, quanto o meu pai, Edgar Prince, nasceram e viveram todas as suas vidas na cidade de Holland. Quando nova, minha mãe morava sobre a loja de sementes dos meus avós. A loja ficava atrás de uma escola primária cristã. Minha mãe não frequentava essa escola, mas brincava no seu parquinho sempre que podia. Um dia, quando tinha cerca de quatro anos, o diretor a viu brincando e perguntou por que ela não estava estudando na escola. Ela disse que não tinha idade suficiente. Ele replicou, "Bem, você está aqui o tempo todo – você pode também frequentar a escola". Assim, minha mãe começou a estudar. Minha avó nunca terminou o ensino médio, mas minha mãe se formou na Faculdade Calvin em Grand Rapids. Em seu último ano, uma escola pública local precisava de uma professora de jardim de infância e entrou em contato com a minha mãe. Logo que ela se formou, se tornou responsável por trinta e seis crianças de manhã e trinta e sete à tarde. Hoje em dia, quando se lembra disso, ela dá um sorriso e usa apenas duas palavras para descrever a experiência: "Eu sobrevivi".

A vida do meu pai foi mais difícil. Quando tinha apenas doze anos, sua vida mudou para sempre devido a uma tragédia familiar. Seu pai – meu avô, Peter Prince – morreu repentinamente de um ataque cardíaco enquanto entregava produtos, sua rotina do dia a dia. Ele deixou minha avó, Edith, sozinha para criar três filhos no meio da Grande Depressão. Edith era orgulhosa e se recusou a aceitar ajuda de qualquer pessoa de fora da família. Costurava cortinas e persianas em sua casa enquanto o meu pai lavava carros para uma concessionária local depois da escola e aos sábados. Aos quatorze anos, ele ia e voltava de Detroit dirigindo carros para a concessionária. Durante todo esse tempo, conseguiu permanecer na escola. Ele nunca teve a chance de praticar esportes ou pertencer a clubes. Quando não estava estudando, estava trabalhando. Ele se dedicou intensamente e entrou para a Universidade Tecnológica de Michigan e para a Universidade de Michigan, formando-se em engenharia.

É impossível conhecer verdadeiramente a minha família, a cidade de Holland e, na verdade, todo o oeste de Michigan, sem conhecer um pouco sobre os fiéis da Igreja Reformada Holandesa que originalmente se estabeleceram lá. Assim como muitas coisas do oeste de Michigan, as raízes da igreja na Holanda são profundas. Muitos de seus membros imigraram para os Estados Unidos em meados do século XIX para escapar da perseguição religiosa e buscar liberdade econômica. Eram colonos em uma terra estranha, mas conseguiram sobreviver e, em muitos casos, prosperar. Apesar de ser pequeno o número de membros das várias igrejas Reformadas na América, eles impactaram positivamente o mundo de formas muito numerosas para serem mencionadas.

Hoje em dia, a cidade de Holland é lar de muitas crenças. Imigrantes de todos os lugares do mundo contribuíram para nossa diversidade. Ela foi chamada de "cidade das igrejas" e as fortes crenças de seus cidadãos moldaram, literalmente, a comunidade. Somos uma cidade pequena, com pouco mais de trinta mil moradores, porém doamos mais tempo e recursos para esforços de caridade do que a maioria dos lugares do país - e não apenas para os necessitados em Holland, mas para os pobres ou sofredores em todo o mundo.

A mídia e a cultura popular tendem a caricaturizar comunidades de fé como pessoas de mentes fechadas e que julgam as outras. Holland é o oposto. Seus moradores são calorosos e receptivos. Minha cidade natal é um lugar especial, não apesar de sua fé, mas por causa dela.

Assim como muitos de meus vizinhos, sou uma seguidora de Jesus Cristo. Minha fé deixou de ser a fé dos meus pais e da minha comunidade e passou a ser minha no final dos meus vinte anos. Era minha. Era pessoal para mim. Ela tem influenciado todos os aspectos da minha vida.

Minha fé me motivou a ser grata e generosa. O verso bíblico "A quem muito foi dado, muito será exigido; e a quem muito foi confiado, muito mais será pedido" (Lucas 12, 48) é verdade na minha família. A mesma fé sólida guiou meus pais e os ajudou a serem otimistas gratos. Minha mãe afirma que é a sua fé que lhe dá forças para superar pequenos desafios, como conseguir andar na parada anual do Tempo da Tulipa, em Holland, com mais de setenta alunos do jardim de infância. E sua fé também lhe deu forças para seguir em frente depois da morte precoce do meu pai.

Os dois se conheceram quando eram adolescentes através de amigos da igreja. Ele a pediu em casamento quando ainda estava na Universidade de Michigan. Assim que se casaram, o serviço militar do meu pai os levou a viver em Denver e depois em Sumter, na Carolina do Sul, por alguns anos. Enquanto meu pai analisava inteligência fotográfica para a Força Aérea, minha mãe ensinava a primeira série. Na Carolina do Sul, ela deu aulas tanto para filhos de oficiais quanto para crianças pobres. Ela tinha que fazer uma das suas reuniões anuais de pais e professores na casa de cada aluno. Ela se lembra de que algumas casas estavam em condições tão precárias que era preciso ter cuidado para evitar cair no assoalho.

Depois que o meu pai completou o serviço militar, os dois retornaram para Holland, onde ele começou a trabalhar como engenheiro na Buss Machine Works – empresa que fabricava enormes máquinas de fundição sob pressão, que moldam metal para formar coisas como partes de carros. A primeira casa dos meus pais – onde viviam quando eu nasci – era na Avenida Floral. Nós a chamávamos de "Casinha Vermelha". Ela tinha dois quartos e uma cerca branca de trilhos que meu pai construiu em volta do quintal. Eles mesmos a pintaram. Minha avó paterna costurou as cortinas. Meu pai fez o armário de madeira de cerejeira que sustentava a nossa televisão em preto e branco na sala de estar. Algumas das minhas memórias mais antigas são das brincadeiras no quintal. Em um dia triste, meu pai e eu enterramos meu amado peixe-dourado debaixo da bomba do *sprinkler*. Eu também lembro vividamente de ser ferroada na bochecha por uma abelha enquanto subia no assento do balanço.

Nós tínhamos apenas um carro, com o qual meu pai ia ao trabalho, então eu e minha mãe ficávamos em casa por muito tempo. Quando compraram um carrinho de bebê, nosso grande passeio era andar três quarteirões até a Mercearia Central Park, onde fazíamos compras e nos encontrávamos com outras mães e crianças. Não deixe que o nome engane você. A Mercearia Central Park era, e ainda é, um mercado do tamanho de uma loja de conveniências. Assim como a maioria dos pequenos negócios de Holland, era possuída e operada por pessoas trabalhadoras e patriotas. Hoje em dia, pouca coisa mudou. A pequena loja ainda está lá e, no topo do canto dianteiro, há um quadro antigo que diz: "A terra dos livres por causa dos corajosos".

Meu pai trabalhava muito, por isso, eu e a minha mãe ficávamos juntas a maior parte do tempo. Ela escolheu ficar em casa, e nós passávamos muito tempo conversando e lendo enquanto ela fazia os trabalhos da casa. Muitas mulheres não têm a mesma possibilidade de escolher que minha mãe teve, embora meus pais tenham se sacrificado para ela poder ficar em casa. Eu sempre entendi a necessidade e o desejo de muitas mulheres trabalharem fora de casa, mas me considero muito abençoada por ter tido uma mãe que estava em casa quando eu era criança. O bom é que ela pensa da mesma forma. Achava que ficar em casa com seus filhos era divertido – uma oportunidade que não queria perder.

❦❦❦❦❦

Eu tive uma infância tranquila. Era feliz e ativa em uma família comum de classe média. Quando criança, era o que é comumente descrito como "menina moleca". Amava brincar na floresta, subir em árvores e construir fortes. Minhas irmãs e eu andávamos de bicicleta e carrinhos com os amigos da vizinhança. Era um grande evento sair com a família para comer hambúrguer no Russ' Drive In. Eu participava de competições de natação todos os verões desde os sete anos. Ia e voltava de bicicleta do treino por alguns quilômetros bem cedo todas as manhãs.

Quando eu tinha quatro anos, meus pais construíram uma casa de múltiplos andares com pequenas escadas em uma rua sem saída pacata a cerca de 2 quilômetros e meio da Casinha Vermelha. Nossa família estava crescendo. Éramos três meninas, com uns dois anos de diferença entre nós. Meus pais tinham as mesmas iniciais, E. D., de Elsa Doreen e Edgar Dale, por isso eles decidiram dar continuidade à tendência. Eu sou Elisabeth Dee e minhas irmãs, Eileen Dawn e Emilie Dianne. Tinha quase doze anos quando meu irmão mais novo surpreendeu meus pais com sua aparição. Eles o nomearam Erik Dean.

Mais ou menos na mesma época em que comecei a participar de competições de natação, minha família embarcou em uma nova aventura que, embora não pudéssemos prever no momento, mais tarde traria um grande impacto para nossas vidas. Meu pai era o tipo de pessoa que sempre via uma forma de melhorar algo ou de fazer algo melhor. Não importava se não soubesse muito sobre o produto ou o processo; ele ainda conseguia ver formas de aperfeiçoá-lo. Depois de alguns anos na Buss Machine Works, ele montou uma nova máquina de fundição sob pressão para a empresa e a tornou uma das melhores do mercado. Projetou e fabricou máquinas gigantes que, por sua vez, fabricavam blocos de motor e outras coisas, como a icônica forma de bolo Bundt. Mas meu pai conseguia ver além do que poderia realizar para os outros. Ele queria se aventurar sozinho, arriscar seu próprio tempo e capital e ver o que podia fazer melhor.

Em meados da década de 1960, a indústria automobilística americana estava atingindo seu ápice em Detroit, a apenas 288 quilômetros para o leste. Havia oportunidades para um fabricante de peças de carro inovador e empreendedor. Para o meu pai, viabilizar um novo negócio de máquinas de fundição sob pressão era um tremendo desafio e empreendimento. Algumas máquinas eram tão grandes quanto um cômodo e custariam milhões de dólares atualmente. O antigo patrão do meu pai na Buss Machine Works disse que eles eram doidos em fazer isso, mas meus pais hipotecaram sua casa e tudo que tinham para começar uma nova empresa. Meu pai também falava com várias pessoas, arrecadando pequenos montantes de dinheiro de amigos e parentes dispostos a apostar no seu potencial.

Meu pai construiu a primeira fábrica e o edifício do escritório nos arredores de Holland. Era uma construção simples, de blocos de cimento, pintada de azul-aço. Consigo me lembrar da construção e de sua cor tão vividamente como se fosse hoje. Aos sete anos de idade, eu já tinha muito orgulho de ajudar meu pai a pintar as paredes depois da escola, levantando o rolo de tinta tão alto quanto meus bracinhos podiam alcançar. Era emocionante não apenas porque eu estava "trabalhando" com ele, mas também porque estava construindo algo que era dele. Mesmo criança, eu já entendia que esse novo projeto era muito arriscado. Meu pai estava apostando tudo que tinha, e a Prince Manufacturing Company estava nascendo.

Meu pai trabalhava de dia e de noite. Isso foi difícil para minha mãe. Racionalmente, ela entendia por que, como fundador e proprietário, o meu pai tinha que trabalhar à noite e aos sábados. Emocionalmente, não era tão fácil assim. Ela valorizava muito os jantares em família — tanto que atrasava a refeição para que o meu pai pudesse se juntar a nós. Lembro-me de estar com fome, impaciente e implorar à minha mãe para que nos deixasse comer, e ela insistia em esperar pelo meu pai. Apesar de geralmente jantarmos tarde — principalmente para as noites de semana, quando teríamos escola —, conseguíamos fazer a refeição juntos regularmente. Nunca foi fácil para minha mãe, mas cuidar de nós e da casa praticamente sozinha foi um fardo que ela aceitou com garra e atitude positiva.

Com muito trabalho árduo e uma ótima equipe formada pela comunidade local de Holland, a empresa de máquinas de fundição sob pressão do meu pai foi um sucesso. No início dos anos 1970, ele começou a se perguntar novamente o que podia melhorar. O ramo de fabricação dessas máquinas grandiosas era imprevisível. Quando a economia estava ruim, o primeiro gasto que os fabricantes cortavam era a compra de equipamentos novos e caros. Meu pai queria fabricar um produto que fosse menos sensível aos altos e baixos da economia.

Desde o início, meu pai havia montado uma ótima equipe de pesquisa e desenvolvimento na Prince — uma raridade para uma empresa daquele tamanho. Ele deu aos engenheiros bastante liberdade para desenvolverem produtos além das máquinas de fundição sob pressão, desafiando-os a criar algo para solucionar o desafio cíclico. Isso fez com que a Prince Corporation começasse a fabricar todos os tipos de partes de automóveis — praticamente tudo que se encontra dentro de um carro, com exceção dos assentos. A sua primeira tentativa de fabricação de partes do interior de automóveis foi a mais bem-sucedida, mudando nossas vidas para sempre.

Parece difícil de acreditar agora, mas houve uma época em que os quebra-sóis que ficam acima dos assentos dianteiros dos carros não tinham espelhos e não acendiam. Eles apenas protegiam os olhos do motorista e do passageiro do sol. A equipe do meu pai, especificamente um engenheiro chamado Konrad Marcus, mudou isso em 1971, quando desenvolveram o primeiro quebra-sol com espelho e luz embutidos. Foi o primeiro de sua categoria. A inspiração pode ter vindo da esposa de Konrad, que reclamava por não conseguir se ver enquanto tentava passar batom de noite no carro. Talvez. De qualquer forma, meu pai começou a fabricar esses quebra-sóis em um novo edifício de blocos de cimento, que ficava do outro lado do estacionamento do prédio onde se fabricavam as máquinas de fundição sob pressão. No início, os números eram pequenos: apenas um ou dois em variados tecidos oferecidos por cada uma das Três Grandes (Chrysler, Ford e General Motors) de Detroit na época. Nós os enviávamos às empresas de carros e rezávamos para que elas os encomendassem em quantidades maiores. No primeiro verão em que a fábrica estava em operação, durante meu ensino fundamental II, trabalhei no fim da linha de produção. Eu inspecionava (e consertava alguns defeitos, quando era possível), embalava e enviava os quebra-sóis para Detroit. Eles estrearam em um Cadillac Seville 1972.

Os negócios estavam tendo êxito, mas a nossa vida em casa não mudou tanto. Meu pai continuou trabalhando muito, por isso não viajávamos durante as férias, exceto quando acampávamos com amigos da família no fim de semana. Nos verões, eu nadava e trabalhava. Durante os anos escolares, frequentei a Escola Primária Cristã South Side, a Escola Secundária Cristã de Holland e, mais tarde, a Escola de Ensino Médio Cristã de Holland.

Eu era uma aluna mediana, mas geralmente ficava bastante entediada com a maioria das aulas e disciplinas.

Mesmo assim, tive meus professores preferidos. A sra. Walcott foi minha professora da segunda série. Ela geralmente usava minha caligrafia cursiva como um "bom" exemplo para outras crianças, algo bem encorajador para uma criança canhota de seis anos (tinha seis anos na segunda série porque entrei no jardim de infância com quatro anos). Havia também o sr. Potthoven, meu professor de governo americano do ensino médio. Eu amava as suas aulas e tudo o que tinha nelas. Acho que era um presságio da minha vida futura. Finalmente, o sr. VanderLinde, diretor da banda das Escolas Cristãs de Holland, que dirigia *todas* as bandas da escola – ensino fundamental I, ensino fundamental II e ensino médio – com muita intensidade e entusiasmo. Eu tocava todos os tipos de instrumentos de percussão, e não apenas bateria – pratos, sinos de vento, *glockenspiel*, bloco sonoro, triângulo, qualquer um que você imaginar. Sob a liderança do sr. VanderLinde, nossas bandas marciais eram as melhores.

Durante o ano letivo, trabalhei no terceiro turno da fábrica de quebra-sóis[12]. Como a filha do chefe, tinha o pior trabalho – ou, pelo menos, o pior trabalho para o qual eu era qualificada. Era uma rebitadora. Tinha que pegar o núcleo plástico quente (literalmente) do quebra-sol na máquina de moldagem por injeção, anexar uma borda de borracha ao seu redor, colocar uma placa metálica no canto, onde ela se prenderia ao carro, dobrar para fechar e o fixar com rebite em cerca de oito lugares. Então, eu colocava os quebra-sóis em uma caixa, onde eles se acumulavam até ser enviados para a próxima etapa do processo de fabricação. Eu fazia isso repetidamente, trabalhando sozinha das 23h até às 7h com duas pausas de quinze minutos. Era um trabalho monótono, mas as pessoas esperavam que eu o fizesse. Além disso, não me importava muito com as horas, embora a minha família dissesse que eu ficava muito irritada por causa da falta de sono. Eu gostava de deixar os meus dias de verão livres para que pudesse tomar sol e fazer esqui aquático no lago Macatawa. Foi um pequeno milagre nunca ter rebitado meus dedos a alguma coisa.

Holland era e ainda é uma comunidade pequena e pé no chão com pessoas trabalhadoras. Minha família não era diferente, e meus pais garantiram que seus filhos nunca se esquecessem disso. Nos tempos livres, meu pai amava estar em qualquer tipo de barco na água. Nas tardes de fim de semana de verão, quando ele não estava trabalhado, nossa família

---

12. Peça automobilística, localizada acima da fronte do motorista e do passageiro frontal, utilizado para minorar os raios de sol durante a direção. (N. E.)

geralmente ia para o lago Michigan. Em uma dessas tardes, quando eu era nova – com cerca de onze ou doze anos –, nós estávamos velejando pacificamente quando decidi fazer um anúncio. Eu disse, com muita certeza, que nunca, *jamais*, colheria mirtilos na vida.

Até hoje, eu não lembro o que me fez ter essa ideia. Holland sempre teve algumas pequenas fazendas de mirtilo geridas por famílias. Mesmo criança, eu sabia que colher mirtilos era um trabalho calorento e árduo. De alguma forma, eu havia concluído que era boa demais para esse tipo de trabalho e avisei isso aos meus pais. Apenas vou dizer que meu pai rapidamente me fez esquecer essa ideia. Ele me disse, com palavras que não posso repetir, que eu não era boa demais para realizar um trabalho árduo, mesmo que seja coletar mirtilos. Para ter certeza de que eu nunca me esqueceria dessa lição, ele me arranjou um trabalho de duas semanas em uma fazenda local.

Todas as manhãs eu andava ou ia de bicicleta até a fazenda e passava meu dia coletando mirtilos junto com os trabalhadores sazonais. Todas as noites eu chegava em casa queimada de sol e arranhada. Na época, fiquei com raiva, mas passei a ver minha "punição" a partir de uma perspectiva diferente na idade adulta. Foi a maneira como eles me ensinaram que não há trabalho honesto que eu não possa fazer, ou que não fosse esperado que eu fizesse. Não foi uma lição complexa nem demandou muito raciocínio; foi prática e, o mais importante, transformou uma garota pretensiosa de doze anos em uma pessoa humilde. Até hoje, essa é uma das coisas pelas quais eu mais sou grata por ter aprendido com meus pais.

De 1965 até 1972, meu pai trabalhou muito na sua empresa. Ele não se sentia confortável delegando tarefas, por isso, nesses primeiros anos, tentava fazer tudo sozinho. Ficava na fábrica na maioria das noites e finais de semana. As máquinas trabalhavam 24 horas por dia e ele recebia ligações de madrugada quando algo quebrava ou parava de funcionar. Colocava seus sapatos com biqueira de aço, vestia o roupão sobre seu pijama e corria para a fábrica a fim de consertar a máquina. Seu nível de estresse aumentava à medida que a empresa crescia. Ele administrava o que, hoje em dia, seria chamado de *start up*, e os riscos que assumiu para si mesmo, para sua família e para todos os seus funcionários era um fardo enorme. Ele literalmente apostou quase tudo o que nós tínhamos na premissa de que as empresas automobilísticas iriam querer seus produtos.

Então, em uma manhã de outubro de 1972, meu pai acordou dizendo que não estava se sentindo bem. Com quarenta e um anos, não se importava muito com a saúde e com certeza não reclamava dela. Naquele dia, tinha uma reunião em Grand Rapids e não queria cancelá-la, por isso foi trabalhar, apesar das objeções da minha mãe. No passar do dia, piorou e chegou cedo em casa. Minha mãe insistiu para que ele fosse ao médico, e este o encaminhou imediatamente para o hospital. Ele estava tendo um ataque cardíaco.

Naquela hora, minhas irmãs e eu estávamos na escola. Lembro-me de chegar em casa e encontrar uma vizinha tomando conta do meu irmão ainda bebê, Erik. Minha mãe estava no hospital, onde passou a maior parte de seu tempo nos dez dias seguintes enquanto meu pai se recuperava. Os médicos se recusaram a deixar que qualquer outra pessoa o visitasse, inclusive seus filhos e, principalmente, alguém do seu trabalho. Eu me lembro de estar no gramado do lado de fora do hospital com minhas irmãs e acenar para o meu pai pela janela do segundo andar do hospital, onde ele estava internado. Esse era o mais próximo que podíamos chegar dele.

Hoje em dia, provavelmente meu pai teria passado por uma cirurgia de ponte de safena ou de implante de *stents*[13]. Mas, em 1972, as tecnologias cardiotorácicas não eram tão avançadas. Apenas disseram a ele que o seu coração estava se curando sozinho e que teria que esperar quatro meses para voltar a trabalhar.

Duas coisas importantes aconteceram quando meu pai teve seu primeiro ataque cardíaco. Primeiro, seu diretor financeiro conseguiu lhe entregar um bilhete enquanto ainda estava na cama do hospital. A Prince Corporation estava tendo lucros pela primeira vez. Essa foi uma conquista enorme.

---

13. Trata-se de um tubo expansível, em forma de malha, feito de aço inoxidável, usado para restaurar fluxos sanguíneos, geralmente utilizado em cirurgias cardíacas. (N. E.)

No entanto, muito mais importante para a minha mãe, meus irmãos e eu foi a mudança que ocorreu no meu pai quando saiu do hospital. Ele sempre foi um pai cuidadoso e atencioso, mas seu ataque cardíaco o deixou entusiasmadamente ciente de como nosso tempo na Terra é precioso e quão rápido as coisas podem mudar. Ele se sentiu abençoado por ter sobrevivido e decidiu passar mais tempo com a família. Quando pensa nisso, minha mãe também vê esse momento como um tipo de benção. Ela diz que, embora não desejasse que alguém fosse "abençoado" com um ataque cardíaco, a experiência provocou uma mudança positiva no meu pai.

Pela primeira vez, ele tirou um tempo para viajar com nossa família. No verão seguinte, nós fomos à Europa. Visitamos um tio-avô e uma tia-avó na Holanda. Eles nos mostraram o pequeno cômodo atrás da sua padaria que ficava abaixo de sua casa no Haarlem onde eles esconderam judeus refugiados durante a Segunda Guerra Mundial. Era uma história da família sobre a qual nunca tinha ouvido falar.

Meus pais também tomaram a decisão deliberada de nos levar para além da Cortina de Ferro, para a Tchecoslováquia e Alemanha Oriental. Eles queriam que víssemos com nossos próprios olhos o que o comunismo fazia com a liberdade e a qualidade de vida das pessoas da Europa Oriental. Eles queriam que entendêssemos quão afortunados éramos por sermos americanos.

Era o início da década de 1970, e as diferenças entre a Europa ocidental e oriental – entre a liberdade e a tirania – não poderiam estar mais gritantes. Nós fomos da Áustria para a Tchecoslováquia comunista e ficamos retidos na fronteira por mais de uma hora enquanto os guardas assistiam ao desfile de Moscou em sua minúscula TV preta e branca. A destruição provocada pela Segunda Guerra Mundial e pelo levante da Primavera de Praga de 1968 ainda estava evidente em pilhas de destroços espalhadas por toda a cidade de Praga. Um homem desesperado com um cachorro grande com focinheira se aproximou do meu jovem irmão no café surrado do hotel tentando trocar a moeda da Tchecoslováquia.

Atravessar o Checkpoint Charlie[14] da Berlim Ocidental para a Berlim Oriental deixou uma marca indelével em mim. Era como passar de uma rebelião de cores para um mundo preto e branco. Berlim Ocidental era uma cidade moderna e vibrante, enquanto a paisagem cinza e vazia da Berlim Oriental era pontuada por trabalhadores instalando asfaltos manualmente e um carro Trabant de dois tempos que aparecia de vez em quando nas ruas decadentes. Nós visitamos o Museu do Checkpoint Charlie, vimos imagens e lemos as histórias dos moradores da Alemanha Oriental que tentaram escapar em direção à felicidade pelo Muro de Berlim – inclusive os que foram alvejados pelos guardas de fronteira da Alemanha Oriental. Foi outra lição valiosa que aprendemos com nossos pais. Mesmo adolescente, eu percebi que todas as pessoas têm o desejo inato de serem livres. Eu não podia subestimar minha liberdade.

Alguns anos depois, fizemos outro tipo de viagem – um *tour* para o oeste americano. Nós seis viajávamos de estado em estado em um *motor home*. Todas as meninas – eu, Emilie e Eileen (a quem nós apelidamos "Scoob" por razões que eu não me lembro) – éramos adolescentes. Erik tinha seis anos. Assim como muitos irmãos caçulas, Erik era precoce. Desde o primeiro dia, estava curioso e aventureiro. Ele mergulhava de cabeça em tudo que achava interessante. Mesmo com todas as suas irmãs mais velhas supervisionando-o constantemente, Erik foi parar no pronto socorro para levar pontos três vezes antes de completar um ano. Minha mãe diz que conseguia ver o SEAL[15] da Marinha que ele se tornaria quando ainda era um garotinho.

Meu pai dirigiu o *motor home* pela Dakota do Sul, Wyoming, Montana, British Columbia, Washington, Oregon, Nevada, Arizona e Califórnia. Para crianças que passaram a maior parte de suas vidas em um raio de 160 quilômetros de Holland, em Michigan, tudo no oeste era uma grande aventura.

---

14. Posto militar na fronteira entre Berlim Ocidental e Berlim Oriental. (N. T.)
15. Força de elite da Marinha americana – sigla para *sea*, *air* e *land* (mar, ar e terra, respectivamente). (N. E.)

Quando estávamos visitando Los Angeles, minha mãe sugeriu que eu cortasse meu cabelo. Por uma razão desconhecida, ela havia marcado um horário em um salão de beleza "de verdade". Eu tinha dezoito anos e, até então, meu cabelo sempre foi cortado por uma amiga da minha mãe no porão da casa dela. Por isso, aquele era um território novo e inexplorado. Quando a cabeleireira pediu para que eu me sentasse na cadeira para lavar meu cabelo, subi de joelhos, de frente para a pia, para que eu pudesse colocar minha cabeça sobre ela. Era a postura que mais fazia sentido para mim na hora. Tenho quase certeza de que ri quando percebi meu erro – certamente todo mundo no salão riu!

≈≈≈≈≈

Eu fui para a faculdade antes da Prince Corporation deslanchar de verdade. Os fabricantes de automóveis – e depois os motoristas – amaram os quebra-sóis com luzes. As encomendas continuaram a crescer e meu pai teve que expandir as operações de fabricação. O futuro campus dos edifícios Prince em Holland acomodava a produção de 100 mil quebra-sóis com espelho e luz por semana, bem como a fabricação de painéis de instrumentos, sistemas de teto, consoles e outras partes variadas de acabamento interior. Nos verões, eu trabalhava na fábrica. Nós ainda vivíamos na casa para onde nos mudamos quando eu tinha quatro anos – a casa onde eu viveria até me casar. Mas houve algumas mudanças na nossa vida como família. Nós construímos uma casa de veraneio no lago Macatawa e começamos a viajar mais.

É claro que sou suspeita para falar, mas acredito que o sucesso do meu pai mostra algo importante sobre os Estados Unidos e o tipo de homens e mulheres que construíram nosso país. Meu pai era ambicioso e confiante, mas também tinha um compromisso profundo com sua comunidade. Assim como ele, aqueles que criam negócios familiares em cidades pequenas e médias dos EUA não apenas geram dinheiro, mas literalmente constroem suas comunidades. Geram bons empregos para que suas famílias possam permanecer em suas cidades natais, criar seus filhos, mandá-los para a faculdade e para seguir carreira e, com sorte, vê-los retornar. Patrocinam as Escoteiras e os times da Little League[16]. Contribuem para as artes e para as paradas anuais de Quatro de Julho. São o tipo de pessoas que deveríamos encorajar e valorizar.

No seu auge, a Prince Corporation teve mais de 5 mil funcionários – todos moradores da área de Holland. Desde o início, meu pai sabia que tratar bem seus funcionários não era apenas a coisa certa a se fazer, mas também bom para os negócios. Ele foi bem-sucedido porque sabia como extrair o melhor das pessoas com as quais trabalhava. Mais de uma vez, alguém veio até sua empresa procurando trabalho quando ele não tinha vagas. Enxergando o valor naquela pessoa – uma disposição para trabalhar arduamente ou uma retidão de espírito –, meu pai dava um jeito de conseguir uma posição e mantê-la na empresa.

Meu pai valorizava seus funcionários e se importava com suas famílias. Ele comprou um clube de tênis coberto perto da empresa e o transformou em um centro familiar e de *fitness* para seus funcionários. Tinha dois médicos que ofereciam exames físicos, cuidados primários de saúde e fisioterapia. Havia uma farmácia lá. Oferecia aulas de tênis e natação para a família dos funcionários. Eles até ofertavam um acampamento de verão de uma semana para os filhos dos funcionários – tudo isso por um valor simbólico.

Ele levou seus valores cristãos para o trabalho. Na prática, isso significa que seguia os mesmos norteamentos de casa: a importância da família, a dignidade do indivíduo e a alegria de doar.

Quando a Prince Corporation alcançou seu auge, ela se tornou o que é chamado de fornecedor de primeiro nível para a indústria automobilística. Nós trabalhávamos direto com as empresas de carro, sem intermediários. Como consequência, os funcionários precisavam ir a Detroit o tempo todo. Outro dono de empresa teria aberto um escritório lá e exigido que seus empregados saíssem de Holland ou perdessem seus empregos. Meu pai não fez isso. Ele se tornou um dos maiores fornecedores de peças de carro para as Três Grandes e nunca abriu um escritório em Detroit. Em vez disso, comprou um avião

---

16. Organização sem fins lucrativos que organiza ligas locais de baseball e softball juvenis nos Estados Unidos e em outros países do mundo. (N. T.)

bimotor para transportar o seu pessoal. Ele queria que seus funcionários pudessem viver em Holland e estar em casa com suas famílias a tempo para o jantar, assim como minha mãe gostava de fazer com a nossa família. O avião permitiu isso. Geralmente fazia várias viagens de ida e volta no mesmo dia.

Doar sempre foi importante para os meus pais. Toda hora meu pai falava que tinha sua empresa para ganhar dinheiro e realizar boas ações. Em meados dos anos 1980, ele começou uma tradição de Natal na Prince. A cada ano, um grupo diferente de funcionários nomeava algumas organizações locais sem fins lucrativos que vinham fazendo um bom trabalho. Em seguida, todos os empregados eram incentivados a fazer doações a uma ou mais delas. A Prince igualava as doações, dólar por dólar.

Eles deram ao programa o nome de "Cuidar e Compartilhar". Alguns funcionários da Prince tiveram suas primeiras experiências de doações para a caridade com esse programa. Ao longo dos anos, o Cuidar e Compartilhar arrecadou mais de 24 milhões de dólares para organizações sem fins lucrativos de Holland e continua existindo até hoje entre empresas que atualmente operam nas fábricas da Prince. Os momentos favoritos do meu pai eram quando representantes das beneficiadas iam à fábrica falar sobre quem e em que foram impactados por suas doações. Ele amava ver a alegria tanto das instituições de caridade quanto dos funcionários que doaram.

No fim dos anos 1970 e início dos anos 1980, *shoppings* surgiram nos arredores de Holland, assim como nas cidades dos Estados Unidos. Conforme o número de *shoppings* cresceu, os negócios do centro histórico de Holland começaram a falir. Meus pais ficaram amedrontados. Eles sabiam que uma comunidade saudável e próspera precisava de um centro saudável e próspero. Decidiram que não iam esperar para ver a decadência de Holland como ocorreu em muitas outras cidades. Começaram a comprar lojas vazias e prédios históricos, renová-los e alugá-los para comerciantes por um preço bem baixo. Meu pai e minha mãe sabiam que provavelmente nunca teriam qualquer benefício financeiro com o que estavam fazendo, mas achavam que era a coisa certa a se fazer.

Mais uma vez, meu pai enxergou um futuro que ninguém mais podia ver. Quando propôs usar o calor residual da fábrica para aquecer as ruas e calçadas de Holland para que não ficassem com neve, os poderosos acharam que ele era doido. Eles se recusaram. Então, meus pais doaram metade do dinheiro necessário para realizar o projeto e as autoridades da cidade mudaram de ideia. Graças à sua visão e ao trabalho árduo de muitos outros residentes de Holland, o centro está prosperando hoje. As calçadas aquecidas mantêm os negócios e escritórios do centro confortavelmente acessíveis por todo ano – mesmo durante os invernos mais nevosos de Michigan. O que um dia foi visto como loucura é agora um dos principais recursos de *marketing* da cidade.

※※※※

Muitos anos se passaram. Era 2 de março de 1995. Eu havia me casado com Dick e tido nossos filhos. Estávamos esquiando no Colorado quando vimos nossos nomes no quadro de mensagens de emergência perto do teleférico, nos dizendo para entrar em contato com a patrulha de esqui. Algo estava errado. Nós logo pensamos no pai de Dick, que passara por duas cirurgias de ponte de safena e continuava a lutar contra a insuficiência cardíaca.

Mas era meu pai. Mais cedo naquele dia, ele havia terminado o almoço na sede da Prince com alguns membros da sua equipe de diretores. Era um ritual diário. Em qualquer outro dia, ele subia as escadas de dois em dois degraus até o seu escritório no terceiro andar. Naquela tarde, foi de elevador. Cerca de dez minutos depois, um funcionário que empurrava um carrinho grande chamou o elevador. Quando a porta se abriu, ele encontrou o meu pai dentro, morto. Ele tinha sessenta e três anos.

Até hoje, não consigo sair de um teleférico no topo de uma pista de esqui sem me lembrar daquele dia.

Eu tento não pensar em todos os "e se?". E se ele não tivesse ido de elevador – teria sido encontrado antes e sobrevivido? E se tivesse passado pelos cuidados de acompanhamento que deveria ter tido depois do seu primeiro ataque cardíaco? E se ele não enfrentasse tanto estresse e pressão para expandir a empresa? E se ele tivesse feito mais exercícios?

Nossa família ficou em choque. Realizamos o funeral nas instalações esportivas da Prince. Minha mãe estava forte, mas muito triste. Em apenas oito dias, minha irmã Emilie daria à luz seu quarto filho. Erik fez o discurso de homenagem.

Na teoria, meu pai amaria se um dos seus filhos quisesse assumir seus negócios. A Prince permitiu que ele fizesse coisas boas – para sua família, seus funcionários e sua comunidade. Mas ele nunca quis que nos sentíssemos pressionados a viver uma continuação de sua vida. Sempre nos incentivou a buscar coisas pelas quais tínhamos interesse. Depois da sua morte, decidimos vender a Prince Corporation para a empresa Johnson Controls Inc. de Milwaukee. Minha mãe pegou 80 milhões de dólares da venda e distribuiu bônus aos funcionários da Prince, que eram responsáveis por muito do sucesso que meu pai teve.

Por causa de sua fé, meus pais nunca falaram muito sobre suas contribuições para a comunidade. Eles não faziam isso para receber elogios e atenção. Não há uma estátua gigante do meu pai sobre um pedestal no centro de Holland. Em vez disso, suas pegadas estão marcadas em um tijolo na esquina da Rua Oitava com a Avenida Central. Na simples placa, está escrito: "Nós sempre ouviremos seus passos".

Eu ouço os passos do meu pai com frequência, e ainda mais alto nos anos que se seguiram à sua morte. Não diria que tento imitá-lo – houve apenas um Ed Prince. No entanto, de fato, tento viver de acordo com as lições que me ensinou, inclusive ser voluntária e generosa no cuidado com os outros e sempre tentar descobrir uma forma de fazer as coisas funcionarem melhor. Se há uma tradição da família Prince, é essa.

Depois que me formei no ensino médio, "saí" de casa e fui para a faculdade – a 48 quilômetros, ou seja, para a Faculdade Calvin em Grand Rapids. Foi lá que descobri meu amor por política, minha paixão por políticas públicas e o homem com o qual viverei pelo resto da minha vida.

CAPÍTULO 2

O SISTEMA EDUCACIONAL NADA AMERICANO

São poucos os que pensam na qualidade das escolas de seu país antes do nascimento do seu primeiro filho. Ainda assim, a maioria não leva isso a sério até depois de alguns anos, quando se aproxima a hora da matrícula na pré-escola ou jardim de infância.

Quando chegou o momento de o nosso primeiro filho, Rick, começar a estudar, eu tive minha epifania sobre educação nos Estados Unidos. Nesse país, nós acreditamos que não importa quem são seus pais; *todos* temos direitos inalienáveis à vida, à liberdade e à busca pela felicidade. Mas quando se trata de educação nos EUA, quem são seus pais é algo *muito* importante. Os pais que têm recursos para encontrar as escolas certas para seus filhos fazem isso, seja mudando-se para um subúrbio com escolas públicas "boas" ou pagando particulares. Os que não têm condições de mandar seus filhos para escolas diferentes daquela designada pelo distrito escolar, têm que fazer o que são obrigados a fazer e esperar pelo melhor.

Isso não é nada americano.

Rick chegou ao mundo saudável, com 3,7 quilos. Algumas horas depois, o neonatologista nos disse que sua chance de viver até a manhã seguinte era de 50%. De alguma forma, ele havia adquirido pneumonia bacteriana. Palavras não podem sequer descrever nossas emoções naquele momento. Nós éramos pais de primeira viagem com um filho aparentemente perfeito. Como isso poderia ter acontecido? Dick ficou na cama do hospital comigo, e nós passamos uma noite inquieta com muitas orações. Graças a Deus, Rick acordou na manhã seguinte. Mas ele passou a primeira semana da sua vida na unidade de terapia intensiva neonatal do Hospital Butterworth. Lá estava meu garotão de 3,7 quilos, em uma incubadora e rodeado de pequeninos bebês prematuros.

Embora nós não estivéssemos preparados para aquela introdução à paternidade e à maternidade, depois que o susto passou e nos acomodamos em casa, Rick era igual a qualquer outra criança. Quando eu olhava em seus olhos, tudo o que via era um potencial ilimitado. Toda nova mãe – e pai – vê isso. Toda nova mãe e pai querem o melhor para seu filho – que ele se torne tudo que é capaz de se tornar. E isso começa com a educação.

Todos meus anos de estudo foram vividos em escolas cristãs. A razão é simples: meus pais queriam que fosse assim. Minha mãe frequentou escolas cristãs em Holland. Meu pai provavelmente teria feito o mesmo – porém sua mãe, uma viúva jovem, não tinha como arcar com essa despesa. Meus pais queriam que seus filhos crescessem com os mesmos valores que eles tinham. Eles tiveram que se esforçar para conseguir pagar por isso quando éramos novos, mas você se esforça pelas coisas importantes – e uma educação cristã era muito importante para minha mãe.

Dick, por outro lado, sempre frequentou escolas públicas. Tanto ele quanto eu recebemos boa educação. No entanto, para sermos sinceros, nós dois ficávamos entediados na escola. O modelo americano tradicional – de vinte a vinte e cinco crianças sentadas em mesas enfileiradas à frente de um professor, todos lendo e estudando com o mesmo livro didático – não despertava nossa imaginação e criatividade.

Nós sabíamos que queríamos algo melhor para nossos filhos, e estávamos abertos a muitas opções. O que eu mais desejava para Rick era encontrar uma escola adequada para o nosso menino curioso e criativo, que estava se desenvolvendo muito bem em uma creche montessoriana.

Um dos primeiros lugares que visitamos era pequeno e encobria todas as séries – chamava-se The Potter's House, em Grand Rapids. Eu sabia de sua existência porque foi fundado por quatro alunos admiráveis da Faculdade Calvin.

Depois de se formarem, os colegas de turma refletiram sobre suas vidas e perceberam que não estavam vivendo de acordo com a sua crença. Sua fé os ensinou a se preocuparem com os pobres, mas eles não conheciam ninguém que fosse pobre. Sua fé os ensinou a respeitarem e valorizarem todas as pessoas, mas eles não conheciam muitas pessoas diferentes de si. Sua fé os ensinou a servir os outros, mas eles não acreditavam que estavam sendo bons servos. Por isso, decidiram agir. Venderam a maioria de suas posses e se mudaram para uma casa em Roosevelt Park, bairro pobre no coração de Grand Rapids.

Um deles, John Booy, dava aulas para a quinta e sexta séries de uma escola pública de Grand Rapids. De noite, ele e seus colegas de faculdade começaram a organizar jantares e cantorias para os adultos da vizinhança. Quando as crianças locais ouviram a música, começaram a aparecer na casa de John, onde ficavam espiando das janelas da varanda da frente. Foi uma questão de tempo para o grupo da Faculdade Calvin deixar as crianças entrarem. As noites de terça-feira foram reservadas para que elas comessem e jogassem pebolim e hóquei de mesa na casa. Elas contavam o que estava acontecendo em suas vidas, e nem tudo era positivo. Falavam muito sobre drogas, violência doméstica e coisas piores – muito piores. Em pouco tempo, 150 crianças frequentavam as terças-feiras à noite. Mesmo assim, os quatro amigos achavam que ainda não estavam fazendo o suficiente. A escola pública designada para as crianças, em Roosevelt Park, era classificada como a terceira pior em todo o estado de Michigan. John sabia que eles não podiam compensar essa experiência em apenas duas horas de terças-feiras à noite. Por isso ele, ao lado dos seus amigos, fundou a The Potter's House.

Descobrir essa escola foi como encontrar um tesouro. Eu vi, em primeira mão, o que cada escola poderia e deveria ser. Ela me mostrou que, mesmo nos bairros mais pobres – *principalmente* neles – pode haver lugares seguros e enriquecedores para as crianças aprenderem. Ela me mostrou quão amada cada uma pode e deve ser.

A escola The Potter's House me mostrou um lugar onde as crianças, e não os adultos, estavam no centro de sua missão.

A história da The Potter's House é a história da fé e da determinação superando probabilidades muito desfavoráveis. Ela começou com doze crianças em um porão de uma igreja. Graças ao comprometimento inabalável de John e seus amigos, se tornou uma escola que atende todas as séries, com mais de seiscentos alunos hoje em dia. Os pais pagam o que podem e nenhum aluno é rejeitado por causa de sua renda familiar. A The Potter's House recebe crianças muito pobres, crianças que não falam inglês, crianças que foram negligenciadas no sistema educacional público, crianças que sofreram bullying ou que apresentaram tendências suicidas dentro do sistema - todas são bem-vindas. Todas são valorizadas.

O comprometimento de John e seus amigos me tornou mais humilde. O que eles construíram me inspirou. Por isso, comecei a visitar o local para ler para os alunos. Eu conversava com os pais e ouvia-os falando como a escola havia mudado a vida de seus filhos para melhor.

Pouco tempo depois de começar como voluntária, conheci um menino tímido e quieto de cinco anos chamado Steve. Um dia, a mãe dele o deixou na casa de uma mulher conhecida na vizinhança como tia May. Não sei se ela era mesmo a tia de Steve ou não; o que eu sei é que sua mãe nunca voltou para buscá-lo.

Tia May estava na casa dos oitenta anos e tinha um grande coração, mas não podia oferecer muito mais para o menino. Por isso, ela o levou para a The Potter's House. Conheci-o quando ele estava no jardim de infância. Nós éramos uma dupla improvável. Eu era uma mulher que foi muito abençoada e que nunca passou necessidade. Steve era um garotinho que havia sido abandonado por sua mãe, pai e, aparentemente, pelo mundo. Ele precisava de um adulto com o qual ele pudesse contar; alguém dedicado ao seu sucesso. Assim, nós líamos juntos e eu tentei ser sua amiga.

Steve foi a primeira de muitas crianças que mentoreei e que Dick e eu ajudamos financeiramente na The Potter's House. Nós escolhíamos uma criança da escola para apadrinhar – ou seja, para custear seus estudos – conforme cada um dos nossos quatro filhos chegava à idade escolar. À medida que nossos filhos cresciam e a nossa oportunidade de contribuir crescia, apoiamos financeiramente muitas outras crianças. A escola não oferecia ensino médio quando Steve era um aluno, por isso seu tempo na The Potter's House foi mais limitado do que seria hoje.

John Booy ainda tem notícias do menino. Disse que ele ainda tem problemas, mas está sobrevivendo. "Ele é um garoto difícil de lidar, mas ainda está vivo e não está preso", diz John.

Não é um final de conto de fadas, mas é um final melhor do que o de muitas crianças que não tiveram a mesma oportunidade. Mais crianças como Steve merecem essa chance.

No fim das contas, a melhor escola para o Rick foi uma mais próxima da nossa casa e trabalho – uma pequena escola religiosa chamada Ada Christian. Dick e eu fizemos essa escolha porque podíamos pagar por ela.

Apesar de Rick não frequentar a The Potter's House, foi lá que comecei a pensar de maneira mais profunda nas crianças que não eram tão afortunadas. Quem são os pais de uma criança *não* deveria ser a determinante para o seu acesso à educação. Não deveria ser o que definirá se ela vai ficar fora da prisão – ou mesmo se vai alcançar a idade adulta. Não nos Estados Unidos.

Antes dos meus filhos existirem, antes de descobrirmos a The Potter's House, a minha vida com Dick DeVos já existia. Eu o conheci no meu segundo ano de faculdade. Dick terminou o ensino médio dois anos antes de mim, e tentou estudar um semestre na Faculdade Calvin, mas ficou entediado com as aulas. Seu principal objetivo na época era saber quantos dias de aula ele podia faltar sem ser reprovado. Não surpreendentemente, conforme o fim do semestre se aproximou, o reitor Stob o chamou no seu escritório.

"Dick, a sua média de notas está muito ruim", ele disse. "Você tem que saber que se ainda estiver matriculado no final da semana que vem, suas notas serão uma parte do seu histórico permanente. Mas, se não estiver matriculado, elas vão desaparecer".

Dick é sagaz; ele nunca mais voltou. Mais tarde, buscou o ensino superior através do estudo independente na Universidade Northwood em Midland, Michigan. Northwood foi fundada com foco em negócios e empreendedorismo. Dick podia frequentar as aulas no seu ritmo e estudar com a rapidez ou a lentidão que queria, o que foi apropriado para ele. Conseguiu seu diploma de bacharelado logo depois de nos casarmos, se formando com as mais altas honras. Foi outra lição precoce que eu aprendi sobre liberdade educacional: alunos diferentes aprendem de maneiras diferentes.

Assim como Dick, eu era impaciente na escola e gostava de tomar atitude desde muito cedo. Eu não era tímida. Minha declamação de Juramento à Bandeira aos dois anos, uma habilidade que minha mãe se lembra que adquiri com o programa *Romper Room*, incluía uma ênfase enérgica na parte da "'liberdade' e justiça para todos!" Eu entrei na Faculdade Calvin com dezessete anos, depois de me formar na Escola de Ensino Médio Cristã de Holland. Na época, queria ser uma designer de interiores. Ainda amo design, mas meu sábio orientador da faculdade sugeriu que eu era muito determinada para trabalhar para outras pessoas. Por isso, me formei na minha combinação única de disciplinas: administração e ciência política. De alguma forma, me tornei cada vez mais interessada em política e políticas públicas enquanto tentava evitar ser influenciada pelo professor marxista que ensinava no departamento de economia. Um possível motivo para isso foi Paul Henry (1942 – 1993), um dos meus professores que na época também era presidente do Partido Republicano do Condado de Kent. Logo ele se tornaria o parlamentar do nosso distrito.

Paul era um professor envolvente, que incentivava seus alunos a testarem os ensinamentos da nossa igreja e se unirem ao trabalho de Deus na redenção do mundo. Naquele momento, minha experiência política consistia em pouco mais do que apertar a mão do presidente Richard Nixon (1913 – 1994) no aeroporto Battle Creek quando eu estava na quinta série, e tirar nota máxima na minha matéria favorita, Governo Americano, no ensino médio. Mas o professor Henry me inspirou a me candidatar ao senado estudantil na Calvin. Eu venci com o slogan "Coloque um Prince no seu futuro e vote em Betsy". Em seguida, fiz o que a maioria dos estudantes de faculdade faz para se envolverem com política: me tornei voluntária em uma campanha.

Nós éramos chamados de "*Scatterblitzers*". Éramos universitários enérgicos e otimistas que usavam blusas combinando e que tanto espalhavam[17] quanto fiscalizavam[18] para o candidato da nossa cidade natal, Gerald R. Ford. Ele se tornou presidente quando Richard Nixon renunciou após o escândalo do Watergate. Em 1976, Ford estava disputando seu primeiro mandato completo como presidente. Os *Scatterblitzers* foram levados de ônibus para bairros do Meio-Oeste – Michigan, Ohio, Indiana e Wisconsin – para fazer campanha de porta em porta.

Ser uma *Scatterblitzer* me deu uma entrada para minha primeira convenção política nacional, a Convenção Nacional Republicana de 1976, na Cidade do Kansas, Missouri. Tínhamos que pagar pelo transporte, mas nossos esforços de campanha nos recompensaram com entradas para os eventos. Foi maravilhoso. Na Cidade do Kansas, durante a última convenção do partido, ocorreu algo parecido com um drama de verdade. Por pouco, Ford sobreviveu a um desafio para a nomeação presidencial republicana feito por um ex-governador da Califórnia chamado Ronald Reagan. Havia tensão no ar. Nós não dormimos. Comemos muita *junk food*. Divertimo-nos fazendo o que achávamos que era um trabalho importante.

Naquela época, a política era algo divertido e interessante, mas não me via trabalhando com isso pelo resto da minha vida. No entanto, algumas coisas aconteceram durante aquele ano de eleição que influenciaram muito a minha trajetória de vida. No momento eu não sabia, mas aquela campanha fortaleceria meu desejo de tentar fazer um mundo melhor.

O agente improvável do meu destino em 1976 foi o governador da Georgia, Jimmy Carter. Naquele ano, a educação não era uma questão nacional. As escolas ainda pertenciam ao domínio dos estados e municípios. Quando ele se tornou o candidato à presidência pelo Partido Democrata, ele fez uma promessa que mudou isso. Pela primeira vez, a educação fez parte do debate político nacional.

---

17. Scatter, em inglês "espalhar". (N. T.)

18. Em alusão à palavra "blitz". (N. T.)

Naquela época, quando o governo federal se envolvia na educação, ele atuava através do antigo Departamento de Saúde, Educação e Bem-estar Social[19]. Os líderes sindicais dos professores estavam se mobilizando há anos para criar um novo departamento federal dedicado exclusivamente à educação. Carter fez um acordo com eles em 1976. Sem que a maioria dos americanos soubesse, ele prometeu aos líderes do maior sindicato de professores do país, a Associação Nacional de Educação (NEA)[20], criar o Departamento de Educação dos EUA em troca do apoio do sindicato na eleição[21].

Essa atitude foi polêmica até mesmo entre alguns democratas. Por isso, Carter e seu companheiro de chapa, o senador de Minnesota Walter Mondale (1928 – 2021), falavam com frequência sobre sua promessa de criar o Departamento de Educação para plateias sindicais, mas raramente para o público em geral. Como resultado, a imprensa política praticamente ignorou a questão.

Em sua autobiografia, o secretário do Departamento de Saúde, Educação e Bem-estar Social de Carter, Joseph Califano, falou abertamente sobre a motivação política do candidato à presidência para criar o departamento[22]. O próprio Califano se opunha porque acreditava que isso tiraria o controle local e estatal da educação e o daria para os sindicatos. O *Washington Post*, acredite ou não, concordou com Califano. Eis o que os editores disseram sobre a lei para a criação do departamento:

> O dinheiro é a motivação da ANE, uma organização que tem a mesma relação com as escolas públicas que o sindicato dos encanadores tem com os negócios de encanamento[23].

---

19. Department of Health, Education and Welfare (HEW). (N. E.)

20. National Education Association (NEA). (N. E.)

21. BRODER, David. "Teachers Union: Vital Bloc for Carter". The Washington Post. Washington, 2 jul. 1980.

22. CALIFANO JR., Joseph. *Governing America: An Insider's Report from the White House and the Cabinet*. Nova York: Simon & Schuster, 1981.

23. *Ibid*, p. 284.

Até mesmo a grande mídia viu o que ia acontecer: Agradar os líderes sindicais escolares foi o primeiro passo para fazer com que as crianças se tornassem cidadãos de segunda classe em suas próprias escolas.

Depois de algumas quedas de braço da administração Carter, a lei foi aprovada. Em troca do primeiro apoio presidencial da NEA e o apoio ativo de milhares de membros dos sindicatos, o Departamento de Educação dos EUA foi criado em 1979. A NEA logo se tornou o grupo de interesse mais poderoso do Partido Democrata, se não do país inteiro.

É claro que não prestei atenção nisso quando voltei à Calvin depois de fazer campanha para Ford. As aulas me deixavam ocupada, e a vida social da faculdade me atraía. Naquele outono, fui a alguns encontros casuais com um colega *Scatterblitzer* chamado Bill Swets, mas desde o início eu sabia que isso não se tornaria uma relação séria.

Uma noite, Bill chamou a minha prima Heidi e eu para um jantar na antiga casa da fazenda que ele e seu colega de quarto estavam reformando em Ada. Eles trabalharam muito para instalar balcões e carpete (com milhares de grampos). Nada mal para uma casa de solteiros. Quando nos sentamos para jantar, éramos quatro: Heidi, Bill, eu e o colega de quarto de Bill, um rapaz levemente intenso, forte e de olhos castanhos que expressavam inteligência chamado Dick DeVos.

❦❦❦❦❦

Há semelhanças inusitadas na minha infância e na de Dick. Somos os filhos mais velhos de famílias de tamanho médio, que congregavam em igrejas da mesma denominação. Nós dois tínhamos pais inovadores e empreendedores que vieram do nada. Nós dois éramos crianças de classe média que cresceram e passaram a fazer parte do chamado 1%[24]. Nós nascemos e fomos criados a menos de setenta e três quilômetros um do outro.

Dick é o filho mais velho de Rich (1926 – 2018) e Helen DeVos. Rich cofundou a Amway, que se tornaria uma empresa global de vendas

---

24. Expressão americana que se refere às pessoas mais ricas da sociedade. (N. T.)

diretas, com seu parceiro Jay Van Andel (1924 – 2004) em 1959. Dick tinha quatro anos à ocasião. As famílias DeVos e Van Andel moravam lado a lado, em casas onde ambos os pais viveram até morrerem.

Rich e Jay eram amigos no ensino médio e, mais tarde, empreendedores em série. Quando voltaram da Segunda Guerra Mundial, fundaram uma escola de aviação em Grand Rapids, embora não fossem pilotos. Recrutaram alunos e contrataram profissionais para ensiná-los. Depois, Rich ouviu falar sobre algo que, na Califórnia, era chamado de *drive-in*, então eles abriram um em Michigan. Mais tarde, venderam o restaurante e a escola de aviação e compraram um barco para velejar pela América do Sul. Na costa de Cuba, o barco afundou, fazendo os pais de Rich e Jay viverem dias muito agitados, já que o barco não chegou ao seu destino no Chile. Rich e Jay tiveram que ser resgatados por um cargueiro em alto mar.

Em seguida, Rich e Jay venderam importados que encontraram na América do Sul. Eles venderam brinquedos de madeira, venderam abrigos antibomba durante os primeiros dias da Guerra Fria.

Então tentaram algo diferente – um modelo único e pessoal de vendas que oferece vitaminas naturais e suplementos alimentares do qual ouviram falar. O produto se chamava Nutrilite. Rich e Jay tentaram nesse ramo de negócio e foram bem-sucedidos, construindo uma organização empolgante. Logo expandiram sua oferta de produtos para um limpador multiuso orgânico. Eles administravam sua nova empresa nos porões de suas casas e a nomearam Amway. Construíram uma sede em Ada, que permanece a sede da empresa até hoje. Dick começou sua vida profissional molhando árvores e tirando ervas do primeiro edifício pequeno da Amway. No ensino médio, conduziu *tours* das instalações de produção para os distribuidores da Amway atendendo pelo nome de Dick Marvin, seu primeiro e segundo nome. Segundo ele, apresentar-se como DeVos gerava muitas perguntas desnecessárias.

Muita coisa foi escrita e dita sobre Rich DeVos e Jay Van Andel desde que eles tornaram a Amway a maior empresa de vendas diretas do mundo, mas eu fui abençoada por ter conhecido o verdadeiro Rich DeVos. Ele era um otimista desinibido e sem remorso – não apenas em relação à vida, mas em relação ao potencial das pessoas.

Rich era conhecido por sempre encorajar as pessoas dizendo: "Você consegue". Isso era mais do que um bordão para o meu sogro. O seu modelo de capitalismo e o de Jay não dependia da destruição da concorrência ou da falha de ninguém; era baseado no despertar do melhor em pessoas normais – desbloquear seu potencial – e criar um sucesso compartilhado. Rich tinha um dom extraordinário para fazer isso. Como resultado, seu sucesso foi compartilhado por milhões de pessoas em todo o mundo.

Quando conheci Dick naquela noite na casa da fazenda, ele estava trabalhando com a equipe de viagens da Amway, organizando conferências de distribuidores. Eu me atraí pela sua maturidade, entre muitas outras coisas. Mais tarde, ele disse que me conhecer foi a melhor coisa que ele tirou da Faculdade Calvin. Quando descobriu que meu relacionamento com seu colega de quarto não era sério, Dick perguntou a Bill se poderia me chamar para sair. Nos casamos em fevereiro de 1979 na Igreja Cristã Reformada Avenida LaGrave em Grand Rapids. Mais tarde, a imprensa chamou isso de "fusão", não de casamento. Mas eles estavam enganados. Depois de quarenta e três anos e quatro filhos, estamos mais dedicados um ao outro do que nunca.

***

Os anos 1980 e início dos anos 1990 foi um período de mudança e crescimento para mim e para a minha família. Elissa, Andrea e Ryan se juntaram a Rick para formarmos uma família de seis pessoas. À medida que íamos crescendo, a educação foi se tornando uma preocupação cada vez maior.

Nossa experiência com a The Potter's House mostrou o que é possível quando todas as crianças têm a chance de frequentar uma ótima escola. Eu sabia que, para cada família cujos filhos estudavam na The Potter's House, muitas outras queriam ter a mesma oportunidade. Dick e eu podíamos ajudar a construir e apoiar uma nova visão de oportunidade educacional. Desde o início, sabíamos que o foco seria dar aos pais que queriam que seus filhos estudassem em uma escola como a The Potter's House a oportunidade de fazerem isso, independentemente de suas rendas.

Não queríamos nos limitar a assinar cheques para organizações distantes. Queríamos ajudar *crianças*. Segundo nossa visão, era imoral forçar crianças e pais a esperarem os cinco ou dez anos que o *establishment* educacional afirmava serem necessários para melhorar as escolas. Nós queríamos que os pais tivessem oportunidades *agora*. Afinal, as crianças crescem apenas uma vez. Elas não podem esperar anos para que suas escolas melhorem.

A Fundação Familiar Dick e Betsy DeVos nasceu no início dos nossos trinta anos, mais ou menos na mesma época em que fundamos o The Windquest Group, nossa empresa familiar. Foi o começo de um capítulo novo e extraordinariamente realizador em nossas vidas.

Nos negócios, Dick e eu somos pessoas naturalmente motivadas e ambiciosas. No entanto, nossa filantropia tem uma origem diferente. Nós poderíamos estar em uma ilha em algum lugar, aproveitando a vida. Mas, sinceramente, isso seria entediante. Mais importante ainda, não seria um uso responsável dos dons que nos foram concedidos por Deus, seja por causa da influência da nossa fé ou da boa e velha "culpa holandesa" – provavelmente ambas. De qualquer forma, damos muita importância às doações e à administração de todos os recursos que nos foram confiados.

Desde o primeiro dia, nosso foco era ajudar estudantes, não sistemas ou edifícios. Quando a escola que nossos filhos frequentavam, a Christian High School de Grand Rapids, nos pediu para contribuir com sua campanha de captação de recursos, dissemos que preferiríamos financiar um programa de bolsas estudantis para garantir que mais famílias pudessem escolher a escolha para seus filhos, mesmo que não pudessem pagar pelas mensalidades. Temos conseguido ajudar centenas de crianças locais que, de outra maneira, não teriam a oportunidade de frequentar uma escola que está de acordo com suas necessidades, desejos e valores.

Em 1993, fundamos o Fundo de Liberdade Educacional, que deu bolsas estudantis a famílias de baixa renda de Michigan para ajudá-las a escolherem as escolas de seus filhos em qualquer lugar do estado. Alguns anos depois, os empresários John Walton e Ted Forstmann criaram bolsas iguais através do Fundo de Bolsas Estudantis para

Crianças, permitindo que estudantes de Nova York e de outras cidades do país frequentassem escolas escolhidas por suas famílias. O Fundo de Liberdade Educacional já deu a milhares de alunos de Michigan a oportunidade de melhorar sua educação. Em âmbito nacional, o Fundo de Bolsas Estudantis para Crianças fez o mesmo por quase 200 mil famílias americanas[25].

Ao mesmo tempo, comecei a me unir a outros defensores da escolha escolar e especialistas em reforma escolar para garantir aos pais de todo o país esse direito. Juntei-me aos conselhos de duas organizações sem fins lucrativos que faziam lobby a favor da escolha escolar em estados por todos os EUA: Crianças em Primeiro Lugar na América e o Conselho Americano de Reforma Educacional. Depois também trabalhei no conselho da Aliança pela Escolha Escolar, que foi formada em 2004, no quinquagésimo aniversário da decisão histórica *Brown vs. Conselho de Educação*[26] e se tornou uma das maiores organizações defensoras da liberdade de escolha escolar do país.

Como parte desses grupos, eu conheci e trabalhei com gigantes do mundo da reforma educacional, pessoas como o líder dos direitos civis Howard Fuller, o reformador educacional John Kirtley, o banqueiro Peter Flanigan, o investidor Bill Oberndorf, a ativista pela escolha escolar de Washington, DC, Virgínia Walden Ford, a ativista pela escolha escolar de Milwaukee, Susan Mitchell, bem como Walton e Forstmann.

Essas foram algumas das pessoas presentes no início do movimento, que representavam um tipo diferente de ativismo político. A maioria daqueles que fazem doações para movimentos ou se envolvem em organizações partem para outras causas depois que sua proposta de medida perde ou que sua legislação não é aprovada. Os fundadores do movimento de liberdade educacional se recusam a fazer isso. Eles continuam lutando mesmo em meio a obstruções, corrupção e, é

---

25. HISTORY. Children's Scholarship Fund. Disponível em: https://scholarshipfund. org/about/history/. Acesso em: jun. 2021.

26. Caso marcante julgado na Suprema Corte dos Estados Unidos, quando foi decidido que as divisões raciais entre estudantes brancos e negros em escolas públicas do país era inconstitucional. (N. T.)

claro, algumas derrotas na assembleia legislativa e nas urnas. Eles me inspiraram com sua visão e determinação.

No início, nós progredimos em muitos estados, mas eu também queria fazer algo de forma mais pessoal pelas crianças que estavam sendo negligenciadas pelo sistema. O jovem com quem eu havia trabalhado na The Potter's House, Steve, me lembrou do valor inato de todo ser humano, independentemente de onde tenha vindo ou de sua aparência. Assim como meus colegas que fundaram a escola, eu queria fazer algo que honrasse o potencial único de cada criança. Assim como eles, senti um chamado para sair da minha zona de conforto e me dedicar de todo coração.

Essa oportunidade veio através de outra organização na qual eu me envolvi, a Kids Hope USA. Essa organização do oeste de Michigan foi fundada com uma premissa simples: Uma igreja local de qualquer denominação faz parceria com uma escola primária pública local a fim de proporcionar mentores adultos a crianças em risco. Os mentores se comprometem a se encontrar com seu aluno na escola uma hora por semana, por pelo menos um ano letivo. A ideia era que as crianças tivessem um adulto confiável com quem teriam um contato constante para amá-las e incentivá-las. Para muitas delas, isso era algo novo. Mais de uma vez, as crianças perguntaram aos seus mentores: "Você vai se encontrar com quem na semana que vem?". Quando respondíamos: "Estou aqui por você, apenas por você!", elas olhavam para nós com incredulidade. Era doloroso – e emocionante – ajudar a dar o amor, a constância e o incentivo que elas precisavam.

Com meu ativismo, nossa igreja deu início a um programa Kids Hope em uma das escolas primárias mais desafiadoras de Grand Rapids. A porcentagem de crianças que estavam no nível esperado em leitura e matemática na escola era de dois dígitos baixos. Nos dois dígitos *mais* baixos.

Eu comecei a mentorear uma menina chamada Sasha (mudei seu nome para proteger sua privacidade). O tempo que passei com Sasha é uma história que não tem, necessariamente, um final feliz. Mas foi uma experiência de aprendizado importante para mim, eu creio. Ela abriu meus olhos e me fez ser mais humilde ao mesmo tempo. Apesar de muitos altos e baixos, recebi e aprendi muito mais com as crianças que mentoreei do que elas comigo.

Quando conheci Sasha, ela tinha sete anos. Seu histórico era caótico. Seu pai não era muito presente e sua mãe tinha problemas com relacionamentos em geral. No início, nos encontrávamos na escola. Conversávamos, líamos e trabalhávamos com escrita correta de palavras e artesanato. Aos poucos, fui conhecendo-a e, depois, sua família. Ela era composta apenas por Sasha, sua irmã mais velha e sua mãe, e as três passavam dificuldades, assim como muitas famílias. Sua mãe tinha empregos esporádicos. Sua irmã mais velha estava chegando a uma idade em que poderia cometer erros que impactariam o resto de sua vida. Eu me aproximei de todas elas.

Sasha e sua família moravam em um apartamento quando as conheci. Quando não puderam pagar o aluguel e foram despejadas, acomodaram-se em um modesto hotel com pagamento diário. Uma noite, em um quarto perto do delas, uma pessoa foi assassinada. Esta agora era uma família que eu conhecia e com a qual me importava. Naquela época, eu havia levado o jantar de Natal e os presentes para todas. Insisti para que Sasha, sua mãe e irmã saíssem daquele hotel. Alugamos um novo apartamento para elas e, mais tarde, Dick e eu as ajudamos a encontrar uma casa em um bairro seguro.

Enquanto isso, Sasha estava com problemas na escola. Meu relacionamento com ela e sua família já havia ultrapassado aquele único encontro de uma hora por semana. Eu queria que ela recebesse o aprendizado necessário para quebrar o ciclo da pobreza que sua família conhecia. Percebi que, na escola designada para a área onde ela morava, as coisas não melhorariam muito para ela. Por isso, Dick e eu falamos para sua mãe que queríamos dar à Sasha a chance de frequentar uma outra escola. Ela agarrou a oportunidade. Nós pagamos pela educação de Sasha até o fim do ensino médio. Continuei a me encontrar com ela regularmente. Toda a nossa família levava presentes e um jantar de Natal para sua casa todos os anos. Eu estava convencida de que poderíamos ajudar a colocar sua vida em uma trajetória diferente e melhor se eu me dedicasse o suficiente.

Entretanto, no final, não consegui. Enquanto Sasha estava no ensino médio, sua irmã engravidou. Depois, foi a vez da própria Sasha. Conseguimos um emprego em um hotel para sua mãe, mas ela foi demitida. A família permaneceu no caminho errado. Dick e eu chegamos à dolorosa conclusão de que não conseguiríamos mudar a vida da Sasha. No fim das contas, *ela* deveria decidir seu futuro.

Depois de ter seu bebê, Sasha se formou no ensino médio com um diploma alternativo. Nós continuamos ajudando ela e sua família, incentivando-as a se reestabelecerem. Um dia, se mudaram de Grand Rapids e nós perdemos contato.

Era tentador sair de nossa experiência com Sasha acreditando que era impossível mudar as vidas das pessoas, então, por que tentar? Alguns afirmariam que famílias como a dela eram incapazes de tomar boas decisões por si mesmas. Dizem que essas famílias não sabem o que é bom para elas. Por isso, o governo deve decidir qual escola devem frequentar e até mesmo onde devem viver. Eu discordo completamente. Nós tentamos dar à Sasha e a sua família a capacidade de fazer suas próprias escolhas. O fato de que elas não tomaram boas decisões não quer dizer que outras famílias não deveriam ter a chance de escolherem. É como um navio afundando que disponibiliza botes salva-vidas para todos os passageiros – mesmo que alguns decidam não usar o bote, isso não significa que *ninguém* deva ter um bote salva-vidas.

Esse argumento – de que o simples fato de ser menos privilegiado sugere que a pessoa não é capaz de fazer boas escolhas para si – me deixa furiosa. Ele finge ser compassivo, mas, na verdade, é elitista. E eu me recusei a deixar essa justificativa falsa me impedir de ajudar outras famílias a proporcionarem vidas melhores para seus filhos.

Comecei a mentorear outra criança da antiga escola de Sasha, uma aluna da primeira série chamada Elena (também mudei seu nome para proteger sua privacidade). Seus pais eram da República Dominicana, onde seu pai ainda morava quando a conheci. Novamente, me vi cada vez mais envolvida com sua família. Dick e eu encontrávamos com eles nos Natais e nos aniversários de Elena. Quando ela estava na escola primária, dei-lhe a chance de ir para a The Potter's House. Ela se deu muito bem lá. "É uma escola particular, mas tem muitas pessoas como eu", ela me contou uma vez.

Fiz muitas das mesmas coisas com a Elena que havia feito com a Sasha, mas os resultados foram drasticamente diferentes.

Nós encontramos uma casa perto da The Potter's House para sua família. Ajudamos sua mãe a conseguir um bom emprego. Ela tornou-se mais do que uma funcionária empenhada e competente – ela se tornou parte da nossa família. Enquanto isso, Elena está na Universidade Estadual Grand Valley, se formando em Administração de Associações sem Fins Lucrativos com ênfase em planejamento de desenvolvimento comunitário, e está se especializando em Estudos Latino-Americanos. Talvez também se especialize em Administração Internacional. Tenho muito orgulho dela, assim como sua família.

⸎⸎⸎⸎⸎

Antes de começar a mentorear alunos pessoalmente, tive outra revelação educacional. Era verdade que nossa ajuda aos estudantes de Michigan através do Fundo de Liberdade Educacional, da The Potter's House e da Kids Hope USA estava fazendo a diferença nas vidas das crianças. Mas toda a filantropia do mundo não era suficiente para consertar a educação americana. Apenas no último ano, os pagadores de impostos gastaram mais de 750 bilhões de dólares em educação básica. Esse valor é um pouco maior do que as fortunas somadas de Bill Gates, Warren Buffet, Elon e Jeff Bezos. Mesmo assim, nosso sistema educacional vem falhando com as crianças que mais precisam dele.

Dick e eu acreditamos que, se contribuíssemos o suficiente, poderíamos incentivar uma mudança no sistema. Nós achávamos que, se mostrássemos às pessoas os benefícios incontestáveis de dar aos estudantes a chance de frequentar a escola que quisessem, o apelo prático e emocional dessa causa seria propagado. Um pouco disso aconteceu, com certeza. Filantropos e ativistas deram a mais de um milhão de crianças a chance de terem uma boa educação através de doações de caridade. No entanto, percebi que o sistema estava muito corrompido para ser consertado apenas através da filantropia privada. As leis tinham que mudar. Os governos tinham que mudar. E isso exigia força política.

Nós continuamos a dar bolsas estudantis e mentorear alunos, mas aos poucos focamos menos em atrair filantropos para mitigarem os piores efeitos do sistema e voltamos nossos esforços para a construção da cultura política para *mudar* o sistema. Em Michigan, felizmente tivemos um aliado poderoso.

John Engler foi eleito governador de Michigan em 1990, no início de uma década em que os governadores dos estados – e não os políticos de Washington – eram os inovadores que desafiavam o *status quo* da política americana. Juntamente com os governadores da reforma educacional – pessoas como Tommy Thompson, de Wisconsin e Jeb Bush, da Flórida – Engler era um pioneiro.

Em seu primeiro mandato, John desafiou os legisladores de Michigan a permitirem que alunos frequentassem um novo tipo de escola pública que fora introduzido em Minnesota dois anos antes. Elas eram chamadas de academias ou escolas charter – escolas públicas livres das regras e regulamentos do sindicato dos professores e beneficiárias de liberdade para experimentar novas formas de ensino.

Embora na época os sindicatos não fossem tão hiperpartidários como hoje, a Associação de Educação de Michigan (MEA)[27] identificou as escolas charter pelo que eram: uma ameaça ao seu monopólio educacional. Eles lutaram com afinco contra a proposta do governador Engler. Além disso, apesar de haver maioria republicana em ambas as casas do Legislativo, o projeto de lei de John que autorizava escolas charter em Michigan não era algo certo. Dick e eu trabalhamos arduamente para criar apoio para essa causa entre os legisladores do estado.

O maior entrave para a aprovação da lei das escolas charter foi um com o qual nos deparamos muitas vezes na luta pela liberdade educacional: políticos de ambos os partidos que não conseguem entender como uma maior liberdade educacional pode beneficiar seus distritos e, consequentemente, eles mesmos. Em Michigan, os maiores obstáculos foram, principalmente, os membros das áreas rurais, como a Península Superior, que estavam convencidos de que o *status quo* da educação estava bom. Afinal, se já tinham uma escola "boa" no seu distrito, por que provocar uma briga com os sindicatos

---

27. Michigan Education Association (MEA). (N. E.)

e o *establishment* educacional? No final, uma enorme concessão foi feita para que o projeto de lei convencesse esses membros hesitantes: um limite ao número de escolas charter. Mesmo assim, o projeto de lei foi aprovado com uma margem muito pequena.

O governador Engler sancionou a lei para a criação de 150 escolas charter no estado de Michigan em 14 de janeiro de 1994.

Nós havíamos ganhado a batalha, mas a guerra estava longe de terminar. Naquele verão, a MEA entrou com um processo questionando a constitucionalidade das escolas. Ela afirmou que as escolas charter não mereciam financiamento público porque não eram administradas por conselhos escolares locais. Era uma cortina de fumaça disfarçada de responsabilidade educacional. No entanto, cada vez mais pessoas ignoravam os gritos de alarme dos sindicatos. Naquele outubro, a capa da revista *Time* mostrava um aluno de uma escola charter de Michigan chamado Zach Leipham com a manchete "Uma nova esperança para as escolas públicas". A chama fora acesa.

Muito antes do tempo de trabalharmos pela aprovação da lei das escolas charter em Michigan, eu já havia me tornado ativa no Partido Republicano do estado. Comecei como voluntária no Partido Republicano do Condado de Kent e trabalhei em todos os cargos partidários até me tornar a Delegada Nacional Republicana por Michigan. Em 1992, disputei com a então detentora do cargo, Ronna Romney – nora do ex-governador de Michigan, George Romney (1907 – 1995) e cunhada do senador Mitt Romney – pelo cargo de Delegada Nacional Republicana. Eu ganhei.

Depois, em 1996, a presidente estadual do Partido Republicano de Michigan, Susy Heintz, renunciou ao cargo para se candidatar ao Congresso, e eu fui eleita presidente estadual do partido para o restante do mandato. Em seguida, fui eleita e reeleita para mandatos completos em 1997 e 1999. Entrei na presidência do partido cheia de energia, confiança e um toque de ingenuidade – uma combinação potencialmente perigosa. Eu sabia o que queria para o meu partido e para o meu estado, e não fui intimidada pela oposição. Estava pronta para pegar pesado.

Uma das armas preferidas dos opositores da liberdade educacional em Michigan e em qualquer outro lugar é uma cláusula escrita na maioria das constituições estaduais chamada Emenda Blaine.

Essas emendas receberam seus nomes por causa de James Blaine (1830 – 1893), parlamentar do século XIX, do Maine. Primeiro, ele propôs uma emenda à Constituição americana em 1875 para proibir financiamento público de escolas "sectárias". "Sectário" era usado como código para Católico. Na época, imigrantes irlandeses, alemães e italianos estavam entrando nas escolas públicas dos EUA. A maioria dos estudantes novos eram católicos, mas a administração era quase toda protestante, e viam na educação pública uma maneira de espalhar sua doutrina. Horace Mann, o criador do modelo industrial de educação pública, aceitava abertamente essa tendência nativista e religiosa nas escolas públicas. A escola americana "comum", segundo Mann, foi concebida para "americanizar" imigrantes católicos ao "protestantismo de menor denominador comum"[28].

Quando os católicos americanos protestaram e reivindicaram financiamento público para as escolas católicas, o representante Blaine apresentou sua emenda. Ela quase foi aprovada no Congresso, mas muitos estados aprovaram suas próprias emendas intolerantes.

As Emendas Blaine são normas inconstitucionais e repugnantes que deveriam ter sido consignadas à pilha de cinzas da história há muito tempo, mas ainda estão entre nós. Hoje em dia, trinta e sete estados as possuem em suas constituições. Certamente elas não são mais usadas para promover o protestantismo, mas são ferramentas úteis para líderes sindicais de escolas e outras pessoas que se opõem ao uso do financiamento público para outra coisa que não seja as escolas públicas tradicionais. Michigan tem uma das piores e mais proibitivas Emendas Blaine.

A emenda de Michigan foi uma das últimas a ser aprovada após o encontro profano de nativistas, intolerantes religiosos e líderes sindicais. Esse trio perverso só piorou nos anos que se seguiram após as Emendas Blaine entrarem nas constituições. Atualmente, defensores afirmam que

---

28. JUIZ Samuel Alito. Parecer concordante no caso Espinoza v. Montana Department of Revenue. Suprema Corte dos Estados Unidos, 2019.

a educação "pública" será destruída se o governo permitir que os pais gastem o dinheiro "público" em uma escola particular ou religiosa para seu filho. O verdadeiro motivo que o *establishment* educacional esconde atrás de medidas tão repugnantes quanto as Emendas Blaine não é o medo do governo apoiar a religião, mas sim o medo da competição ao seu monopólio de controle educacional.

Nós tivemos uma chance de ajudar a acabar com essas medidas intolerantes quando eu era secretária. Uma mãe corajosa chamada Kendra Espinoza havia processado seu estado natal de Montana depois que ele se recusou a implementar um modesto programa de escolha escolar por causa da Emenda Blaine. Quando o caso foi para a Suprema Corte dos EUA, trabalhamos com o procurador-geral Bill Barr para garantir que o Departamento de Justiça se posicionasse contra a intolerância e a favor dos pais. Barr foi um parceiro interessado e capaz, que compartilhava muitas das minhas visões sobre liberdade religiosa e de educação. Nós alegamos de forma veemente que a recusa de Montana a deixar alunos usarem bolsas de escolha escolar violava seus direitos constitucionais. A Corte concordou com nosso ponto de vista e anulou a decisão de Montana, executando o que, em última análise, deverá ser um golpe fatal à Emenda Blaine. Enquanto escrevo isso, a Corte está deliberando outro caso sobre liberdade religiosa na educação, no qual intervimos, e que, como era de se esperar, tem origem no Maine.

Diferente de muitos dos ativistas externos e lobistas sindicais que usam descaradamente as Emendas Blaine para evitar a liberdade educacional, Dick e eu vimos, em primeira mão, como a negação da escolha aos alunos presos às escolas públicas falhas tem prejudicado as crianças.

Dick passou dois anos frustrantes no conselho de educação de Michigan no início dos anos 1990. Pareceram duas décadas. O conselho era obstinadamente burocrático e profundamente dedicado a defender o *status quo* da educação.

Dick é o tipo de pessoa que prefere agir a falar, por isso, o ritmo lento do conselho de educação o frustrou profundamente. Seu serviço no conselho não foi uma experiência da qual se lembra com carinho, mas lhe deu uma visão próxima e pessoal do sistema educacional de Michigan e do grupo que o controlava. Dick se convenceu de que, enquanto o poder estiver com os burocratas e membros do conselho e não com os pais e alunos, as escolas não vão mudar.

A gota d'água foi em 1999, quando o Fundo de Liberdade Educacional, programa de escolha escolar fundado por nós e financiado pela iniciativa privada, recebeu 64 mil solicitações de pais desesperados de Michigan para apenas 4 mil bolsas estudantis disponíveis. A necessidade e o desejo por mais do que alguns milhares de bolsas criadas com recursos privados estavam claros. O sistema tinha que mudar.

"Sentei com Betsy e li as cartas que os pais e avós escreveram para nós, e elas fariam vocês chorarem", Dick contou a um grupo de jornalistas na época[29].

Nós formamos uma coalizão com líderes negros de áreas urbanas que queriam escolas melhores, líderes religiosos que queriam poder administrar escolas melhores e líderes de negócios que sabiam que seu futuro dependia de escolas melhores. Demos início a um grupo chamado Crianças Primeiro! Sim! com o objetivo de alterar nossa constituição para acabar com a Emenda Blaine de Michigan e permitir que o financiamento público acompanhasse os alunos para escolas privadas. Nossas primeiras reuniões foram compostas por uma representação diversa de moradores de Michigan que esperavam mudar nosso sistema educacional que, quando descrito, parecia o início de uma piada antiga. Havia ministros de áreas urbanas, um rabino, alguns padres, um superintendente de escola episcopal e um empresário da Câmara de Comércio, entre outros.

Como presidente estadual do Partido Republicano, eu tinha que ter cuidado para não usar nenhum recurso do partido no grupo Crianças Primeiro! Sim!, mas ajudei Dick de toda maneira que pude. No início de 1999, nós havíamos conseguido incluir uma proposta no plebiscito de 2000 em Michigan. Um voto positivo era um voto pela alteração da constituição – para eliminar a linguagem "Blaine" – e pela criação

---

29. KRONHOLZ, June. "Michigan, Amway Chief and Wife Give School Vouchers a Higher Profile". Wall Street Journal. Nova York, 25 out. 2000.

de um *voucher* de 3.300 dólares para todo aluno que desejasse, quando alocado em um distrito escolar com desempenho insatisfatório. Um distrito com "desempenho insatisfatório" era definido como um que formava menos de 66% dos seus alunos. Os pais em distritos escolares que formavam uma porcentagem maior de alunos poderiam decidir, através de um voto de seu conselho escolar ou de um grupo de eleitores, se permitiriam ou não que os alunos utilizassem os *vouchers*.

Nós recorremos ao plebiscito com os olhos bem abertos. Tínhamos, pelo menos, duas forças significativas contra nós. Primeiro, em qualquer questão de um plebiscito, é muito mais fácil fazer com que as pessoas votem "não". Afinal de contas, o voto positivo é um voto pela mudança do *status quo*. Se os opositores conseguirem gerar dúvidas sobre essa mudança nas cabeças dos eleitores, é muito mais provável que eles se oponham a ela.

Em segundo lugar, estávamos combatendo o interesse mais poderoso do Partido Democrata, provavelmente até do estado: a Associação de Educação de Michigan. Eles não apenas teriam muito dinheiro (tirado do salário dos professores) para injetar na oposição da medida, como também milhares de professores e outros aliados para se engajar na oposição.

Entretanto, havia mais um obstáculo na aprovação da medida que nós não esperávamos quando entramos na luta. Em uma conferência bianual do Partido Republicano na histórica Ilha de Mackinac de Michigan em setembro de 1999, o governador Engler anunciou que não apoiaria a medida de livre escolha escolar. Meu amigo e aliado da reforma educacional foi cuidadoso ao dizer que concordava com a mudança que estávamos buscando; só discordava do momento em que estávamos lutando por ela.

Os eleitores de Michigan estariam votando para a presidência ao mesmo tempo em que votariam pela medida educacional em 2000. O ex-governador do Texas, George W. Bush estava fazendo campanha para ser o candidato republicano e o governador Engler era o articulador da campanha de Bush em Michigan. O senador Spencer Abraham, cuja primeira campanha pelo senado americano fora presidida por mim, também estava no plebiscito daquele ano. Ele enfrentava uma luta difícil pela reeleição. Engler tinha receio de que a medida educacional mobilizasse eleitores que se oporiam ao governador Bush e ao senador Abraham – eleitores que possivelmente não se dariam ao trabalho de votar na ausência da questão da escolha escolar.

Dick e eu sempre fomos céticos em relação à justificativa de Engler. Em corridas presidenciais, são os *candidatos à presidência* que levam as pessoas para as urnas, não questões secundárias de plebiscitos. Além disso, muito antes de os eleitores terem a chance de decidir, Engler falou abertamente que acreditava que a medida do plebiscito não poderia ganhar da máquina política sindical. Antes mesmo de um voto ser realizado, o governador disse que a medida estava fadada ao fracasso[30]. Ele afirmou que deveríamos adiar a luta para outro ciclo eleitoral. Como presidente do Partido Republicano, eu não estava feliz por estar em conflito com meu governador. Gostava de John e o respeitava, mas Dick e eu sentíamos fortemente que a medida precisava ser aprovada em 2000. Estudantes de baixa renda de Michigan não podiam esperar quatro anos ou mais pela oportunidade de escolher escolas decentes.

John estava certo em uma questão: os líderes sindicais combateram a medida de forma pesada e jogaram sujo. Nós usamos a Lei da Liberdade de Informação para expor documentos que mostravam que distritos escolares estavam usando dinheiro público para fazer campanha contra a medida. Os alunos das escolas públicas levaram para casa propaganda antiescolha. O distrito escolar público do Condado de Oakland usou recursos dos pagadores de impostos para criar campanhas de e-mail, vídeos e apresentações de slides para fazer *lobby* contra a proposta.

O mais grave foi a ação da MEA, que criou rumores racistas e dicotômicos para incentivar os moradores de Michigan a votarem contra a medida. Nos subúrbios, enviaram mensagens codificadas para convencerem os eleitores de que suas escolas seriam invadidas por crianças negras e pobres se a medida fosse aprovada. No centro de

---

30. ENGLER. *Certain That Voucher Plan Is a Loser*. Detroit Free Press. Detroit, 23 dez. 1999.

Detroit, circularam panfletos afirmando que crianças negras e pobres nunca poderiam frequentar boas escolas, com ou sem *voucher*.

O ex-governador de Michigan, James Blanchard, líder da oposição, teve a capacidade de fazer ambas as insinuações racistas em um único artigo de opinião. Um mês antes do plebiscito, no *Detroit News*, Blanchard advertiu de forma sombria que os *vouchers* "discriminariam crianças com nosso dinheiro de impostos". Ele escreveu que as escolas privadas "teriam o poder de escolher os alunos que quisessem com base em raça, religião, notas ou habilidade atlética, ou até mesmo a renda dos pais". A mensagem transmitida aos afro-americanos pobres era clara: a escolha dará às escolas privadas a possibilidade de discriminar suas crianças com dinheiro público.

Ao mesmo tempo, o artigo de opinião fez um apelo racista mal disfarçado aos eleitores brancos dos subúrbios. Blanchard advertiu que o "propósito oculto" da proposta era prejudicar todas as escolas públicas, até mesmo as suburbanas, brancas e seguras. "De fato, todo distrito escolar, *até os mais admirados*, poderia ser afetado por essa proposta de *voucher*", ele escreveu (a ênfase foi minha). A mensagem transmitida aos eleitores suburbanos brancos era clara: a escolha escolar irá arruinar as escolas boas por permitir que crianças de bairros pobres as frequentem[31].

No início da campanha, pesquisas mostravam que a medida atraía cerca de dois terços dos eleitores de Michigan. Em alguns lugares a porcentagem era ainda maior, principalmente em comunidades afro-americanas. Dick estabeleceu uma meta de arrecadar 5 milhões de dólares e conseguiu arrecadar mais de 12. Ele trouxe os líderes do movimento nacional de escolha escolar para apoiar os esforços. Pessoas

---

31. Blanchard esqueceu de mencionar um detalhe importante em sua própria história. Enquanto era governador, ele havia escolhido mandar seu filho para uma escola do subúrbio que era predominantemente branca e de alta renda, em vez da escola no centro da cidade, em Lansing, para a qual seu filho foi designado com base no seu endereço. A justificativa de Blanchard foi que a escola de Lansing não era segura o suficiente para seu filho. Tal hipocrisia é muito comum entre políticos apoiados por sindicatos: "Eu posso escolher, mas você, não"8. (SKUBICK, Tim. *Off the Record*. Ann Arbor: University of Michigan Press, 2003. p. 198.)

como John Walton, Bill Oberndorf, Howard Fuller e Susan Mitchell apoiaram a campanha de forma ativa, assim como Cory Booker, que na época era vereador de Newark, Nova Jersey, mas era uma estrela em ascensão no movimento. Nós tínhamos um grupo influente de guerreiros da liberdade educacional do nosso lado.

Conforme a campanha ganhava força, a insatisfação do governador Engler com a medida – e comigo – crescia. Em dezembro de 1999, seu descontentamento era impossível de ser ignorado. Ele me deu uma escolha: fazer Dick parar a campanha do plebiscito ou perder meu cargo como presidente estadual do Partido Republicano. Eu não duvidei de que ele cumpriria sua ameaça.

Pensei muito em como responder a isso. John era um aliado na luta pela liberdade educacional e eu não gostava de estar em conflito com ele. No entanto, ele estava me forçando a escolher um lado. Se ele achou que eu iria jogar os esforços de Dick e do Crianças Primeiro! Sim! fora em favor da minha presidência no partido, ele estava enganado. Até onde eu sabia, os interesses políticos do governador não eram maiores do que a crise educacional de Michigan. Nossa constituição deveria mudar para que nossas escolas pudessem mudar, e Michigan não era o único estado prejudicado pelas Emendas Blaine. Essa era a nossa oportunidade de sermos os primeiros no país – e possivelmente provocar um movimento – a criar futuros melhores para as crianças.

Em 2 de fevereiro de 2000, convoquei uma coletiva de imprensa no capitólio do estado. A tensão entre o governador e eu estava sendo muito comentada em Lansing e a sala estava cheia. Parecia que todo repórter da capital estava ali.

"Não é segredo para nenhum de vocês que o governador Engler está descontente com a minha recusa de aceitar seus pedidos", foi como comecei meu discurso. "Está óbvio que o governador prefere ter um seguidor no cargo de presidente do partido, não um líder", continuei. "Eu nunca aceitei coisas de forma cega. Sou uma defensora do povo, e seguir alguém de forma automática não é o meu forte".

Com isso, anunciei que estava renunciando ao meu cargo como presidente do Partido Republicano de Michigan imediatamente. Falar que o anúncio foi inesperado seria um eufemismo. O espanto era tanto que se podia ouvir os suspiros na sala. Um repórter da *Associated Press* me perguntou se o governador Engler sabia que eu estava renunciando.

"Acho que ele está descobrindo isso agora", respondi.

De fato, enquanto eu falava, Engler estava em Washington, DC. Ele abreviou sua viagem e voltou a Michigan naquela noite a fim de anunciar um comitê para escolher meu sucessor.

Quando me lembro desse episódio desagradável, meus sentimentos são mistos. Eu não queria renunciar, principalmente em ano de eleição. No entanto, o conflito estava prejudicando tanto o partido quanto a campanha de emenda constitucional. Não havia outra escolha. Eu não interromperia a campanha, e, se ela continuasse, o governador faria com que fosse impossível para mim continuar como presidente do partido. Por isso, tomei a decisão difícil. A medida continuou, e eu renunciei. No fim, a escolha de Engler para meu substituto provou que fiz a escolha certa. Seu comitê de busca apontou milagrosamente para seu diretor de comunicação, Rusty Hills, como meu substituto.

❦❦❦❦❦

Finalmente, eu estava livre para me envolver de maneira mais ativa na campanha. Muitos dos funcionários importantes do partido estadual entraram na campanha junto comigo, incluindo meu diretor executivo, Greg Brock, e o diretor de comunicações, Greg McNeilly. Desde o início, nós combatemos a estratégia da oposição de criar dúvida na mente dos eleitores sobre se eles iriam se beneficiar de forma pessoal da escolha escolar. Parte dessa estratégia era gerar dúvidas sobre os motivos dos apoiadores da medida do plebiscito. Os sindicatos usaram os tipos de ataques pessoais que se tornariam muito familiares nos anos seguintes. Eles diziam que Dick e Betsy DeVos eram capitalistas republicanos que queriam destruir a educação pública e as pessoas que mais dependem dela. É claro, a verdade era exatamente o oposto. Nossa proposta objetivava a melhoria de vida de crianças pobres.

Em qualquer plano de escolha escolar, é sempre difícil decidir entre permitir que todos os estudantes usem recursos públicos para as escolas de sua preferência ou limitar esse direito a crianças pobres de escolas ruins. Nós tomamos a decisão consciente de direcionar os *vouchers* de Michigan às crianças pobres em escolas ruins que não tinham outras opções. Tínhamos duas razões para isso. Primeiro, o programa seria menor e mais barato e, teoricamente, mais fácil de convencer os eleitores. Em segundo lugar, e mais importante, sentimos que era a coisa certa a se fazer.

Ao longo da primavera, verão e outono de 2000, argumentamos para os eleitores de Michigan que a liberdade educacional era uma questão de justiça e igualdade. Superficialmente, nosso argumento parecia muito com o usado por alguns americanos décadas depois, de que os Estados Unidos são sistemicamente racistas contra minorias. Esse argumento está errado. Os EUA *não* são uma nação racista. Entretanto, em uma área importante – a educação –, nós temos um sistema que é institucionalmente racista contra negros e outras minorias; um sistema que os prende em escolas ruins sem possibilidade de escape.

"Nos EUA e aqui, em Michigan, nós não temos igualdade na educação e não devemos nos enganar e pensar que a temos", Dick falou para os públicos que nos ouviram durante a campanha. "Gostamos de perpetuar o mito de que todas as crianças, independentemente de raça, religião, credo ou renda, têm a garantia de igualdade de oportunidades para uma educação de qualidade. Isso pode ter acontecido um dia – eu não sei –, mas não é isso que acontece hoje."

O argumento que usamos na época, e que ainda usamos hoje, é o fundamento do que guerreiros que foram despertados afirmam estar errado nos Estados Unidos: estamos falhando de forma sistemática com crianças pobres de minorias. Nessa questão, Dick e eu concordamos com a esquerda. A pergunta é: o que vamos fazer em relação a isso? A solução do *establishment* educacional é gastar cada vez mais dinheiro para financiar o mesmo sistema falho, ao mesmo tempo em que luta com todas as forças contra toda tentativa de dar às crianças pobres e de minorias a chance de sair de escolas ruins.

Nossa solução era fazer algo diferente e parar de dar continuidade a um sistema racista, dando aos pais negros e pardos a oportunidade de escapar dele. No entanto, quando forçado a escolher, o *establishment* educacional prefere os políticos à justiça, prefere os adultos às crianças.

Em 2000, quando os sindicatos dos professores e seus aliados tiveram a chance de dar um fim a esse sistema educacional em Michigan, se recusaram. Eles chamaram as pessoas que eram pró escolha de racistas mesmo quando os líderes sindicais defendiam um sistema racista, e sua estratégia funcionou. Em 7 de novembro de 2000, o referendo da escolha escolar fracassou: 31% a 69%.

Isso me faz pensar em como todas as vozes que chamam os EUA de "sistemicamente racista" reagiriam se fossem confrontadas com a mesma escolha hoje. Seria a justiça social ou a política que venceria?

⁕⁕⁕⁕⁕⁕

A derrota é dolorosa, claro, mas pode ser esclarecedora. A Califórnia também teve um plebiscito de escolha escolar em 2000 e ele também fracassou. Depois disso, muitos apoiadores passaram a defender outras causas. Nossa perda em Michigan foi dolorida e decepcionante, mas eu não tinha a intenção de abandonar o campo da reforma educacional. Pelo contrário, estava mais determinada do que nunca a lutar. Ainda tinha muita energia em Michigan a favor da escolha escolar. Eu queria aproveitá-la para continuar a lutar pelas crianças.

Quando a campanha do *voucher* terminou, Dick e eu estávamos mais sábios e tínhamos mais experiência. Tentamos filantropia. Tentamos trabalhar para mudar as leis. Havíamos tentado dar aos eleitores uma chance de emenda da constituição estadual. No fim das contas, aprendemos com a oposição. Era preciso derrotá-los em seu próprio jogo.

Democratas da legislatura estadual – e muitos republicanos – viviam com medo de perder o apoio financeiro do poderoso sindicato dos professores de Michigan. Muitos mais viviam com medo de provocar a ira do sindicato ao se opor aos seus interesses. Entendemos que precisávamos da mesma combinação de respeito e medo se quiséssemos ser bem-sucedidos em Lansing. Os legisladores precisavam entender que haveria risco político ao se posicionarem contra legislações de reforma educacional. Em vez de tentar fazer com que todos os mesmos jogadores fizessem a coisa certa, precisávamos mudar os jogadores e criar uma maioria política a favor da escolha escolar na legislatura do estado.

Juntamente com Greg Brock, eu criei um comitê de ação política chamado Projeto de Educação Great Lakes (GLEP)[32] em 2001. O objetivo era apoiar candidatos de Michigan que fossem a favor de dar mais opções educacionais às famílias, aumentando o limite de escolas *charter* no estado. O limite inicial de 150 unidades foi alcançado rapidamente depois que a lei de criação de escolas *charter* foi aprovada. Dezenas de milhares de crianças de Michigan foram colocadas em listas de espera.

Pela primeira vez, o GLEP apresentou um contraponto aos sindicatos dos professores nas eleições de Michigan. Nós éramos bipartidários. Enviamos questionários a todos os candidatos à legislatura – republicanos ou democratas. Nosso único critério para apoiar um candidato era que ele fosse a favor do aumento do limite das escolas *charter*.

Naquela época, o sindicato de professores de Michigan era astuto. Fora de Detroit, a MEA gostava de apoiar candidatos republicanos que se opunham à escolha escolar, mas ainda eram conservadores o suficiente para vencer em distritos majoritariamente conservadores. Se o candidato fosse pró-vida ou pró-armas, a MEA não se importava – desde que apoiasse seu monopólio educacional. Essa tática deu aos sindicatos uma quantidade surpreendente de influência em algumas disputas do Partido Republicano. O resultado, principalmente na Assembleia Legislativa, foi que havia vários membros que chamávamos de "republicanos MEA". Eles se identificavam como republicanos que se opunham ao aumento do limite de escolas *charter* e não se atreviam a desafiar os sindicatos. Por anos, disseram aos seus eleitores que eram conservadores enquanto votavam como esquerdistas em assuntos relacionados à educação. Chegamos à conclusão de que isso tinha que mudar se quiséssemos construir uma maioria pró-escolha escolar.

No início, o GLEP concentrou seus esforços nas eleições primárias republicanas de agosto de 2002. Focamos em vagas abertas, as quais tínhamos mais chances de ganhar. Nosso objetivo era aumentar as escolas *charter*, mas enfrentamos um desafio. Na eleição, não se falava muito sobre educação. Além disso, explicar uma questão tão complexa como o aumento do limite das escolas *charter* em um anúncio de rádio

---

32. Great Lakes Education Project (GLEP). (N. E.)

de quinze segundos ou em um panfleto era praticamente impossível. Por isso, tomamos a decisão estratégica de que nossas comunicações com eleitores – em sua maioria, correspondências diretas e anúncios de rádio nos distritos rurais – não se limitaria à educação. Iríamos destacar qualquer questão relevante que ajudasse nossos aliados e prejudicasse nossos opositores.

Em mais de uma ocasião, tivemos que ser criativos com nossa mensagem. Um exemplo disso ocorreu nas primárias de uma de nossas candidatas, uma desfavorecida que acreditava na liberdade educacional. Barb Vander Veen era uma representante caloura do oeste de Michigan que foi desafiada para a nomeação republicana pelo senador Leon Stille, no seu terceiro mandato. Ele estava perdendo seu lugar no Senado por causa do limite dos mandatos e tentava dar continuidade à sua carreira política na Câmara. Um mês antes das primárias, Stille estava ganhando. Ele era bem conhecido, tinha muitos amigos em Lansing e o apoio da MEA.

Depois, a cerca de um mês das primárias, Stille foi visto jogando o lixo do casamento da sua filha em uma lixeira de uma escola primária do seu distrito. Um eleitor atento viu um homem com as mesmas características de Stille jogando pneus, latas de tinta e outras coisas na lixeira. Isso, juntamente com o fato de que o carro que o homem estava dirigindo tinha uma placa de identificação do Senado estadual de Michigan, apontava diretamente para Stille. Ele foi pego.

Nós sabíamos que eleitores do oeste de Michigan não gostariam de ver um político usando propriedade dos pagadores de impostos para seu próprio benefício. Por isso, o GLEP enviou um panfleto para os eleitores do distrito com um certo monstro verde dispéptico que vive em uma lata de lixo. Nós o chamamos de Oswald, o ranzinza. Dentro do panfleto, colocamos uma reimpressão do artigo do *Grand Rapids Press* sobre o incidente de Stille na lixeira[33]. "Oswald" só queria lembrar aos eleitores que Stille foi visto usando propriedade pública para se livrar do seu lixo.

---

33. AGAR, John. TUNISON, John. *Senator Comes Clean on Trash*. Grand Rapids Press. Grand Rapids, 4 jul. 2002.

O panfleto era bobo, mas chamou a atenção das pessoas. Barb Vander Veen mudou o jogo, ganhou e manteve seu lugar na Assembleia Estadual. Stille, por outro lado, usou o resto do seu mandato no Senado para votar contra a reforma educacional. Em dezembro de 2002, seu voto foi crucial para impedir a criação de mais quinze escolas *charter* em Detroit – com edifícios que seriam construídos com doações privadas. Infelizmente, foram as crianças que perderam.

O GLEP nem sempre venceu, mas nós sempre nos posicionamos enquanto acompanhamos os votos dos políticos na questão da educação, algo que apenas os sindicatos faziam na época. Em uma eleição, nós recrutamos um desafiante para as primárias contra um representante do estado chamado Mike Pumford, que era um opositor forte e ativo do aumento do limite das escolas *charter*. Nós não conseguimos tirá-lo – pelos menos, não em 2002 –, mas conseguimos informar seu histórico para os eleitores de Michigan. Enviamos uma correspondência aos eleitores do seu distrito que destacava, corretamente, que Pumford era apoiado pelos mesmos grupos que haviam apoiado Al Gore na corrida presidencial. Pumford ficou indignado. Na mídia, ele perguntou de forma revoltada se estávamos "impugnando" suas credenciais republicanas. Nossa resposta foi enfática: "Sim, estamos".

Eu serei a primeira a admitir que nós fizemos um jogo político pesado – mas era exatamente isso que os sindicatos vinham fazendo por décadas. Nós queríamos que os candidatos e políticos entendessem que as coisas seriam diferentes agora. Os ativistas da liberdade educacional não ignorariam mais quando os políticos se opusessem ao direito de escolha educacional. Haveria consequências nas urnas. Em Lansing, começaram a falar que nós estávamos fazendo a diferença nas eleições do estado.

⊱⊱⊰⊰⊰

Ao término daquele primeiro ciclo eleitoral, o GLEP tinha algumas grandes vitórias. Logo após as primárias, nos encontramos com apoiadores da escolha escolar, incluindo membros de conselhos com os quais eu trabalhei em várias organizações nacionais de escolha escolar. John Walton, Bill Oberndor e John Kirtley estavam lá. Greg Brock e Curt e Wes Anderson, dois coordenadores de campanha com quem trabalhei por vários anos, também estavam envolvidos.

Fiz uma apresentação sobre o histórico de desempenho do GLEP em seu primeiro ciclo eleitoral. Havíamos conseguido cerca de meia dúzia de grandes vitórias em 2002 e estávamos no caminho de construir uma maioria na legislatura. Mais do que isso, o GLEP estava conquistando uma reputação de agente sério e eficaz em Lansing. Nós havíamos enviado uma mensagem clara de que candidatos dos dois partidos seriam fiscalizados por seus votos em relação às escolas *charter* e direito de escolha – principalmente os que estavam tentando se apresentar aos eleitores como conservadores.

O grupo ficou impressionado com nossos resultados. John Walton gostou da ideia imediatamente e sugeriu que pegássemos o modelo GLEP – de apoiar candidatos que eram a favor da liberdade educacional e desafiar os que não eram – e o implementássemos em outros estados. Se funcionou em Michigan, poderia funcionar em outros lugares.

Dessa reunião decisiva, veio o mandato para criar um Comitê de Ação Política Nacional que focaria nos estados que estivessem prontos para criar escolhas educacionais. Nós o chamamos de Todas as Crianças Importam. Depois de alguns anos bem-sucedidos, Todas as Crianças Importam e a Aliança pela Escolha Escolar abriram caminho para a recém-criada Federação Americana pelas Crianças (AFC)[34], uma organização educacional, política e de defesa de direitos de amplo espectro. Nós escolhemos esse nome propositalmente para contrastar com um dos maiores sindicatos de professores do país, a Federação Americana dos Professores (AFT)[35]. Eles eram "dos professores" (pelo menos era isso que afirmavam), mas nós éramos "pelas crianças".

A Federação Americana pelas Crianças representou a junção da sabedoria considerável e da experiência que nosso grupo adquiriu na luta pela escolha escolar. Nós havíamos aprendido que a defesa bem-sucedida da liberdade educacional exigia a coordenação de muitas peças.

---

34. American Federation for Children (AFC). (N. E.)
35. American Federation of Teachers (AFT). (N. E.)

Tínhamos que focar na eleição das pessoas certas, na criação de boas leis sobre o assunto, fazer com que essas leis fossem implementadas e, então, ajudar estudantes e suas famílias a exercerem conscientemente sua escolha para encontrar as escolas certas. Isso significava contratar pessoas e abrir escritórios em muitos estados do país.

Não demorou muito para que nossa abordagem abrangente começasse a apresentar resultados. Nós havíamos ajudado a Pensilvânia a criar um crédito tributário para empresas que contribuíssem para organizações de bolsas para escolha escolar. Em 2004, Ohio deu início a um programa de *voucher* para alunos com autismo. No mesmo ano, o Congresso americano criou o Programa de Bolsas Oportunidade DC para estudantes de baixa renda da capital do país. Em 2006, Ohio, Iowa, Rhode Island e Arizona criaram programas de escolha.

Nós trabalhamos com o governador da época, Bobby Jindal, para dar às crianças em escolas de baixo desempenho de Louisiana a oportunidade de ir para outra escola. Em 2011, trabalhamos com o governador da época, Mitch Daniels, para criar, no estado de Indiana, um dos maiores programas de liberdade educacional do país. John Kirtley, que trabalhou próximo ao governador Jeb Bush na reforma educacional da Flórida, mais tarde afirmou que nossa abordagem foi o ponto de virada para a transformação das escolas do estado.

Em 2013, mais de 250 mil alunos estavam se beneficiando de 33 programas de escolha de escolas privadas financiados publicamente em dezessete estados e no distrito de Columbia - e nós estávamos apenas começando.

Com exceção de outro mandato como presidente do Partido Republicano de Michigan, eu dediquei os dezesseis anos seguintes à campanha pelo *voucher* em Michigan para aconselhar governadores, projetar leis, arrecadar fundos e apoiar campanhas para a AFC e seus precursores. Na época em que fui nomeada para ser secretária de educação, a Federação Americana pelas Crianças era a maior e mais eficaz organização de escolha escolar do país, com atuação em vários estados. Através da ajuda com a criação de novos programas de escolha e expansão dos existentes, nós ajudamos a proporcionar oportunidades de educação a centenas de milhares de crianças e famílias.

Depois de anos lutando nas trincheiras da reforma educacional, havíamos encontrado algo que funcionava. Não era suficiente doar dinheiro a causas de reforma educacional. Não era suficiente nem mesmo defendê-las. O público tinha que ser educado. Apoiadores tinham que ser eleitos. Consequências tinham que ser enfrentadas.

Nós estávamos lutando por nada menos do que uma revolução no sistema educacional básico americano. Família por família, legislador por legislador e estado por estado, quebrávamos as barreiras da liberdade educacional para as crianças dos Estados Unidos. Mal sabia eu que essa batalha logo me levaria a enfrentar o maior obstáculo de todos: Washington, DC.

CAPÍTULO 3

"O VERDADEIRO DEBATE NÃO É SOBRE BETSY DEVOS"

Já era tarde, no dia após a eleição de 2016, quando respondi ao Jeb. Ele enviara um e-mail naquela manhã para perguntar se eu algum dia consideraria ser a secretária de educação dos EUA. Naquela noite, respondi da única maneira que podia: com franqueza e curiosidade. Disse a ele que a ideia de ser secretária de um gabinete nunca havia passado pela minha cabeça, mas, se ele estivesse falando sério e a oportunidade fosse verdadeira, eu certamente pensaria sobre isso. Fui respondida rapidamente.

"Eu não tenho muita influência na campanha", ele escreveu (e-mails não conseguem transmitir sarcasmo, mas ninguém poderia deixar de notar o sarcasmo aqui). "Entretanto, tenho alguns amigos que podem ter".

Jeb Bush era a última pessoa a se imaginar que estivesse realizando o recrutamento para os gabinetes de Trump. Como um dos candidatos que concorreram à nomeação republicana em 2016, ele foi alvo constante de ataques e insultos infantis por parte de Donald Trump. Foi feio e pessoal. Mas eu não fiquei surpresa com o fato de ele se preocupar com quem seria o secretário de educação de Trump. Nenhum outro governador dos Estados Unidos dedicou tanto tempo e fez tanto para dar a todas as crianças a chance de frequentar uma boa escola, e nenhum outro governador havia sido tão bem-sucedido. Sob a liderança de Jeb, os alunos da Flórida saíram de quase o último lugar em matemática e leitura para uma das maiores notas do país.

Eu conheci e trabalhei com Jeb por vinte anos buscando a reforma educacional. O segredo para seu sucesso era a mesma paixão que me movia. Como governador, Jeb deu aos estudantes da Flórida mais opções de onde e como podiam receber educação do que alunos de qualquer outro estado. Jeb triplicou o número de escolas *charter* na Flórida, instituiu o aprendizado virtual, apoiou o *homeschooling* e deu aos alunos a possibilidade de escolher a escola pública que iriam frequentar. Estabeleceu padrões e prestação de contas. Ajudou a promover opções melhores para crianças com deficiências. Proclamava altas expectativas para cada aluno.

Crucialmente, Jeb também criou o primeiro programa de escolha de escolas privadas em todo o estado. Quando nos comunicamos depois do dia da eleição, o Programa de Bolsas Estudantis de Crédito Tributário da Flórida havia se tornado o maior experimento de liberdade educacional da história americana. Anualmente, mais de 100 mil alunos se beneficiavam do uso de dinheiro público para frequentar a escola de sua escolha.

Jeb foi muito criticado por desafiar o *status quo* da educação – algo que se tornou familiar para mim. Opositores o acusaram de tentar "privatizar" as escolas públicas. Porta-vozes de sindicatos o acusaram de praticar "reforma educacional corporativa" e, de alguma forma, "lucrar" com a destruição de escolas para estudantes pobres e de minorias.

No entanto, algo impressionante aconteceu enquanto as reformas de Jeb foram executadas e cresceram na Flórida: os argumentos que seus opositores usavam contra ele provaram estar errados. Muito errados.

Sua oposição disse que os *vouchers* iriam destruir as escolas públicas tradicionais. Entretanto, estudos mostraram que a competição produzida pela possibilidade de escolha melhorou os resultados das escolas públicas tradicionais da Flórida[36]. Na verdade, as melhorias no desempenho de alunos de escolas públicas foram maiores onde havia mais competição. Seus opositores também falavam que as crianças pobres e pertencentes a minorias seriam as mais prejudicadas, mas foram esses os que mais

---

36. THE 123s of School Choice. Ed Choice. 14 abr. 2021.p. 28. Disponível em: https://www.edchoice.org/wp-content/uploads/2020/04/123s-of-School-Choice-2020-2.pdf

progrediram em suas habilidades em leitura e matemática. Eles melhoraram até na assiduidade e na taxa de formação[37].

Jeb era uma refutação viva dos argumentos enganosos do *establishment* educacional. Ele tinha compaixão, visão e coragem. Foi uma honra ser recomendada por ele para o cargo de secretária de educação.

Mais tarde, Jeb me disse que entrou em contato depois de conversar com Mike Pence, companheiro de chapa e vice-presidente de Trump. Após falar comigo, ele informou ao vice-presidente que eu estava aberta à ideia. Não muito tempo depois, vi Mike em um evento e ele me pediu para conversarmos depois do jantar. Eu havia trabalhado com ele quando Mike era um membro do Congresso e quando foi governador de Indiana. Eu sabia que ele era um companheiro na luta pela escolha escolar. Certamente, Mike concordava com a recomendação de Jeb. No dia seguinte, ele me ligou para perguntar se eu aceitaria me encontrar com o presidente eleito e com ele no clube de golfe de Trump em Bedminster, Nova Jersey, naquele sábado, 19 de novembro. Eu disse: "Com certeza".

Viajei com Dick de Michigan até um pequeno aeroporto perto de Bedminster na manhã de sábado. Mais precisamente, Dick nos levou de avião para Nova Jersey. Desde que o conheço, meu marido sempre teve uma grande paixão pela aviação, e ele é piloto há mais de vinte anos. Ele brinca que é "apenas o piloto de Betsy" em viagens como essa. Dick tem muitas facetas – pai, marido, empresário. A parte do aviador é um bônus para mim! Mesmo assim, como esperado, conforme parti para Bedminster, ele continuou no aeroporto, assistindo aos aviões decolarem na sala de serviço aéreo.

Trump havia designado a casa do clube para acolher suas reuniões com secretários de gabinete em potencial. A sala de jantar havia sido configurada como um cômodo para espera, com comida e bebida, enquanto as entrevistas eram realizadas no que parecia ser uma sala de

---

37. FIGLIO, David; HART, Cassandra; KARBOWNIK, Krzysztof. "Effects of Scaling Up Private School Choice Programs on Public School Students". National Bureau of Economic Research. Fev. 2020. Disponível em: https://www.nber.org/system/files/working_papers/w26758/w26758.pdf

reunião ou de jantar privada do outro lado da casa do clube. Quando cheguei, Mitt Romney estava em uma entrevista. James Mattis, o futuro secretário de Defesa de Trump, estava na sala de espera. Eu nunca o havia visto, e percebi que ele é interessante e bom de conversa. Sem surpresas, nós começamos a falar sobre educação. Ele me contou como havia sido emocionante para ele, quando comandante no Afeganistão, ver seus fuzileiros navais protegendo crianças afegãs em seu caminho para a escola. Mais tarde, ele me disse – em mais de uma ocasião – que nenhum outro secretário tinha um trabalho mais difícil e estava realizando um serviço mais importante para o futuro dos Estados Unidos como eu.

Michelle Rhee, ex-*chanceler* de escolas públicas de Washington, DC, também estava lá com seu marido, o ex-armador do Phoenix Suns e prefeito de Sacramento, Kevin Johnson. Quando chegou a vez de Michelle se encontrar com Trump, Kevin a acompanhou. Eles foram conduzidos para fora da casa e depois a rodearam para chegar à porta da frente, em vez de irem diretamente para a sala de reuniões por dentro. Mattis fez a mesma rota, assim como eu.

A imprensa estava alinhada na entrada de pedra em frente à mansão de estilo revivalista georgiano, e aparentemente o presidente eleito havia pensado que seria um espetáculo melhor para seus visitantes cumprimentarem-no nos degraus da frente.

O presidente e o vice-presidente eleitos saíram da casa enquanto eu subia a escada. Conheço Mike e Karen Pence há anos, por isso, instintivamente estendi minha mão para Mike primeiro. Mas enquanto eu me aproximava dele, Mike apontou a cabeça em direção a Trump como se estivesse dizendo "Cumprimente o manda-chuva antes!". Rapidamente me corrigi, cumprimentei Donald J. Trump pela primeira vez na minha vida, e fomos para a reunião.

Além do presidente e vice-presidente eleitos, Ivanka Trump, Jared Kushner, Steve Bannon, Reince Preibus e Stephen Miller estavam na sala quando entrei. Todos fizeram perguntas sobre meu histórico e sobre política educacional. Trump focou em educação profissional e técnica – "escola profissionalizante", como ele chamou. Sua experiência em construção fez com que ele conhecesse formandos desses programas.

"Por que falam para essas crianças irem para a faculdade?", ele perguntou. "Há outros empregos muito bons, e elas iriam ganhar muito mais dinheiro. Precisamos focar nisso". Eu disse que concordava completamente. Depois, nós conversamos sobre escolha escolar e prestação de contas por um tempo. A reunião terminou sem uma oferta de emprego. Para mim, foi difícil saber como me saí porque eu nunca havia conversado com Donald Trump. Deixei Bedminster sem saber o que aconteceria a seguir, ou se aconteceria algo. Dick nos levou de volta para Michigan.

Ficou claro que Trump queria mudar o *status quo* da educação, e nós concordamos plenamente com essa necessidade. A imprensa declarou imediatamente que a escolha para a secretária da educação seria entre Michelle Rhee ou eu. O *BuzzFeed* disse que eu era a escolha "convencional", enquanto Rhee, uma democrata e veterana de batalhas ferozes para reformar escolas de Washington, DC, era a escolha que mandaria os sindicatos dos professores se danarem. Eu não tinha tanta certeza disso. Estava lutando com os sindicatos dos professores há décadas. Eu não era a candidata deles, e nem queria ser.

Dick disse que começou a me imaginar como secretária de Educação quando as notícias me mostraram subindo os degraus para cumprimentar Trump e Pence em Bedminster. No entanto, mesmo depois da entrevista, essa ideia ainda estava muito teórica para mim. Quando cheguei em casa, voltei para minha vida normal. Eu já havia conversado com Dick sobre irmos para Washington. Nós conversamos novamente, dessa vez de forma mais séria e prática. Eu também conversei com os meus filhos, além de procurar saber o que os meus amigos próximos achavam dessa possibilidade. A maioria deles ficou entusiasmada – em níveis diferentes –, mas alguns foram céticos. Alguns dos meus filhos ficaram preocupados com o alvo que seria pintado nas minhas costas e os ataques que eu provavelmente receberia se a minha indicação fosse aprovada pelo Senado. Não estava preocupada comigo, mas com o impacto que isso teria neles e nos meus netos. Eu havia resistido a ataques anteriormente – ou foi o que pensei. Lembrando-me dessa época, percebo que subestimei o quão cruel o processo se tornaria.

Em 22 de novembro, eu estava em reunião com o CEO de uma das nossas empresas em Holland quando meu celular tocou. Era um número 212 – um código de área da cidade de Nova York. Disse aos meus colegas: "Acho melhor atender a essa chamada". Fui para outra sala e disse oi.

Era o presidente eleito. "BETSY!" ele gritou no telefone. "VOCÊ SERÁ UMA ÓTIMA SECRETÁRIA DE EDUCAÇÃO!"

Foi isso. Não houve conversa nem perguntas, apenas uma declaração entusiasmada. E eu fui para Washington.

Quase que imediatamente, minha vida deixou de ser só minha.

A indicação à secretaria de gabinete dá início a três processos necessários, mas – vou ser honesta – *desagradáveis* para o indicado. Primeiro, temos que obter nossa habilitação de segurança[38].

Devido ao fato de que o secretário de educação está na linha de sucessão para a presidência (em décimo-sexto lugar, mas está!), o cargo exige uma alta habilitação de segurança. Isso começa com um formulário de 136 páginas onde você tem que listar as descrições de todos os trabalhos que teve, todas as escolas que frequentou, todos os lugares onde viveu, onde serviu e para onde viajou nos últimos sete anos - entre outras coisas. Você também deve informar datas e nomes e, se errar algum deles, a penalidade máxima é a cadeia. Em seguida, deve permitir que um pequeno exército de agentes e investigadores federais vasculhe os detalhes da sua vida.

Não estou reclamando. O motivo tornava uma honra ser avaliada. Por mais que fosse complicado, o processo de habilitação de segurança é necessário e útil. O que exigiu muito mais tempo e foi muito mais invasivo – e precisa desesperadamente de uma modernização significativa, na minha opinião – foi o processo de demonstração financeira.

---

38. Habilitação de segurança, ou credencial de segurança, é um *status* que permite que indivíduos tenham acesso a informações sigilosas ou segredos de estado. Para isso, é realizada uma verificação de antecedentes completa e minuciosa. (N. T.)

A lei federal, de forma justa, exige que o indicado liste todas as suas fontes de renda para se certificar de que não tem nenhum conflito de interesses com seu futuro cargo. Por exemplo, uma pessoa não pode ser a secretária de energia e ter ações de uma empresa de veículos elétricos (pelo menos isso era verdade até Joe Biden se tornar presidente, mas essa é uma história diferente)[39]. O problema é que a lei de demonstração financeira foi aprovada na década de 1970, e o mundo das finanças mudou drasticamente desde então. Acrescente a isso o fato de que nossas finanças familiares são, reconhecidamente, complicadas. O resultado foi que nosso processo de demonstração financeira foi longo, confuso e caro. Dick o chamou de "proctologia financeira". Por fim, nos desfizemos de empresas e fundos que sabíamos que não eram conflitantes. Só queríamos que esse processo terminasse.

Porém, mesmo depois de movermos mundos e fundos com o que a lei exige em nossa demonstração financeira, a oposição nos acusou de tentar lucrar de alguma forma com o mundo da educação – se não dele, de outra atividade governamental. Nenhuma das acusações tinha fundamento, algumas eram absurdas. Por exemplo, há muito tempo minha família apoia uma organização sem fins lucrativos maravilhosa chamada Bethany Christian Services e sua missão de oferecer serviços de adoção, acolhimento familiar e assistência a refugiados para crianças carentes. Quando a organização conseguiu um contrato para proporcionar moradia temporária para crianças sem documentos que foram separadas dos seus pais na fronteira, a imprensa começou a divulgar histórias que sombriamente questionavam minhas "ligações financeiras" com a Bethany e a política de Trump de separação familiar. O que os repórteres pareciam não entender era que minhas "ligações" com a Bethany eram *contribuições* de caridade, e contribuições de caridade não lhe dão nenhum dinheiro, não podem torná-lo rico – apenas *menos* rico.

Finalmente, além da obtenção da minha habilitação de segurança, do término do processo exaustivo de demonstração financeira e da necessidade de encontrar um lugar para morar, tive que me preparar para a audiência de confirmação no Senado dos Estados Unidos.

---

39. LUCAS, Fred. Energy Secretary Granholm's investment in electric vehicle Battery company sparks concern. Fox News. 13 maio 2021.

A noção de que o Senado tem a responsabilidade de aprovar o secretário de educação é verdadeira apenas no papel. Na realidade – como veríamos depois, durante a crise da Covid-19 –, são os sindicatos dos professores que controlam o processo, pelo menos para os democratas.

Como os sindicatos exercem um papel tão decisivo nessa situação, quero deixar algumas coisas claras sobre os professores. A maioria dos pais americanos ama os professores dos seus filhos, e por uma boa razão. A maioria de nós teve professores que fizeram uma grande diferença nas nossas vidas (para mim, foi a sra. Walcott, que me deu aula na segunda série). Todos nós conhecemos professores dedicados que inspiram nossos filhos e netos. Um bom educador pode impactar a vida de uma criança para sempre. A maioria trabalha arduamente e se preocupa com seus alunos.

Quando eu falo dos "sindicatos dos professores", não estou me referindo aos homens e mulheres que estão nas salas de aula ensinando nossos filhos. Os sindicatos não representam muito bem essas pessoas. Essa é uma das razões pela qual eu os chamo de "sindicatos das escolas", e não "sindicatos dos professores". Se eles se importassem de verdade com os profissionais, estes teriam um salário melhor, entre outras coisas. Na realidade, os líderes sindicais escolares se importam apenas com uma coisa: poder. Eles o mantêm com seu ativismo político, que financiam buscando constantemente novos membros pagantes.

A Associação Nacional de Educação (NEA) e a Federação Americana dos Professores (AFT) doaram mais de 66 milhões de dólares para candidatos em 2020, e praticamente todo esse dinheiro – 98% – foi para democratas, desde o presidente Biden até membros de conselhos escolares locais. Durante a Covid-19, quando as escolas estavam fechadas e os líderes sindicais faziam exigências para permitir que elas abrissem, suas doações políticas dispararam. Suas contribuições mais que dobraram entre 2018 e 2020. E, como os cães de Pavlov, os congressistas democratas recompensaram suas doações dando 280 bilhões de dólares em ajuda de emergência em 2020[40].

---

40. TEACHERS Unions: Long Term Contribution Trends. Open Secrets. Disponível em: https://www.opensecrets.org/industries//totals?cycle=2018&ind=l1300. Acesso em: set. 2021.

Eu apoio doações políticas. Dick e eu já doamos para impactar nossa comunidade e nosso país de formas positivas e vamos continuar a fazer isso. Fazemos porque acreditamos profundamente em ideias e causas e apoiamos candidatos que compartilham essas visões. Nós nunca fizemos doações para termos acesso, poder ou ganhos pessoais como muitos outros parecem fazer.

Mas contribuições políticas de sindicatos de empregados públicos são diferentes – muito diferentes. Hoje em dia, na maior parte do país, não há alternativas de escolas públicas para pais e crianças, e essas escolas são compostas por membros pagantes de sindicatos. Quando um sindicato do setor público usa dinheiro dos contribuintes fiscais americanos para apoiar apenas um partido – e seus membros representam mais de 10% dos delegados da convenção daquele partido –, os líderes desses sindicatos estão efetivamente comprando proteção do seu monopólio. As pessoas que financiam o sistema – aquelas a que o sistema deveria servir – não têm voz, e o partido em questão – o Partido Democrata – aprova leis que são boas para seus sindicatos benfeitores, mas não necessariamente boas para os estudantes.

Por isso, não fiquei surpresa com todos os ataques dos líderes sindicais escolares no dia em que a equipe de transição de Trump anunciou minha indicação. A presidente da AFT, Randi Weingarten, disse que minha escolha por Trump "deixou claro que sua política educacional focará em privatizar, retirar fundos e destruir a educação pública nos Estados Unidos"[41]. Ela foi para a CNN e disse que eu era a "pessoa mais antieducação já indicada".

Lily Eskelsen García, presidente da NEA, demorou mais para fazer uma declaração, mas foi tão receptiva quanto a presidente da AFT. "Betsy DeVos (…) fez mais para enfraquecer a educação pública do que para apoiar estudantes. (…) Ela forçou consistentemente uma

---

41. BROWN, Emma. Trump Picks Billionaire Betsy DeVos, School Voucher Advocate, as Education Secretary. **Washington Post**. Washington, 23 nov. 2016. Disponível em: https://www.washingtonpost.com/local/education/trump-picks-billionaire-betsy-de-vos-school-voucher-advocate-as-education-secretary/2016/11/23/c3d66b94-af96-11e-6-840f-e3ebab6bcdd3_story.html.

agenda corporativa para privatizar (...) a educação pública", Eskelsen García escreveu. "Ao indicar Betsy DeVos, a administração de Trump demonstrou quão fora de sintonia está com o que funciona melhor para estudantes, pais, educadores e comunidades".

Analisando bem as suas palavras, os líderes sindicais afirmam que sou uma inimiga da educação pública. No entanto, mais tarde, eles focaram em outro insulto – que eu não era qualificada para ser a secretária de educação. O fato de que mudaram o discurso é revelador. As pesquisas mostravam que a maioria dos americanos eram a favor do que eu defendia há muito tempo: mais escolha escolar. Esse apoio cresceu ainda mais quando as escolas permaneceram fechadas durante a pandemia de Covid-19. Os sindicatos e o *establishment* educacional sabiam que a liberdade educacional era defendida pelos americanos. Por isso, tiveram que realizar uma campanha de difamação não sobre a necessidade de mudar o sistema, mas sobre *mim*.

Como se fosse por acaso, Elizabeth Warren, senadora de Massachusetts, escreveu para mim uma carta incoerente de *dezesseis* páginas alegando que "não há precedentes para uma pessoa indicada como secretária de educação com sua falta de experiência em educação pública". Sua declaração foi impetuosa. Definitiva. E errada.

O primeiro secretário de educação dos Estados Unidos, indicado por Jimmy Carter, foi um juiz de tribunal de apelações federais cujo trabalho em educação constituiu na escrita de alguns artigos de opinião. Catorze anos depois, o presidente Bill Clinton indicou Richard Riley, um parceiro de um escritório de advocacia na Carolina do Sul sem experiência em educação pública. Na verdade, apenas três dos dez secretários de educação que me precederam já deram aula no ensino fundamental e/ou médio[42].

À época, eu já tinha trinta anos de experiência em reforma educacional. Havia conhecido milhares de crianças e centenas de professores. Ajudei meu marido a criar uma escola *charter*. Aconselhei

---

42. KLEIN, Alyson. How Many Education Secretaries Have Been K–12 Classroom Teachers? **Education Week**. 16 fev. 2016. Disponível em: https://www.edweek.org/policy-politics/ how-many-education-secretaries-have-been-k-12-classroom-teachers/2016/02.

governadores na criação de programas de escolha escolar. Convenci legisladores de estados indecisos a financiar a escolha escolar. Orientei os alunos.

Em outras palavras, eu já tinha muita experiência com educação – só não era o tipo de educação com o qual Elizabeth Warren concordava, ou apoiava, para qualquer criança, exceto as suas. O pior foi que, uma década antes, em um livro escrito com sua filha, Warren havia concordado comigo. Ela identificou corretamente que o problema da educação americana era que os pais que tinham dinheiro podiam escolher a escola de seus filhos – se mudando para um distrito com boas escolas. Enquanto isso, famílias de classes média e baixa estavam presas às escolas ruins. Ela escreveu:

> Está na hora das pessoas entenderem que a crise educacional não é apenas uma crise de leitura e aritmética; também é uma crise na economia das famílias de classe média (…). No cerne do problema está a regra tradicionalmente respeitada de que onde você vive determina para qual escola você vai. Qualquer política que enfraqueça a ligação rígida entre lugar-lugar-lugar e escola-escola-escola acabaria com a necessidade de pais pagarem um preço inflacionado por uma casa (…). Um programa de *voucher* bem projetado se encaixaria bem nas contas[43].

Em uma reviravolta completa, quando precisou conquistar o apoio dos líderes sindicais, Warren se esqueceu das classes média e baixa aprisionadas em escolas ruins. Ela fez um *lobby* pesado contra qualquer tipo de escolha escolar – até mesmo as *charter*, e Warren matriculou sua filha em uma escola particular, exercendo o seu poder de escolha. No entanto, lutou contra a minha indicação porque eu defendia que todos os pais devem ter a mesma possibilidade de escolha.

Mas a senadora Warren acertou em uma coisa: eu *era* uma escolha sem precedentes para secretaria de educação. Não por causa do meu currículo, mas porque eu queria provocar uma disrupção no *status quo*

---

43. NOTABLE & Quotable: Elizabeth Warren on School Vouchers. Wall Street Journal. Nova York, 8 fev. 2017. Disponível em: https://www.wsj.com/articles/notable-quotable-elizabeth-warren-on-school-vouchers-1486597126.

da educação. A maioria dos meus antecessores secretários – tanto democratas quanto republicanos – realizou apenas mudanças superficiais no modelo americano de educação pública. Eu queria ver esse modelo – criado há mais de cento e cinquenta anos a fim de preparar crianças para trabalhar em fábricas e serem bons protestantes – transformado desde seus fundamentos. Algumas crianças aprendem bem sentadas em fileiras em uma sala de aula o dia inteiro. Mas muitas outras precisam de algo diferente. O planejamento central em Washington não trabalha para atender a essas necessidades.

Apenas a criatividade e a competição promovida pela escolha educacional podem consertar as escolas americanas.

O modelo de governo que tenta fazer com que todos se encaixem em uma forma e determina quais escolas as crianças devem frequentar e como elas devem aprender é bom para os adultos que lucram com o sistema, mas não para as crianças que dependem dele. Eu fui para Washington crendo que podia mudar essa situação, e isso não me rendeu muitos amigos em nenhum dos dois partidos. Até mesmo Jeb Bush, que foi grandemente responsável pela minha indicação e promovido reformas ousadas na Flórida, disse mais tarde que, se ele fosse presidente, não sabia se teria a coragem de indicar alguém como eu para secretária de educação.

O problema dos líderes sindicais escolares comigo não tinha a ver com a crença de que eu não era qualificada. Eles sabiam que eu representava um risco às suas agendas.

***

A jornada para minha audiência de confirmação foi uma corrida de cinquenta dias. Isso foi o que separou o dia em que recebi a oferta de emprego do presidente eleito do dia em que o Comitê de Saúde, Educação, Trabalho e Previdência (HELP)[44] do Senado realizou minha audiência de confirmação. Ela foi uma das primeiras audiências de confirmação dos novos gabinetes – agendada para 11 de janeiro de 2017.

---

44. Health, Education, Labor and Pensions (HELP) Committee. (N. E.)

Uma das primeiras coisas que se faz como indicado a gabinete é "fazer as rondas". Você deve visitar os senadores do comitê que irão determinar seu destino. No meu caso, isso significava me encontrar com doze republicanos, incluindo amigos como os senadores Orrin Hatch (1934 – 2022) e Tim Scott.

Tim tem um jeito com as palavras que eu, confessamente, às vezes não tenho. Achei que ele resumiu bem o confronto futuro: "O verdadeiro debate não é Betsy DeVos", disse. "É uma geração de crianças que estão presas a escolas com desempenho ruim"[45].

Quanto aos democratas do Comitê HELP, eles claramente não concordavam com essa avaliação. Seu quadro de membros consistia em uma seleção dos políticos mais proeminentes e ambiciosos do partido. Um idealista diria que eles estavam lá como uma declaração da importância que o partido dá à educação. Um pragmático, por outro lado, diria que a presença deles era uma prova de como os democratas estavam preocupados em manter os líderes sindicais satisfeitos. Independentemente do que se acredite, o Comitê HELP era o lar de figuras de destaque do Partido Democrata, como Bernie Sanders, Tim Kaine e Al Franken (antes de ele renunciar em meio a escândalos de assédio sexual).

No início de janeiro, tive reuniões com todos os membros do comitê. Encontrei-me com o presidente, Lamar Alexander, senador do Tennessee, um amigo e ex-secretário de educação. Você pode argumentar que isso faz com que ele seja capaz de avaliar quem é, ou não, qualificado para o cargo – ao contrário de, digamos, a senadora Warren. Lamar se esforçou para que eu fosse aceita pelo processo de confirmação, e sou grata a ele.

Minhas reuniões com os senadores revelaram coisas surpreendentes – e outras nem tanto – sobre eles. Em todas as visitas, fui acompanhada apenas pela equipe designada a mim pelo time de transição presidencial. Esses assistentes são carinhosamente conhecidos como "*sherpas*" e os meus estavam lá, principalmente, para anotarem

---

45. SPANGLER, Todd; TOPPO, Greg. Betsy DeVos Nomination Clears Senate Committee in Tight Vote. Detroit Free Press. Detroit, 31 jan. 2017. Disponível em: https://www.freep.com/story/news/politics/2017/01/31/betsy-devos-education-secretary/97279684/.

pedidos – e promessas! – que os membros do comitê faziam. Essas reuniões deveriam ser particulares, e eu não precisava ou queria muitas pessoas da equipe na sala.

Uma das minhas primeiras reuniões foi com Patty Murray, senadora de Washington e a democrata de maior destaque do comitê. Nós entramos em seu escritório e fomos conduzidos para as cadeiras posicionadas diretamente em frente a ela. Havia um conjunto de funcionários ao seu redor, alguns sentados e outros em pé. Às vezes, sussurravam algo em seu ouvido. Eles também fizeram a maior parte das perguntas. Uma conversa típica envolvia um assistente me fazendo uma pergunta e a senadora Murray acompanhando-a com "É, e quanto a isso?"

A maioria dos senadores, até mesmo os que eu sei que discordavam de maneira veemente de mim, foram cordiais. Al Franken foi um deles. Susan Collins, do Maine, falou abertamente sobre suas dúvidas em relação à minha indicação, mas me convidou para ir ao seu estado e ver o limitado sistema de escolha escolar. Eu também me encontrei com Bernie Sanders, senador de Vermont. Seu escritório era decorado com muitos padrões xadrez e tinha um cheiro forte de naftalina. Mesmo assim, ele foi agradável na maior parte do tempo. Elizabeth Warren, por outro lado, foi uma das pessoas mais frias que eu já conheci. Minha reunião com ela foi uma das mais curtas.

Na maioria das mudanças de administração, os futuros presidentes têm equipes de transição que trabalham muito antes do dia da eleição. Essas equipes geralmente são compostas por pessoas com experiência em política e com as práticas burocráticas de Washington. Eles dão opções para que o presidente preencha cargos de alto escalão, bem como nomes de candidatos qualificados para cargos menores. Eles guiam a nova equipe durante o processo de formação de um governo.

O problema – ou a dádiva, depende do modo como você enxerga isso – é que Donald Trump não era uma criatura de Washington. Ele nunca havia trabalhado no governo. Não tinha rede de especialistas para o ajudarem a construir sua administração e não se importava com isso. A disposição de Trump para causar uma disrupção no sistema e jogar com suas próprias regras era uma das suas melhores características. Isso o levou a me indicar como secretária de educação.

Mas sua tendência a rejeitar o sistema também tem seu lado negativo. Algumas regras existem por um motivo.

O caos autocriado acompanhou a transição de Trump desde o início. Dois dias após vencer a eleição, ele demitiu o homem que estava preparando sua transição presidencial, o ex-governador de Nova Jersey, Chris Christie. Em seguida, Trump deixou Mike Pence encarregado da transição. Não tinha como ele fazer uma escolha melhor, mas seus esforços perderam um tempo precioso por conta da alteração. Supostamente, cerca de trinta *notebooks* cheios de informações sobre contratações em potencial compiladas pela equipe de Christie foram descartados quando ele foi demitido.

Uma das principais responsabilidades da equipe de transição presidencial é guiar candidatos como eu pelos detalhes da confirmação do Senado. A parte mais importante desse processo é a preparação para a audiência de confirmação. As equipes realizam simulações da sessão antes da audiência verdadeira. O time de transição atua como os senadores de oposição, enchendo o indicado de perguntas. O objetivo não é, necessariamente, fazer com que o candidato se torne um especialista nas políticas – embora conhecer um pouco delas faça parte do processo. Sobretudo, essas simulações são uma ferramenta para dar ao indicado a experiência de um questionamento intenso.

A equipe de transição de Trump foi montada durante o processo – enquanto todo o resto avançava. Isso significa que, mesmo quando eu estava ocupada passando pelos processos intermináveis de habilitação de segurança e demonstração financeira, minha equipe também estava lidando com um time de transição em mudança. Muitos vieram de áreas diferentes da educação – alguns eram apenas pessoas que estavam na campanha. O resultado foi que, quando fizemos nossas simulações de audiências, muitos membros da equipe de transição me fizeram perguntas das quais *eles* não sabiam a resposta. Por necessidade, me aconselharam repetidamente a me ater a generalidades e não focar em nenhuma política específica nas minhas respostas. Eu nunca havia passado por uma transição e por uma audiência de confirmação, por isso, tive que confiar no conselho que me deram. A sua aversão ao risco foi transmitida a mim, e me tornei estranhamente cautelosa.

Lembrando-me disso, vejo que o maior erro cometido durante meu processo de confirmação foi permitir que os opositores da minha indicação me atacassem durante oito semanas sem que eu pudesse responder. Há uma regra não escrita de que os indicados não devem conversar com a imprensa antes de serem confirmados. Todas as comunicações devem ocorrer através de canais "oficiais" – nesse caso, a equipe de transição. O time de Trump reforçou essa regra incansavelmente. O problema foi que eles também não emitiam nenhuma declaração em resposta aos ataques.

Em 9 de janeiro, dois dias antes da audiência, o Comitê HELP anunciou, de forma repentina, que ela seria adiada por uma semana, até 17 de janeiro. A única explicação que o comitê deu foi que o adiamento se deu a pedido da liderança do Senado.

Eu já estava sendo duramente atacada pela imprensa, e a resposta da equipe de transição foi pequena. O adiamento da audiência me deixou exposta por mais seis dias e efetivamente impedida de falar publicamente.

Os sindicatos tiraram proveito desse tempo extra para intensificar sua campanha para me retratar como alguém desqualificada e perigosa. A mídia me apresentou como a indicação "mais controversa" de Trump. Humoristas de programas noturnos expressaram sua opinião. A cada dia que se passava, as expectativas para a audiência cresciam. Até mesmo antes do adiamento, minha indicação havia atraído ataques sem precedentes de democratas e seus aliados. Ao longo dos seis dias a mais, a tensão aumentou, e a audiência se tornou algo imperdível.

E eu tive que permanecer em silêncio.

❦❦❦❦❦❦

É triste saber que audiências do Congresso em época de redes sociais são mais um teatro político do que um serviço público. São oportunidades para que os membros se apresentem diante das câmeras. As audiências não são usadas para fazer perguntas importantes ao indicado, mas para obter fragmentos de trinta segundos de indignação dramática para postar no Facebook, junto com apelos de arrecadação de fundos.

Quando o dia da minha audiência chegou, eu esperava o pior e queria que meus amigos e família estivessem perto de mim. Um grande contingente de Michigan se juntou a mim em Washington. John Booy veio da The Potter's House. Denisha Merriweather, uma amiga que havia lutado contra todas as probabilidades para se tornar a primeira da sua família a se formar no ensino médio e ir para a faculdade, graças ao programa de escolha escolar de Jeb Bush, estava lá. É claro que Dick estava lá, juntamente com a maioria dos nossos filhos e alguns dos nossos netos, os quais nós deixamos no hotel para que não se sujeitassem à audiência. Mas meus filhos ficaram sentados atrás de mim na sala de audiência. Dick alega que se sentou fora do alcance das câmeras para que não registrassem suas carrancas ou insultos visivelmente pronunciados contra membros do comitê. Talvez ele soubesse de algo que eu não sabia.

Desde o momento em que o presidente Alexander deu a martelada para iniciar a audiência, os democratas do comitê iniciaram o que só pode ser chamado de antagonismo teatral. Seu objetivo era me colocar em uma situação comprometedora.

Com as câmeras apontadas para ele, o jovem Al Franken, que eu havia conhecido em seu escritório duas semanas antes, passou a agir como um promotor severo. Ele fazia perguntas a mim e depois me interrompia, não permitindo que eu respondesse. Você pode ter assistido a um vídeo dele me perguntando o que eu pensava ser a melhor forma de mensurar o progresso de um aluno: "crescimento" – quanto um estudante aprendeu desde a última vez em que foi avaliado – ou "proficiência" – se um aluno tem o desempenho esperado. Minha resposta foi que eu não acreditava em nenhum dos dois. Eu acredito no domínio. Apenas quando um aluno domina de verdade um assunto ou conceito é que podemos dizer que ele o aprendeu. Mas Franken não estava interessado em me dar tempo para explicar isso[46].

------

46. Eu queria perguntar a Franken sobre sua educação completa em uma escola privada de elite ou sobre a experiência de seus filhos na mesma instituição, escolhida por ele. Provavelmente ele não explicaria isso.

Outros senadores fizeram o mesmo ao me perguntarem sobre o financiamento de crianças com deficiências no âmbito da escolha escolar. A verdade é que há muitos ótimos programas de escolha escolar em todo o país que são destinados especificamente para ajudar esses alunos, mas a proteção deles não é uma pergunta que pode ser respondida em dez segundos – pelo menos, eu ainda não dominei essa habilidade. Repetidas vezes, os democratas do comitê fizeram perguntas políticas grandes e controversas, e poucas tinham algo a ver com educação. Eles me deram pouco tempo para responder. Assuntos como terapia de mudança de orientação sexual e mudanças climáticas foram atirados sobre mim.

Quando não estavam fazendo perguntas nas quais eu podia tropeçar, eles me pediam para me comprometer com políticas que eram, na minha visão, responsáveis por manter nossas escolas sob controle de um monopólio da educação e do modelo educacional do século XIX. Eu não concordava com a maioria delas e não prometeria mantê-las com a esperança de ser aceita pelos senadores democratas.

O presidente Alexander e os republicanos do comitê focaram mais nas questões relevantes. No entanto, até algumas dessas conversas foram usadas fora de contexto contra mim.

Na minha visita ao escritório do senador Mike Enzi (1944 – 2021), de Wyoming, ele comentou sobre uma pequena escola primária em Wapiti, que tem uma cerca de 3 metros em volta do parquinho para que os ursos-pardos não se aproximem. Nós falamos novamente sobre o problema dessa escola – e como era necessário ter flexibilidade para lidar com ele – no início da audiência. Depois, o democrata Chris Murphy, de Connecticut, me perguntou o que eu pensava sobre a presença de armas nas escolas para aumentar a segurança. Como uma federalista e apoiadora da Segunda Emenda, eu disse que é melhor deixar essa questão ser resolvida pelos estados e distritos. Lembrando-me da minha conversa com o senador Enzi, disse que os administradores da escola de Wapiti provavelmente poderiam usar uma arma como proteção adicional para seus alunos contra os ursos-pardos.

É verdade, foi uma resposta incomum – talvez um pouco mais contrastante do que a pergunta pedia –, mas, se considerada em contexto, era relevante. Comunidades diferentes devem ter a liberdade de criar escolas que atendam às suas necessidades únicas. Nenhuma escola da cidade natal de Murphy, Hartford, em Connecticut, precisaria proteger seus alunos de ursos (ou precisariam?)[47], mas as de Wapiti, sim. Elas deviam ter a possibilidade de fazer isso da forma que achassem apropriada. Sem pestanejar, a imprensa repetiu minha resposta ao senador Murphy sem mencionar minha conversa com o senador Enzi.

Eu teria respondido de maneira diferente se tivesse que passar por tudo isso novamente, mas também serve de exemplo claro do estado dos debates políticos no nosso país e do abismo que existe entre americanos que vivem em suas próprias bolhas desconexas da realidade. Meus críticos tinham muito mais interesse em dar altas gargalhadas às minhas custas do que em conversar sobre as questões mais relevantes que impactam professores, famílias e crianças.

A audiência começou às 17h e durou mais de três longas horas. Finalmente, perto das 21h, ela terminou. Eu estava exausta, mas grata por ter sobrevivido. Enquanto todos andavam pela sala de audiência, me aproximei de Elizabeth Warren para cumprimentá-la. Ela estava recolhendo seus papéis do púlpito e fizemos contato visual. Em vez de apertar minha mão esticada em sua direção, ela se virou para o outro lado e saiu da sala. Fiquei parada com a mão esticada. Al Franken percebeu o que aconteceu e se aproximou. Apertei sua mão enquanto dei de ombros por causa do que havia acabado de acontecer.

Todos estavam com fome. Por isso, junto com alguns membros da minha equipe que haviam me ajudado durante o processo de confirmação, nós encontramos minha família e amigos para jantar em um restaurante perto da Colina do Capitólio. Acreditávamos que a audiência tinha sido razoavelmente boa. Eu sabia que tinha cometido alguns deslizes, mas nada que me prejudicasse muito. Foi o que pensamos.

---

47. Curiosamente, um ano e meio depois, quando eu já era a secretária de educação, uma escola de Connecticut precisou ser fechada porque havia um urso no parquinho. Nós enviamos o vídeo para o senador Murphy. Estranhamente, ele ficou em silêncio.

No entanto, quando conversamos com as pessoas que assistiram à audiência pela televisão, tivemos uma perspectiva diferente. Meu desempenho estava sendo retratado na mídia como um desastre. Como em uníssono, os especialistas disseram que a audiência provou que eu era "desqualificada" para ser a secretária de educação. Fiquei surpresa. Sabia que havia cometido alguns erros e os reconhecia, mas a força da reação negativa era surpreendente. Não demorou muito para o motivo se tornar claro. Mais tarde, os democratas disseram que foi a *audiência* que os fez se oporem à minha indicação. A mensagem não tão escondida era de que haviam sido justos e receptivos antes, mas, depois, tudo mudou. Quando reescreveram a história, foi o meu desempenho, não a pressão política do *establishment* educacional, que me desqualificou.

Em 31 de janeiro, o Comitê HELP aprovou minha indicação por votação partidária. O passo seguinte foi o voto de todo o Senado. Todos que pensaram que a oposição daria uma trégua depois da derrota no comitê estavam errados. Quanto mais perto chegava da votação da minha indicação, mais alto era o volume da animosidade do *establishment*. Usando as redes sociais e campanhas de mensagens de texto, os sindicatos dos professores e seus aliados criaram uma campanha Astroturf[48] de oposição direcionada ao Capitólio. As linhas telefônicas e caixas de entrada dos escritórios do Senado ficaram cheias de mensagens com palavras estranhamente iguais. Grupos ativistas democratas organizaram "protestos" em frente aos escritórios dos senadores indecisos e até mesmo em frente a nossa casa em Michigan.

Em transições anteriores, indicações para a secretaria de educação foram tão pouco controversas que elas geralmente foram aprovadas por voto oral no Senado. Os membros nem acharam necessário registrar seus votos individuais. Nos casos em que houve registro para indicações de secretários de educação, as margens foram desproporcionais. Até Bill Bennett, o franco secretário de educação de Ronald Reagan, foi aprovado por uma votação de 93 a 0 em 1985.

---

48. Estratégia que simula apoio popular orgânico e espontâneo, mas que, na verdade, é organizada artificialmente por grupos de interesse. O nome Astroturf se refere à marca de grama sintética. (N. T.)

No meu caso, os democratas no Senado primeiro tentaram obstruir o voto da minha indicação. Em 3 de fevereiro, o Senado votou de acordo com as divisões partidárias para acabar com a obstrução e permitir que a votação ocorresse. Então, dois senadores republicanos, Lisa Murkowsk, do Alasca, e Susan Collins, do Maine, anunciaram que, embora tenham votado em mim no Comitê HELP e apoiado o fim da obstrução, iriam se opor à minha confirmação no voto final. Isso significava que, em um Senado com 52 republicanos e 48 democratas, minha indicação estava empatada em 50 a 50. Os democratas tentaram, desesperadamente, conseguir que mais um senador republicano votasse contra mim. Eles até realizaram um evento de 24 horas de debates na noite anterior à votação, cada um deles abordando de maneira diligente uma câmara que estava vazia, exceto pelas câmeras da C-SPAN[49].

Entretanto, no fim, não adiantou. Nossa Constituição dá apenas dois papéis para o vice-presidente: se tornar presidente caso o presidente morra e presidir o Senado. Na prática, o trabalho do vice-presidente no Senado é bem limitado, mas ele tem um poder importante: poder votar se houver um empate. Em 7 de fevereiro, o Senado finalmente votou a minha indicação. Quando a votação empatou em 50 a 50, o vice-presidente Mike Pence entrou na câmara e pegou o martelo. Pela primeira vez na história dos EUA, o vice-presidente votou no Senado para dar o voto de desempate. Minha indicação foi confirmada e me tornei a 11ª secretária de educação dos Estados Unidos.

Eles gastaram todo aquele tempo "debatendo", eu pensei, e teriam chegado ao mesmo resultado com um voto oral.

※

Por volta dos seis minutos, espectadores do C-SPAN que assistiam à votação no Senado puderam ver o senador Cory Booker, de Nova Jersey, entrar na câmara, andar diretamente para o púlpito, dar um rápido sinal negativo com o polegar para baixo em direção ao secretário e deixar a câmara em silêncio.

---

49. Rede de televisão que transmite eventos do governo federal americano. (N. E.)

Quando assisti, foi muito decepcionante. O voto negativo de Cory não representou apenas outro senador registrando sua escolha. Para mim, foi a personificação do que acontece quando um partido é controlado por um grupo de interesse específico – um grupo de interesse que está mantendo as crianças americanas como reféns da sua causa. Nenhum membro pode contrariar o grupo, por motivo algum.

É justo reconhecer que Booker foi tremendamente aberto sobre como os sindicatos responderam às suas tentativas de reforma. "Eu fui literalmente conduzido a um armário de vassouras por um sindicato e me disseram que eu nunca teria um cargo se continuasse a falar sobre as escolas *charter*", ele disse uma vez[50].

Cory e eu tínhamos uma longa história. Ele chegou à fama na política como um vereador afro-americano democrata e jovem em Newark, no início dos anos 2000. O sistema escolar de Newark era uma máquina de patronagem corrupta que foi tomada pelo estado de Nova Jersey em 1995. Para consertar o sistema, o governo democrata do estado injetou mais dinheiro nele. Dez anos depois, Newark estava gastando o dobro da média nacional e, ainda assim, um em cada dois estudantes da cidade não se formava no ensino médio e os alunos de todas as séries ficaram nos últimos lugares do estado[51].

Cory tinha outra ideia para consertar as escolas de Newark: dar *vouchers* financiados por recursos públicos aos pais e alunos para que eles os usassem na escola que quisessem. Foi uma jogada ousada para um democrata jovem. Quando Dick e eu ouvimos falar sobre esse caso, entramos em contato com ele para oferecer apoio e solidariedade.

Cory e eu trabalhamos juntos em conselhos de organizações pró escolha escolar ao longo dos anos 2000. Ele fez campanha para a emenda constitucional de 2000 em Michigan e também fez o

---

50. BUCK, Rebecca. How Cory Booker's Past Support for School Choice Could Complicate His 2020 Campaign. CNN. 19 mar. 2019.

51. WATERS, Laura. Analysis: Cory Booker Could Have Run Away from School Reform. Instead, He's Doubling Down on Newark's Education Revival. That's a Smart Move. The 74. 17 set. 2018. Disponível em: https://www.the74million.org/article/waters-cory-booker-could-have-run-away-from-school-reform-instead-hes-doubling-down--on-newarks-education-revival-thats-a-smart-move/.

discurso principal em duas reuniões da Federação Americana para Crianças (AFC) quando eu era presidente – uma vez como prefeito de Newark e outra como senador dos EUA. O público o aplaudiu de pé. Cory era uma voz valiosa para o movimento. Ele falou em nome dos americanos que mais estavam sendo prejudicados pelo sistema atual. Era agressivo e direto ao abordar todas as promessas não cumpridas feitas às famílias pobres.

Na época em que fui indicada, eu não via Cory desde o evento da AFC em maio de 2016, quando ele disse ao público que "a missão dessa organização está alinhada com a missão da nossa nação". Depois, quando foi perguntado pela imprensa se me apoiaria como secretária de educação, Cory se recusou a responder no início[52]. No entanto, ele começou a expressar "preocupações sérias" em relação à minha indicação[53]. Entrei em contato com ele para nos encontrarmos, tanto antes quando depois da audiência, mas ele nunca estava disponível. Em meados de janeiro, anunciou que votaria contra mim no Senado.

Estou envolvida com política há muito tempo. Sei que políticos podem ser, digamos, *moralmente flexíveis*. Mas a traição de Cory foi um golpe profundo. Ele não deu as costas apenas para mim, mas para milhões de crianças que contam com alguém como ele para fazer o que é certo.

Além disso, deu um motivo totalmente contraditório para se opor a mim. Na reunião da AFC em maio, ele falou de maneira emocionante sobre o que nos define como uma nação – nosso compromisso com a liberdade e igualdade. A batalha pela liberdade educacional, disse, era crucial para "quem nós dizemos que somos como um país". A luta travada pelas pessoas presentes naquela reunião era parte da realização da promessa dos EUA de que todo ser humano tem um valor nato. Ele disse que estávamos lutando na "última batalha do movimento dos direitos civis".

---

52. GARCIA, Eric. Booker on DeVos: I'm Not Saying Anything. **Roll Call**. Washington, 2 dez. 2016. Disponível em: https://rollcall.com/2016/12/02/booker-on-devos-im-not-saying-anything/.

53. NIX, Naomi. Cory Booker Has Serious Early Concerns About Nomination of DeVos as Education Sec'y. **The 74**. 14 dez. 2016. Disponível em: https://www.the74million.org/article/cory-booker-has-serious-early-concerns-about-nomination-of-devos-as-education-secy/.

Depois de oito meses, quando se levantou para falar no Senado, o Cory Booker que eu achava que conhecia estava irreconhecível. Ele negou diretamente a visão da liberdade – e o papel da educação dentro dela – que havia defendido em apenas oito meses antes. Ele disse que estava votando contra a "indicada", porque ela era "alguém que não se pronuncia sobre as questões que são tão essenciais para este país, *sendo quem dizemos que somos*".

O governo federal, e não cidadãos exercitando sua liberdade, disse ele, era a chave para a realização da promessa dos Estados Unidos. Ele não mencionou meu nome. Apenas disse que "a indicada" não tinha compromisso na defesa dos direitos de crianças de minorias, crianças gays e crianças com deficiências – literalmente todas as mesmas virtudes que destacou no movimento de escolha escolar durante a reunião de maio.

Foi uma reviravolta de tirar o fôlego até mesmo para Washington. Cory estava certo anteriormente. Não é o governo federal que determina nossos direitos. Nossa Constituição corretamente declara que nossos direitos vêm do nosso Criador – eles não podem ser legitimamente adulterados ou tomados por qualquer governo. Ele mesmo disse isso: O atual sistema imposto pelo governo "aprisionou" as crianças de bairros pobres em "instituições fracassadas". Será um povo livre, exercitando sua escolha de educar seus filhos da forma que acreditam ser melhor, que dará a todas as crianças americanas o direito a escolas seguras e de qualidade.

Fiquei desapontada e triste pelas ações de Cory, mas não surpresa. Ele estava concorrendo à indicação do Partido Democrata para presidente em 2020. Não podia trair os grupos de interesse bem financiados e organizados que tinham seu futuro político em mãos – e que mantinham nossas crianças reféns do seu próprio interesse.

"Vovó, por que está escrito 'DeVos' ali?", minha neta de seis anos perguntou, olhado para uma transmissão da C-SPAN no meu telefone, aconchegada a mim na terceira fileira do Suburban.

Enquanto o Senado estava votando minha indicação, fizemos um *tour* com a família no Museu Nacional do Ar e Espaço do Smithsonian, a algumas quadras de distância do parque National Mall, a partir do Capitólio dos EUA. Dá uma sensação estranha de impotência assistir a centenas de pessoas, a maioria das quais mal conhece, debaterem em público se vão contratar você ou não. Meu nervosismo me fez sair do museu e ficar no banco de trás do SUV. Eu não estava planejando que Clara – minha primeira neta – viesse junto, mas, quando me lembro disso, fico feliz que ela tenha vindo.

Você sente uma certa calma quando tem uma pequena criança ao seu lado; uma lembrança do que é mais importante na vida. Isso também ajuda a se calar quando vê pessoas que conhece – pessoas que deveriam saber mais do que ninguém a situação – lhe virarem as costas.

De muitas formas, esses momentos fugazes eram um lindo microcosmo do que viria a seguir. Eu estava pensando na criança ao meu lado e em outras milhões como ela. As pessoas na tela pensavam nas suas preocupações de adulto.

Abracei Clara e pensei: bem-vinda à política da educação.

CAPÍTULO 4

O PÂNTANO

Era um dia fresco e ensolarado em Washington, DC, e eu estava a caminho de uma escola de ensino fundamental no centro da capital. No meu segundo dia como secretária dos EUA, eu queria demonstrar meu apoio à educação pública. Por isso, trabalhamos com o governo do Distrito de Columbia para aproveitar aquele sol de fevereiro para visitar a Escola Secundária Jefferson, uma instituição pública que fica em um dos bairros mais carentes da cidade.

Propositalmente, decidimos não anunciar a visita para a imprensa. Eu queria conversar com os alunos, pais e professores sem as luzes das câmeras de TV se intrometendo. A visita não tinha o intuito de causar uma boa impressão na mídia ou boas relações públicas; eu era nova no cargo. O objetivo era construir um relacionamento com líderes de escolas locais, estudantes e seus pais. No entanto, quando chegamos, ficou claro que funcionários haviam anunciado minha visita para os sindicados e seus grupos aliados. Dúzias de manifestantes estavam reunidos em frente ao edifício, segurando placas e gritando "Expulsem DeVos!", "Volte!" além de insultos que não vale a pena repetir. "Vergonha!", gritaram para mim. Todavia, a mim parecia que a única "vergonha" da cena foi o que as crianças inocentes dentro da escola foram forçadas a assistir.

Eu era acompanhada de dois agentes de segurança designados a mim pelo Departamento de Educação. Ainda receberia tantas ameaças críveis contra minha vida que me tornei a primeira secretária de educação da história a receber segurança proporcionada pelo Serviço de Marshals dos EUA. Mas isso veio depois. Naquele dia, mesmo com a escolta, sair e passar pela multidão era arriscado. Entretanto, ficar

111

intimidada – permanecer no carro e cancelar a visita – parecia pior. Por isso, um dos agentes e eu saímos do SUV.

A multidão imediatamente se fechou ao nosso redor. O agente ficou claramente atordoado enquanto tentávamos passar pela aglomeração, mas seguimos em frente. Quando chegamos à escada que leva para a porta do prédio da escola, muitos manifestantes correram para a nossa frente a fim de bloquear a passagem. A cena foi caótica. As pessoas gritavam e empurravam. Um manifestante na parte de cima das escadas me empurrou (e mais tarde foi acusado de agredir um policial de Washington). Enquanto eu quase caía de costas pela escada de concreto, deixei um lembrete irônico em minha mente: da próxima vez, use saltos menores.

Fiquei mais irritada do que amedrontada quando meu agente de segurança segurou meu braço e me levou de volta para o carro. Nós saímos correndo no SUV preto. Alguns quarteirões depois, ele disse: "Senhora, acho que não devemos voltar". Eu sabia, instintivamente, que o que faria a seguir definiria a tônica de todo meu tempo como secretária de educação. Os sindicatos estavam determinados a criar uma briga. Eles queriam que as câmeras focassem no conflito entre *adultos*, fora da sala de aula, onde tinham vantagem. Mas eu queria chamar a atenção da nação para as crianças que eles deveriam estar educando.

"Nós vamos voltar", eu disse ao agente, me esforçando para controlar minha frustração.

Nós voltamos e conseguimos entrar por uma porta lateral. A experiência daquele dia confirmou o que eu já sabia. Bons professores querem ensinar. Crianças querem aprender. E os pais querem ter uma voz na educação de seus filhos. O problema é que o *establishment* educacional – comandado pelos líderes sindicais – não queria que eu entrasse. Seriam quatro anos longos.

⁕⁕⁕⁕⁕

A centralização da política educacional em Washington estava em vigor há duas décadas quando me tornei secretária. Administrações de ambos os partidos foram responsáveis por concentrar mais poder no governo federal. A Lei Nenhuma Criança Deixada para Trás, do presidente George W. Bush, apesar de ter intenções admiráveis, fez com que os burocratas permanentes de Washington – não abertos a reformas – ditassem as regras. No início, parecia que o presidente Barack Obama romperia com o modelo educacional democrata, controlador e direcionado ao sistema. No entanto, sua administração acabou impondo novas regulamentações federais nocivas sobre o tema, como a Common Core[54], as cotas de disciplinas baseadas em raça e a privação do devido processo legal aos estudantes.

Eu fui para Washington depois de quase trinta anos de trabalho com governadores e legisladores estaduais inovadores. É nos estados que as verdadeiras políticas educacionais dos Estados Unidos são feitas. Eles testam abordagens diferentes e aprendem um com o outro. Todo meu tempo e esforço foram investidos *fora* de Washington – fora do Departamento de Educação, fora do *establishment* educacional. Ir para a capital não me convenceu de que eu estivera errada em focar nos estados. Na verdade, reforçou ainda mais minha crença.

Uma das coisas mais difíceis que fiz como secretária de educação – embora não devesse ter sido – foi lutar pelo federalismo; ou seja, defender o princípio de que a maioria das decisões governamentais – mas *principalmente* as relacionadas à educação – devem ser realizadas nos estados e comunidades locais, mais próximas das pessoas afetadas. É claro, os democratas nunca gostaram do federalismo na educação, desde que ignoraram os sábios avisos de Joseph Califano e criaram um Departamento de Educação federal em 1979.

O surpreendente para mim, todavia, foi o quanto o federalismo precisou ser defendido para os *republicanos* em Washington. Eu tive que gastar muita energia, por exemplo, ao tentar convencer o senador Roy Blunt de que deveríamos simplificar os fluxos de financiamento federal para a educação a fim de dar mais flexibilidade aos estados e regiões para tomarem decisões. Nosso sistema dá esse poder aos estados e conselhos escolares locais; nossa Constituição não menciona

---

54. Iniciativa educacional que detalha o que cada aluno dos ensinos fundamental e médio devem saber em língua inglesa e matemática no fim de cada série. (N. T.)

"educação" nem uma vez, o que faz com que esse poder seja reservado aos estados. E isso faz sentido. O que é bom para famílias de Miami, na Flórida, é diferente do que é bom para as famílias de Fairbanks, do Alasca, e vice-versa.

Infelizmente, Washington é um lugar solitário para federalistas. Como secretária de educação, me vi na contraditória posição de estar em um governo federal enquanto trabalhava ativamente para devolver esse poder para os estados. Era queria tornar o meu cargo irrelevante. No entanto, criar programas federais é uma atividade recompensada na capital nacional, não desencorajada. Muitos membros do Congresso, de ambos os partidos, estão viciados nos recursos federais que vêm junto com esses programas.

Resumindo, Washington não é receptiva à ideia do federalismo – mesmo nos melhores momentos. Além disso, eu havia acabado de passar por uma batalha de confirmação travada para me enfraquecer como secretária. Mais do que em qualquer outro momento anterior na minha carreira na educação, durante aqueles primeiros meses em Washington, eu lutei contra todas as forças vigentes.

⁂

O Departamento de Educação ocupa três edifícios separados no centro de Washington, DC, incluindo uma estrutura pouco atraente do tamanho de sete campos de futebol americano. No meu primeiro dia como secretária, fui em todos os andares de todos esses prédios e me apresentei a cada funcionário. Andei por aproximadamente sete quilômetros. Estava usando salto alto – outra escolha infeliz de sapato. A artrite no meu dedão é um lembrete de longo prazo daquela caminhada épica.

Eu já sabia o que faria durante meus primeiros dias como secretária de educação. Durante o processo de confirmação, fui forçada a me calar enquanto os democratas, a mídia e o *establishment* educacional realizaram uma campanha de ataque multimilionária. Seu objetivo era me retratar como um tipo de monstro selvagem – uma inimiga da educação pública que iria fazer tanto estrago quanto se pudesse imaginar. O nível de acidez foi impressionante. Era um exemplo tenebroso de como seria o nosso diálogo político nos anos seguintes. Ambos os lados apresentavam as pessoas que não compartilhavam de suas visões não apenas como desinformadas, mas como *más*. Até mesmo cruéis.

Por mais inédita e injusta que tenha sido a campanha contra mim, o estrago estava feito. Dentro do *establishment* educacional, era praticamente uma obrigação se opor a mim. Os ativistas e a mídia também entraram na dança. Mas todo aquele barulho e oposição não me impediriam de fazer o que fui fazer em Washington. Se meus opositores pensavam que podiam me convencer do contrário, estavam errados.

No meu primeiro dia, reuni os funcionários do departamento para me apresentar – dessa vez, do *meu* jeito. Queria mostrar-lhes que, apesar do que podiam pensar, eu não tinha chifres – e tenho senso de humor.

"Não vou pegar leve", disse aos funcionários reunidos no auditório e aos que assistiam *online*. "Para mim, esse processo de confirmação e o drama que ele provocou foram... um pouco difíceis".

Risadas se espalharam pelo auditório conforme as pessoas foram entendendo a piada. Depois, fiquei séria. Percebi que as últimas semanas geraram mais dúvidas do que certezas – exatamente o oposto do que o processo de confirmação deveria fazer. Disse a todos que sou aberta e receptiva e que estava pronta para trabalhar com qualquer pessoa interessada em ajudar crianças. Pedi que todos se juntassem a mim e se comprometessem a serem "mais receptivos e pacientes com opiniões diferentes das suas". Por fim, fiz um apelo à concórdia entre todos.

Quase todos os que se reuniram para me ouvir eram funcionários de carreira. São pessoas que permanecem em seus cargos independentemente da mudança de administração. Elas têm proteções poderosas do serviço civil que tornam quase impossível responsabilizá-las pelo seu trabalho ou demiti-las. Seus salários e posições estão ligadas ao tempo que estão no governo, não à qualidade do seu trabalho. Elas são os "burocratas".

Há muitos profissionais bons que trabalham no governo federal, mas também há muita inércia e ineficiência.

Por exemplo, não muito tempo depois que me tornei secretária, nos informaram que havia uma coleção valiosa de livros no porão do prédio, apenas acumulando poeira. Pensei que deveríamos distribuir esses livros a alunos e escolas para se beneficiarem deles. Fácil, não é? Errado. Acontece que, graças às regras arcaicas da burocracia federal, apenas uma pessoa tinha a chave do lugar, e ele só aparecia às terças e quintas. Além disso, estava de licença. Encontramos alguém que podia destrancar o porão, mas os livros só podiam ser movidos por funcionários sindicalizados designados, que não estavam lá no dia. Levou, literalmente, semanas para agendar uma hora em que a pessoa com a chave e as pessoas que poderiam movimentar os livros estivessem presentes no mesmo dia.

Uma causa do problema foi a política de trabalho remoto extremamente ampla que foi estabelecida durante a administração de Obama. Muitos funcionários do Departamento de Educação trabalhavam remotamente 100% do tempo – e literalmente nunca vinham ao escritório. Alguns até se mudaram para outro estado. Lembre-se de que isso foi bem antes de a Covid-19 forçar muitos americanos a trabalharem de casa. Na primeira sexta-feira como secretária, fui para casa pensando no absurdo da política de teletrabalho. Meu chefe de gabinete adjunto de operações, Dougie Simmons, tinha ido perguntar algo a dois funcionários na mesa de recepção. Eles não estavam lá. A mesa estava vazia. Dougie chamou o gerente e foi informado de que os dois funcionários "trabalham remotamente" nas sextas. Meu queixo caiu. É só no governo federal que os funcionários cujo trabalho é recepcionar pessoas podem "trabalhar remotamente". Eu mudei essa política e limitei o trabalho remoto a um dia na semana, e apenas para os que podiam, de fato, realizar seu trabalho de casa.

Fui para o departamento com intenção de minimizar a burocracia da educação de Washington. Todos os funcionários federais – quer estejam no trabalho ou não – custam dinheiro aos pagadores de impostos. Quando me tornei secretária, o Departamento de Educação tinha mais de 4 mil funcionários de tempo integral e mais milhares de contratados. O salário médio era mais de US$ 100 mil por ano.

Todas essas pessoas estavam colocando um carimbo federal nas escolas. Conseguimos reduzir o número de funcionários em 20%. Embora nem perto do suficiente, foi um começo.

Eu estava falando sério naquele primeiro dia quando disse aos funcionários do departamento que não iria pegar leve. Reconheci que tinha muito a aprender sobre o trabalho que faziam e queria ganhar a confiança deles. Pedi que deixássemos as divergências de lado e trabalhássemos em conjunto pelo bem dos estudantes. Fui sincera.

Naquele mesmo dia, entrei em contato com líderes sindicais escolares. Liguei para Randi Weingarten, da AFT, e Lily Eskelsen García, da NEA, e deixei a mesma mensagem que falei aos funcionários do Departamento de Educação: eu esperava que pudéssemos trabalhar em conjunto pelo bem dos alunos.

Reconheço que não estava esperando muita coisa deles. Os líderes sindicais me viam, corretamente, como uma ameaça ao seu monopólio político da educação. Por décadas, justificaram-se na promessa de dar a toda criança americana – independentemente de raça ou renda – uma educação segura e de qualidade. Por décadas, falharam em cumprir essa promessa. Eles *tinham* que levar o nosso conflito para o lado pessoal. Se fosse de outra forma, teriam que explicar como e por que estavam falhando.

Eu queria poder dizer que nós apertamos as mãos e seguimos em frente para trabalhar pelo bem das crianças americanas. Para ser justa, alguns líderes dentro do Departamento de Educação estavam comprometidos a trabalhar arduamente pelos estudantes, apesar da sua inclinação política. No entanto, esses raios de sol foram inevitavelmente apagados pela resistência de muitos dos seus colegas e pelo sistema engessado. O ex-secretário de educação Bill Bennett chamou a enorme massa petrificada de burocratas federais e estaduais, sindicatos e outros grupos dedicados à manutenção do *status quo* da educação de "Bolha". Como no filme[55], a Bolha sobrevive e cresce ao devorar tudo que encontra em seu caminho. Essa é sua razão de ser. Saia do seu caminho e dê o que ela quer ou ela vai te comer e depois te cuspir.

---

55. *A bolha assassina*, de 1958 e, depois, 1988. (N. E.)

O *establishment* educacional não aceitaria uma trégua comigo. Nós nunca conseguimos nem um cessar-fogo. O primeiro sinal ruim foi a primeira visita oficial que descrevi anteriormente, aquela onde arruaceiros organizados por sindicatos e manifestantes literalmente bloquearam minha entrada na escola.

Depois veio outro – tão absurdo que seria engraçado se não sinalizasse algo muito mais sério. Na minha primeira semana, fui acusada de "desaparecer" com a histórica Lei de Educação para Indivíduos com Deficiência. Sim, "desaparecer" – o mesmo tipo de coisa que chefes da máfia e de cartéis de drogas são acusados de fazer.

Desde sua infância na era digital, o site do Departamento de Educação cresceu de maneira desordenada, sem lógica e sem um planejamento cuidadoso. Escritórios diferentes adicionavam páginas quando escolhiam e como queriam. O resultado foi um menu desconexo e extenso de sites individuais, a maioria desatualizada há anos. Quando me tornei secretária, o departamento tinha cerca de noventa e sete contas no Twitter e sessenta páginas "oficiais" no Facebook. No total, o "site" do Departamento de Educação era, na verdade, um labirinto de centenas de sites independentes hospedados em cento e sete servidores diferentes.

Um deles foi criado na administração de George W. Bush para dar informações aos pais sobre seus direitos com a Lei de Educação para Indivíduos com Deficiência. Não ficou claro se alguém do departamento se lembrava de que o site existia, muito menos como acessá-lo e atualizá-lo. No entanto, alguém que se identificou como "anônimo" informou que o site havia saído do ar no meu primeiro dia de trabalho. Em apenas algumas horas, havia rumores na internet de que eu tinha removido o site de propósito como um plano maligno para tirar os direitos dos pais de crianças com deficiências.

Foi absurdo, mas não impediu que a senadora Patty Murray, a democrata de destaque do Comitê HELP, fizesse uma clássica manobra publicitária dos democratas de Washington. Ela escreveu uma carta para mim falando sobre sua "preocupação" pelo site ter "desaparecido" – e ao mesmo tempo vazou a carta para a imprensa. O jornal do estado natal de Murray, *Seatle Post-Intelligencer*, entrou no jogo: publicou um artigo com a manchete "Site para crianças com deficiência desaparece quando DeVos assume o cargo".

Tudo foi muito conveniente para os grupos do *establishment* que estavam se opondo a mim. Como alguém pode ter notado que esse site escondido havia saído do ar? E como isso foi acontecer no meu primeiro dia de trabalho? "Anônimo", que deu início aos rumores, nunca foi identificado, se é que essa pessoa existiu. As "preocupações" de Patty Murray não se concretizaram e a Lei de Educação para Indivíduos com Deficiência permaneceu intacta. Mas esse desastre resultou em uma coisa boa. Nós criamos um site interativo para pais de crianças com deficiências – e o atualizamos regularmente.

Quando cheguei ao cargo de secretária, sabia que a burocracia federal era grande e pesada. Eu não esperava que levaria três semanas para tirar livros do porão ou que recepcionistas podiam "trabalhar remotamente" – mas eu tinha uma ideia geral sobre o excesso e ineficiência burocráticos. O que eu não havia entendido completamente era quão obstinada e dissimulada a burocracia permanente de Washington poderia ser. Políticos entram e saem de Washington, mas os burocratas não. Eles têm o poder de obstruir e até destruir políticas que os ameaçam, e suas proteções do serviço civil os deixam descarados.

Apesar de ter aprendido algumas informações valiosas, o problema com o site foi apenas a ponta do iceberg. Eu logo aprendi mais sobre quão baixo a burocracia de Washington pode ir para resistir à mudança.

❦

O processo orçamentário em Washington é uma bagunça. Os gastos estão fora do controle, e, quando o governo injeta dinheiro para criar programas, algo nefasto acontece: ele atrai pessoas e grupos que se beneficiam do programa – e que lutam arduamente para preservá-lo. Por isso, cortar gastos é uma das coisas mais difíceis de fazer em Washington. Exige coragem, articulação política cuidadosa e discrição cautelosa. Quando um cortador de gastos se manifesta muito cedo, defensores do *status quo* se unem e partem para a batalha.

O resultado raramente é uma vitória para as forças de reforma. A burocracia permanente sabe disso e joga pensando no longo prazo.

Apesar de o processo orçamentário não ter nenhuma razão ou lógica, ele começa com a Casa Branca apresentando sua proposta de orçamento anual. O Congresso, é claro, tem a última palavra em relação aos gastos, mas a diretriz orçamentária da Casa Branca vem primeiro. Em seguida, os detalhes da proposta são minuciosamente analisados nos vários gabinetes dos departamentos antes de ser publicado e enviado ao Congresso.

O primeiro orçamento da Casa Branca sob a administração de Trump tinha grandes cortes para programas educacionais. Isso deu início a uma série de idas e voltas com a Casa Branca para decidir onde priorizar os cortes e onde novos investimentos poderiam ser garantidos. Como qualquer pessoa que tenha elaborado um orçamento sabe, esse é um processo muito sensível. Não pode ser conduzido abertamente e, com certeza, não deve envolver a mídia.

Estávamos em meio a negociações na manhã de 17 de maio quando eu abri o *Washington Post*. Dentro dele, estava toda nossa proposta orçamentária, com cortes e tudo. Alguém havia vazado tudo. Pequenos vazamentos aqui e ali são desagradáveis, mas comuns em Washington. No entanto, todo o orçamento da educação nunca havia sido vazado. Foi mais do que uma quebra de confiança de um funcionário; foi um ato de sabotagem política. Alguém estava tentando impedir os cortes de gastos antes que eles pudessem ser debatidos e executados pelo Congresso. Eu fiquei furiosa.

Nós identificamos rapidamente quem vazou – uma funcionária de carreira do Gabinete de Serviço Orçamentário. Ela admitiu ter dado o orçamento para o *Washington Post* e depois se declarou como "denunciante". As proteções a denunciantes foram criadas para proteger de retaliação as pessoas que testemunham corrupção ou irregularidades no governo. No entanto, não havia nada inadequado ou corrupto no orçamento. Ele apenas propunha reduzir o papel federal na educação e dar aos pais mais poder para controlar o ensino de seus filhos. A motivação da funcionária que vazou o orçamento foi política; e ela reconheceu isso aberta e orgulhosamente. Entretanto, não pudemos responsabilizá-la. A ação disciplinar mais forte que pudemos aplicar foi uma suspensão *paga* de cinco dias. Ela apelou e, até o momento em que saí do departamento, não havia cumprido a suspensão.

A burocracia não foi o único obstáculo à elaboração de um orçamento sensato em Washington. Mesmo com minha objeção, em cada um dos orçamentos anuais, a Casa Branca propôs zerar os gastos federais com a Special Olympics[56]. Na verdade, o corte proposto era pragmático. O financiamento federal ao programa é bastante limitado, e a maioria da ajuda financeira vem do setor privado. Eu mesma já fiz doações para a organização. Era uma política pragmática, mas era uma política *muito* ruim. Eu era um dos membros do gabinete que mais se preocupava com o orçamento, mas até eu pensei que essa medida era contraproducente. O Congresso *nunca* concordaria com ela. Ponto final. O único resultado do corte de financiamento para a Special Olympics seria dar à impressa e aos ativistas uma "prova" para que eles nos retratassem como pessoas insensíveis e hostis à educação. Eu estava focando em mudanças maiores no nosso sistema de educação. Gastar tempo precioso e capital político para defender um corte que nunca seria aprovado pelo Congresso não fazia sentido para mim.

Depois de o terceiro orçamento da Casa Branca propondo zerar os gastos com o Special Olympics ser publicado em 2019, algo aconteceu que me deixou surpresa por não ter acontecido antes: um *tweet* viralizou afirmando que eu havia "cortado todo o financiamento" para o programa. Não era verdade. Tratava-se apenas de uma proposta – nenhum corte havia sido feito. Naquele mesmo dia, eu tinha que me apresentar diante do Comitê de Orçamento do Congresso para defender o orçamento da administração. Sempre buscando bons vídeos para o Youtube e oportunidades de arrecadação de dinheiro, os membros do comitê me repreenderam severamente por causa do corte inexistente.

No dia seguinte, quando me apresentei diante do Comitê de Orçamento do Senado, o senador democrata de Illinois, Dick Durbin, elevou o nível da competição por engajamento nas mídias sociais ao

---

56. Organização que promove treinamentos e competições esportivas para crianças e adultos com deficiências. (N. T.)

dizer que eu merecia uma "medalha de ouro do Special Olympics pela minha insensibilidade"[57].

Eu fiz o meu trabalho ao defender o orçamento, afirmando, corretamente, que os contribuintes não podem financiar todos os programas importantes. As cenas mais dramáticas das audiências viralizaram, exatamente o que os membros do Congresso queriam. Quando o presidente assistiu às gravações, ficou indignado. No dia seguinte, em seu caminho para o Marine One[58], Trump anunciou: "Eu ignorei o meu povo. Nós vamos financiar o Special Olympics". Liguei imediatamente para o presidente e expressei minha gratidão por ele fazer o que eu havia recomendado todo esse tempo[59].

É verdade o que dizem: Se você quer ter um amigo em Washington, DC, arrume um cachorro.

⚜⚜⚜

Apesar de me esforçar para criar relacionamentos com os funcionários de carreira permanentes, também contratei a minha própria equipe. Ao contrário dos funcionários de carreira, esses são funcionários "políticos" que trabalham, em última instância, para o presidente. Em outras palavras, eles podem ser demitidos. Eles estão ali para implementarem a agenda da administração.

O Departamento de Educação tem quinze indicações para a equipe que precisam da confirmação do Senado. Geralmente, em mudanças de administração, esses votos são incontroversos. Todavia, devo lembrar novamente que eu não fazia parte de uma administração

---

57. TILLETT, Emily. Dick Durbin Tells Betsy DeVos Cuts to Special Olympics Gets Gold Medal for Insensitivity. CBS News. 28 mar. 2019. Disponível em: https://www.cbsnews.com/news/special-olympics-funding-education-funding-hearing-betsy-devos-gold-medal-insensitivity-senator-dick-durbin-today/

58. Codinome para o helicóptero que transporta o presidente dos EUA. (N. E.)

59. GREEN, Erica; HABERMAN, Maggie. After Trump Casts Blame for a Special Olympics Cut, Betsy DeVos Flashes Pique. New York Times. Nova York, 29 mar. 2019. Disponível em: https://www.nytimes.com/2019/03/29/us/politics/trump-betsy-devos--special-olympics.html.

comum e não era um membro de gabinete comum. Quando os indicados de Trump se apresentaram diante do Comitê HELP, parecia que os membros democratas ainda estavam chateados por não terem conseguido impedir a minha indicação. Eles fizeram tudo que podiam para debater, atrasar e prolongar o processo de confirmação dos meus indicados. A desorganização e paranoia da nova equipe da Casa Branca não ajudou.

Apesar da falta de atenção a outros detalhes, os responsáveis pela contratação de funcionários na Casa Branca de Trump eram minuciosos ao vetar possíveis contratados por críticas passadas ao presidente. Eles verificavam cuidadosamente todos os aspectos da vida pública de um indicado: discursos, artigos e até postagens de anos anteriores nas redes sociais. Nate Bailey, que depois se tornou meu diretor de comunicações e, após isso, meu chefe de equipe, deixou os responsáveis pela contratação desconfiados por causa de um artigo de opinião que publicou em 2015, lamentando o que chamou de eleitorado *"reality show"*. Ele criticou o processo político, afirmando que estávamos mais preocupados com *performance* do que com resultados. A Casa Branca viu o artigo de opinião como uma crítica ao presidente. No final, Nate foi contratado, mas foi necessária uma conversa com Reince Preibus, o chefe de equipe da Casa Branca, para mantê-lo na minha equipe.

Não foi a última vez que discuti com o setor de pessoal da Casa Branca. Mais tarde no mandato, o presidente deixou seu antigo assistente de viagem, Johnny McEntee, na época com vinte e nove anos, responsável pela contratação e demissão de mais de 4 mil indicados políticos da Casa Branca e dos gabinetes.

Por várias vezes, McEntee ou o seu vice tentaram nos forçar a contratar fiéis políticos sem qualificações para trabalharem no Departamento de Educação em cargos que não queríamos e nem precisávamos que fossem ocupados. Um deles foi uma mulher que fora demitida do Departamento do Interior no início do mandato por espalhar teorias conspiracionistas e fazer comentários extremistas nas redes sociais. Outros não tinham experiência relevante (por exemplo, um advogado de direito imobiliário comercial ou um atendente de loja de Nova York). Além disso, nos últimos meses da administração, ele e seus aliados tentaram o que apenas pode ser descrito como um expurgo a funcionários que consideravam ser insuficientemente leais ao presidente. Em um momento, o vice de McEntee me deu três cartas de demissão pré-escritas para três dos meus funcionários mais qualificados e confiáveis e disse que eles tinham que ser demitidos. Discordei de maneira veemente. Eles ficaram.

Entretanto, o obstáculo mais grave à formação da minha equipe veio dos democratas do Senado, que pareciam determinados a reproduzir o meu processo de confirmação com cada indicado para cargos importantes na área de educação que se apresentava diante do Senado.

Uma das primeiras escolhas que fiz para a minha equipe sênior foi um reformador experiente chamado Jim Blew. Ele tinha décadas de experiência com inovação em educação. Sua confirmação deveria ter sido quase imediata. Ele fora democrata durante a maior parte de sua vida e trabalhara com os senadores democratas Cory Booker, de Nova Jersey, e Michael Bennet, do Colorado. No entanto, para os democratas do comitê, Jim tinha um defeito enorme: ele defendia a escolha escolar. Eles se opuseram ferozmente à sua indicação e prolongaram a sua confirmação. Os republicanos do comitê não ajudaram muito. Demorou mais de dez meses para que Jim recebesse um voto em todo o Senado. Em julho de 2018, sua indicação foi aprovada sem o apoio de um único democrata, nem mesmo os senadores Booker e Bennet.

Os democratas do Congresso se esforçaram até para impedir a contratação de funcionários que não precisavam da confirmação do Senado. Em fevereiro, escolhi como meu assistente especial um veterano do Departamento de Educação de George W. Bush chamado Bob Eitel. Ele tem um conhecimento admirável da lei educacional – principalmente de questões legais do ensino superior – e estava disposto a enfrentar o *establishment* quando necessário. Era o advogado que eu queria do meu lado enquanto travávamos batalhas legais contra as forças do *status quo*.

Quando o contratei, ele trabalhava para uma empresa que possuía e administrava muitas faculdades com fins lucrativos (um cargo que ele ocupava há poucos anos e que foi seu primeiro trabalho no setor de educação com fins lucrativos em sua carreira de trinta anos). Isso o colocou na mira dos democratas do Comitê HELP, que estavam travando uma batalha de longo prazo contra faculdades desse tipo como parte do seu objetivo maior de ensino superior "gratuito". Eles tinham um grande desprezo por instituições com fins lucrativos, pois as viam como exploradoras e não confiáveis. É verdade que algumas delas, bem como algumas escolas sem fins lucrativos, fizeram promessas aos estudantes que não puderam cumprir depois da graduação. Um antigo contratante de Bob havia concordado em reembolsar estudantes que foram supostamente enganados pelas condições dos seus empréstimos.

Eu não escolhi um lado nessa luta. Não era a favor nem contra educação com fins lucrativos. Penso que transparência e honestidade são as coisas mais importantes para solucionar a crise da dívida estudantil. Primeiro, era necessária mais transparência em relação ao que um determinado diploma de uma determinada faculdade irá proporcionar ao estudante. Antes de alguém se matricular em uma instituição de ensino e decidir seu campo de estudo, deve ter total conhecimento de como os formandos desse campo estão empregados e quanto estão ganhando. Se as faculdades não derem essa informação ou mentirem, devem ser penalizadas. Mas se organizar como uma instituição com fins lucrativos não é um crime e o governo não deve tratar como tal.

Em segundo lugar, defendi, juntamente com o presidente Trump, que estudantes tinham que ter mais entendimento do motivo pelo qual deviam frequentar a faculdade. Para muitos jovens, um curso de quatro anos não é um investimento inteligente. Eles podem se adaptar melhor e até ganhar mais se escolherem um curso técnico mais breve ou outros caminhos da educação.

Senadores de esquerda pensavam o contrário. Eles escreveram uma carta para mim que falava sobre suas "preocupações" em relação à contratação de Bob e, ao mesmo tempo, a divulgaram para a imprensa. No mesmo dia em que a carta chegou, o *New York Times* publicou uma reportagem na primeira página sobre Bob – bem ao lado de uma notícia de que a Coreia do Norte havia lançado outro míssil balístico contra o Ocidente. Parece que eles achavam que as duas notícias tinham a mesma importância.

Bob estava preparado. Ele havia conversado com conselheiros de ética em educação antes de aceitar o trabalho. Comprometeu-se a se recusar a trabalhar em qualquer coisa que impactaria seu antigo empregador. Mas os senadores que escreveram a carta achavam que o fato de Bob ter trabalhado no setor com fins lucrativos o desqualificava. Sua *jihad* filosófica provocou uma investigação da contratação de Bob pelo inspetor geral do Departamento de Educação. Até abril de 2020, não haviam sido encontradas irregularidades. Foi uma tentativa de assassinato político. Graças a Deus falhou.

Graças, em parte, a alegações infundadas e a conspirações políticas como aquelas contra Bob, eu não tinha uma equipe sênior formada depois de mais de um ano em que me tornei secretária. O Departamento de Educação estava atrás de todos os outros gabinetes federais no número de indicados confirmados pelo Senado na primavera de 2018.

Nós finalmente conseguimos formar uma equipe admirável. Além de Nate, Dougie, Jim e Bob, conseguimos montar um grupo inigualável de reformadores educacionais. Mick Zais, ex-diretor das escolas da Carolina do Sul e general da brigada do Exército aposentado, se tornou vice-secretário de educação. Ebony Lee, o meu vice-chefe de equipe de políticas, supervisionando nossa agenda para os ensinos fundamental e médio. O veterano de Washington Jim Manning supervisionava o ensino superior e depois o Auxílio Estudantil Federal. Diane Jones, aluna da administração Bush, liderou nosso esforço bem-sucedido de reformar o processo de credenciamento do ensino superior, tendo trabalhado anteriormente em todos os setores desse ensino. Bob King, que havia administrado sistemas de ensino superior em Nova York e Kentucky, se uniu a nós para fazer com que o resto da nossa agenda para esse ensino avançasse, melhorando principalmente nossa concessão de subsídios. Dois homens que foram fundamentais em ajudar Jeb Bush na transformação das escolas de ensino fundamental e médio da Flórida, Frank Brogan e Carlos Muñiz, se juntaram a nós. Candice Jackson atuou como nossa secretária assistente pelos direitos civis até que Ken Marcus, que ocupou o cargo de 2003 a 2004, foi confirmado novamente. Kim Richey e Johnny Collett deram suporte aos alunos com deficiências. Steven Menashi comandou o Gabinete do Conselho Geral até ser indicado para a Corte de Apelações dos EUA; Reed Rubistein assumiu depois, liderando um esforço crucial para expor a influência de doações estrangeiras a instituições educacionais. O veterano de carreira e educação técnica, Scott Stump, trouxe sua *expertise* para nossos esforços a fim de diversificar as opções de ensino superior para os americanos. Assistente de longa data do Capitólio, Peter Oppenheim era nossa ligação com o Congresso. O educador José Viana supervisionava nosso Gabinete de Aquisição da Língua Inglesa. A veterana do Capitólio e de noticiários de TV, Liz Hill, comandou nosso gabinete de comunicações.

Também houve membros extraordinários da equipe de carreira que eram verdadeiros servidores públicos e ficaram lado a lado com a nossa equipe política. Phil Rosenfelt – que trabalhava na política de educação federal desde antes de Jimmy Carter criar o Departamento de Educação – foi um dos melhores advogados que tivemos. Eu também decidi promover Denise Carter e Jason Gray a papéis de secretários adjuntos, em vez de introduzir novas figuras políticas em seus respectivos departamentos. Não havia razão para trazer mais pessoas, a custo de mais dinheiro de contribuintes, quando a equipe que já trabalhava lá era mais do que capaz de realizar o trabalho.

Juntos, todos eles lideraram habilmente equipes que foram para o campo de batalha todos os dias a fim de melhorar as opções e os resultados dos alunos americanos.

⸎⸎⸎⸎

A primeira grande questão política com a qual tive que lidar como secretária de educação estava – para o meu pesar – no centro da guerra cultural. Eu sou conservadora, mas, quando se trata de questões de raça e gênero, sou uma guerreira cultural relutante. Minha defesa fervorosa da escolha escolar sempre foi motivada, em grande parte, pela negligência do nosso sistema educacional com estudantes pobres, principalmente de minorias. Na prática, isso significava unir uma coalizão instável de defensores das crianças pobres das cidades, educadores religiosos e moradores brancos de subúrbios que, no geral, estão felizes com suas escolas públicas. Desestabilizar esse equilíbrio sensível é algo que eu sempre tentei evitar.

Depois do pesadelo que vivi no processo de confirmação, a última coisa que eu queria era outra polêmica nacional. Estava focada no meu maior objetivo – a transformação do nosso sistema educacional. Eu queria que o Congresso e o público americano entendessem o que a liberdade educacional significa de verdade – que significa mais do que uma escolha de edifícios diferentes. Ela é, na verdade, um menu infinito de escolhas de formas e lugares para aprender. Eu queria usar o meu tempo para conversar com aliados em potencial no Congresso e nos estados. Eu não era inocente e sabia que teria que lidar com muitos opositores da liberdade educacional. Havia bastante trabalho a fazer. Por isso, eu não queria que a minha primeira grande ação como secretária tivesse relação com uma questão tão sensível e polêmica como a política de gênero. Mas o procurador-geral Jeff Sessions tinha outros planos.

Primeiro, deixe-me contextualizar. Minha fé ensina que cada homem e mulher foi criado como um ser único digno de amor e respeito. Eu sempre acreditei que, em um país livre, multicultural, multirreligioso e multiétnico como os Estados Unidos, a melhor forma de conviver é lidar uns com os outros como seres humanos parceiros e com valor inato. Se nos respeitarmos e honrarmos, podemos viver juntos sem as exigências uniformes de Washington. Família por família, comunidade por comunidade e escola por escola, podemos encontrar as soluções certas para as pessoas envolvidas.

Trago um exemplo. Em meados dos anos 1990, quando ainda atuava como presidente do Partido Republicano em Michigan, tínhamos um grupo de funcionários pagos para fazer ligações e arrecadar dinheiro. Eles "discavam por dólares". Um deles estava no processo de transição de gênero, de homem para mulher. Parte da equipe, em sua maioria composta por mulheres, não queria que essa pessoa usasse o banheiro feminino. Eu sabia que podíamos encontrar uma solução. O que me guiou foi a crença de que, independentemente da forma como resolveríamos a situação, deveríamos respeitar a dignidade de *todas* as pessoas envolvidas. E fizemos isso. Todos foram permitidos de usar o banheiro, mas uma placa indicava quando estava ocupado, transformando-o em um sanitário de ocupação única. Qualquer pessoa poderia colocar essa placa enquanto estivesse lá dentro. Todos foram acomodados. Todos foram respeitados. Nenhum advogado foi necessário.

Nos últimos meses da administração Obama, o Departamento de Educação orientou que todas as escolas americanas tratassem da questão de alunos transgêneros e banheiros de uma forma bem diferente. Notificou, através de uma carta, as escolas de todo o país de que, a partir daquele momento, estudantes transgêneros deveriam poder usar os banheiros que estivessem de acordo com sua identidade de gênero e não seu sexo biológico. Observe: a administração apenas enviou uma *carta* – uma carta ameaçadora que alterava profundamente o funcionamento de todas as escolas dos Estados Unidos. Nada que parecesse remotamente uma nova regulamentação, muito menos uma lei. A carta foi escrita por Catherine Lhamon, que, na época, era a chefe do Gabinete de Direitos Civis (OCR)[60] do Departamento de Educação de Obama. Mais tarde, Lhamon foi a escolha do presidente Biden para comandar o OCR e sua confirmação foi realizada não por um, mas por dois votos de desempate da vice-presidente Kamala Harris.

A carta de Obama mencionou o Título IX, lei que proíbe discriminação baseada em sexo em qualquer atividade educacional financiada pelo governo federal. Essa é a norma escrita no Título IX – "discriminação *baseada em sexo*". Quando a lei foi sancionada em 1972, "sexo" certamente significava sexo biológico. Não tenho certeza se, quase cinquenta anos depois, isso é conclusivo. Independentemente, se a administração Obama queria que o Título IX englobasse a identidade de gênero, teria que fazer *lobby* no Congresso para mudar a lei. Mas eles não fizeram. Em vez disso, enviaram uma carta que reescreveu o Título IX para definir "sexo" como sinônimo de "identidade de gênero". Não foi a primeira vez em que burocratas não eleitos e não responsabilizáveis do Gabinete de Direitos Civis acharam que tinham direito de mudar o significado do Título IX, e não seria a última.

Assim que me tornei secretária, houve muita pressão – com razão – para que eu desfizesse o que Obama havia feito. A carta de Lhamon

---

60. Office for Civil Rights (OCR). (N. E.)

e Obama havia sido enviada em conjunto com os Departamentos de Educação e de Justiça em 2016. Para que fosse revogada pela administração Trump, ambos os departamentos teriam que agir juntos.

O procurador-geral Jeff Sessions estava ansioso para revogar imediatamente a diretriz de Obama desde o início. Eu concordava totalmente com ele em que a carta precisava ser rescindida. Em maio de 2018, os pais de uma menina de cinco anos da Geórgia fizeram uma denúncia no OCR alegando que a garota havia sido assediada no banheiro da sua escola por um garoto que se identificava como "gênero fluido". A denúncia afirmava que a política do distrito escolar de permitir que alunos transgêneros usassem o banheiro de sua escolha possibilitou o assédio. Essa era uma preocupação legítima dos pais. A imposição federal de que todos os banheiros escolares estivessem abertos para ambos os sexos ameaçava a privacidade e a segurança de todas as crianças.

Eu acreditava que escolas e distritos estavam em uma posição melhor para administrar seus banheiros de uma forma que garantisse que todos os alunos estivessem seguros. Havia exemplos dessa abordagem funcionando em todo o país. Mas eu discordava do procurador-geral sobre qual era o melhor caminho para o sucesso. Pensava que deveríamos usar nosso tempo para educar o público em relação ao que estávamos fazendo e por quê. Eu não sou advogada, mas sei que é difícil ganhar um caso sem expor suas razões; vi isso muitas vezes. Quando não fundamentamos uma medida controversa como essa, a imprensa entra no jogo com sua própria lógica. Para a administração Trump, isso significava que a anulação da política de banheiros para transgêneros de Obama seria atribuída aos piores motivos possíveis. Ela seria apresentada como um ato de intolerância em vez de uma tentativa de dar poder às escolas para gerirem quaisquer situações que surgissem.

O procurador-geral e eu debatemos muito acerca de quando anular a carta. Tivemos discussões bem intensas. Ele e sua equipe queriam que nós realizássemos a medida imediatamente – arrancar o curativo de uma vez só. Sim, teríamos alguns dias de cobertura midiática ruim, mas eles diziam que depois disso as pessoas logo esqueceriam o caso.

Entretanto, eu tinha muita experiência em batalhas contra o *establishment* educacional. Sabia que ativistas transgêneros não se "esqueceriam" da mudança abrupta da diretriz federal que tanto valorizavam. Eles fariam com que isso se tornasse um problema – um grande problema –, e tínhamos que preparar os americanos para isso.

Por fim, Sessions e eu fomos ao Salão Oval para debater a decisão em frente ao presidente. O procurador-geral defendeu a anulação da diretriz de Obama. Eu não discordava, mas minhas ressalvas eram práticas.

Eu disse ao presidente que precisávamos de tempo para explicar ao público algo que pouquíssimas pessoas entendiam sobre o Título IX: que a administração de Obama havia abusado de sua autoridade ao substituir o termo "sexo" (que claramente referia-se ao sexo biológico) pelo conceito de identidade de gênero, que estava sempre em evolução. Defendi que precisávamos abordar a questão focando no que é melhor para as crianças. Esses assuntos são pessoais e sensíveis. Eles não devem ser decididos por burocratas de Washington. Se um presidente quisesse mudar a lei, ele ou ela deveria pedir isso ao Congresso. Deixei isso bem claro na época[61]. As diretrizes de Washington podem ser passageiras. Moldar a opinião pública, apesar de exigir mais tempo e esforço, tem um impacto mais duradouro.

Quando deixei a reunião, acreditava que havíamos ganhado tempo. Poucos dias depois, em 22 de fevereiro, eu estava em uma reunião com a equipe sênior quando meu assistente disse que a Casa Branca estava ligando. Saí da reunião para atender a ligação e descobri que a decisão de anular a ordem de Obama havia sido tomada. O presidente Trump concordou com o procurador-geral Sessions. Apesar das acusações dos grupos que me atacaram, não era assim que eu queria começar meu trabalho em Washington.

No dia seguinte, na Conferência de Ação Política Conservadora anual, aproveitei a oportunidade para explicar meu lado para um público que pensava da mesma forma que eu.

---

61. LLOYD, Alice. DeVos Calls on Congress to Clarify Title IX. Weekly Standard. Washington, 13 jul. 2017

"A imprensa está se divertindo comigo, mas tudo bem", eu disse. "Meu trabalho aqui em Washington não é vencer uma disputa de popularidade com a mídia ou o *establishment* educacional. Meu trabalho como secretária de educação é fazer com que a educação seja boa para os alunos".

Foi um eufemismo, mas eu estava falando sério. Eu era um membro do gabinete do presidente e estava preparada para executar suas políticas, para receber ataques da imprensa e até para ser motivo das piadas de comediantes a fim de realizar meu trabalho.

❧❧❧❧❧❧

O que é menos conhecido são as extrapolações e ideias ruins que *impedimos* de acontecerem. Stephen Miller, guru político do presidente Trump, convocou Nate e Ebony, integrantes da minha equipe, para um debate na Casa Branca. Depois de não conseguirem fazer com que passassem pelos seguranças, os assistentes de Miller os levaram para um restaurante próximo (Cosi, para quem conhece a região) onde eles poderiam conversar.

Em meio aos ruídos de clientes bebendo lattes e mastigando saladas, os assistentes de Miller descreveram um plano para colocar agentes do Serviço de Imigração e Controle Aduaneiro dos EUA em escolas sob o pretexto de identificar membros da gangue MS-13[62]. O plano era que, enquanto os agentes verificavam a situação da cidadania dos alunos com o suposto objetivo de identificar membros de gangues, eles poderiam identificar aqueles que não estavam documentados e deportá-los. Isso não era apenas terrível, mas também claramente ilegal. Nate e Ebony se recusaram, mas isso não impediu que Miller me ligasse depois para saber o que eu pensava da ideia. Era o mesmo que Nate e Ebony: não. *Simplesmente não.*

---

62. Mara Salvatrucha (MS-13) é uma gangue criminosa que nasceu em Los Angeles, Califórnia, na década de 1980, com o objetivo inicial de proteger imigrantes salvadorenhos dos ataques de outras gangues do lugar. (N. E.)

Devo reconhecer que o presidente Trump viu a importância de ajudar faculdades e universidades historicamente negras[63] (HBCUs)[64] quase que imediatamente em seu mandato. O presidente Obama as ignorara. Para Trump, demonstrar o apoio da administração federal era uma forma de agradar aos afro-americanos. Não foi apenas uma boa política, mas bom para a sua política.

No fim de fevereiro, na noite antes de o presidente Trump emitir uma ordem executiva para dar mais prioridade federal às HBCUs, eu publiquei uma declaração que expressava minha admiração a essas instituições, destacando que surgiram a partir da falta de oportunidade e acesso de americanos negros ao ensino superior. Os afro-americanos "assumiram a responsabilidade de fornecer uma solução". Nesse sentido, eu disse que as "HBCUs são pioneiras da escolha escolar".

Meus opositores começaram a atacar. Eles me acusaram de ignorar a vergonhosa história de segregação racial que fez com que as HBCUs fossem necessárias. Reconheço que a maneira com a qual a declaração foi escrita possibilitou essa interpretação. Eu deveria ter explicado minha visão de forma diferente. No dia seguinte, em uma reunião com presidentes das HBCUs na Casa Branca, dei um esclarecimento necessário.

"Sua história nasceu não por mera escolha, mas por necessidade devido ao racismo e às consequências da Guerra Civil", disse aos presidentes. A oportunidade de os afro-americanos terem acesso ao ensino superior sempre foi negada, então eles criaram sua própria oportunidade. A razão pela qual essas instituições precisaram ser estabelecidas é imperdoável, mas a garra e a determinação dessa comunidade para educar seus filhos diante da segregação foi admirável.

Dois meses depois, quando anunciamos que a Universidade Bethune-Cookman, uma universidade historicamente negra em Daytona Beach, Flórida, havia me convidado para dar seu discurso de formatura em maio, os mesmos críticos ficaram indignados novamente.

---

63. Instituições de ensino superior que foram fundadas durante a segregação e tinham a intenção de servirem, principalmente, às comunidades afro-americanas. (N. T.)
64. Historically black colleges and universities (HBCUs). (N. E.)

Eles disseram que, ao me convidarem, a Universidade havia "vendido sua alma por um cheque"[65].

Foi uma vergonha eles acharem adequado denegrir a Bethune-Cookman apenas para me atacarem. A universidade foi fundada pela Dra. Mary McLeod Bethune, uma defensora destemida da educação para as crianças afro-americanas. Ela continuou sendo um farol para as HBCUs. Em Orlando, eu tinha amigos próximos que estavam em um grupo de estudo bíblico há anos com pessoas da Bethune-Cookman. Eles sabiam que eu trabalhava há mais de três décadas para dar às crianças afro-americanas pobres acesso a escolas de qualidade. Eles sabiam que essa era uma causa especial para mim, por isso fui convidada para o discurso de formatura.

Quando fiz o discurso, em 10 de maio, os alunos da Bethune-Cookman haviam experimentado semanas de agitação da imprensa e de ativistas sobre a minha presença na Universidade. Sentada no palanque antes de a cerimônia começar, vi pessoas indo e voltando dos corredores em meio aos formandos, acenando e gesticulando, como se estivessem coreografando suas ações. Não fiquei surpreendida com o que aconteceu depois, mas profundamente triste. As vaias começaram assim que abri a boca para falar. Mais de metade dos formandos ficou de pé e virou de costas para mim. Tive que gritar para ser ouvida em meio ao barulho.

"Toda vez que conhecemos uma pessoa nova, temos duas opções", gritei. "Podemos focar em diferenças que nos dividem ou escolher ouvir, ser receptivos e aprender com as experiências e perspectivas do outro. Na minha vida, me esforcei para adotar a última opção".

A administração e os docentes da Bethune-Cookman foram calorosos e receptivos, e pude perceber o constrangimento em seus rostos enquanto a multidão continuava a me provocar. Em um momento, Dr. Edison O. Jackson, presidente da universidade, pegou o microfone

---

65. BAKEMAN, Jessica. After Calling Black Colleges School Choice "Pioneers", DeVos to Speak at Bethune-Cookman Graduation. Politico. 30 abr. 2017. Disponível em: https://www.politico.com/states/florida/story/2017/04/30/after-controversial-comments-on-black-colleges-betsy-devos-to-speak-at-bethune-cookman-graduation-111664.

e advertiu que seria forçado a enviar os diplomas aos formandos por correspondência se continuassem com aquele comportamento. A multidão não desistiu, mas eu segui com meu discurso. Eu tinha uma mensagem a transmitir a esses alunos, uma mensagem que estava lutando para passar desde que chamei, inapropriadamente, as HBCUs de "pioneiras" da escolha escolar. Esses alunos estavam se formando em uma instituição singular, cuja criação desafiava todas as probabilidades, mas cujo propósito era permitir a dádiva da educação a todos que a buscavam. Tínhamos muito trabalho a fazer para que o sistema educacional básico americano cumprisse a promessa de oportunidade e excelência inerente à Universidade Bethune-Cookman. E eu dediquei toda a minha vida para tentar alcançar esse objetivo.

"Os Estados Unidos são um país bom demais para que se neguem oportunidades iguais para todas as crianças", eu disse, enquanto as zombarias continuaram.

Foi uma experiência difícil, para dizer o mínimo. Mas fico feliz por ter ido e grata por ter tido a oportunidade de transmitir a minha mensagem. Uma pessoa disse que, se tivessem enviado uma cópia do meu discurso sem revelar quem o escreveu, todos o veriam como uma homenagem muito apropriada aos formandos da Universidade Bethune-Cookman. Teria sido um experimento interessante[66].

Apesar do frequente caos criado dentro da Casa Branca por pessoas como Omarosa Manigault Newman, a celebridade de *reality show* que se tornou conselheira do presidente em diversas questões, inclusive quanto às HBCUs, Trump foi, de fato, um defensor das faculdades historicamente negras[67]. Ele reestabeleceu mais de 250 milhões de dólares em financiamentos e reconstituiu o Conselho de

---

66. Se você quiser ler, o texto do discurso está disponível aqui: https://time.com/4774574/betsy-devos-bethune-cookman-university-commencement-2017-speech-read/.

67. Quando trabalhou na Casa Branca, Omarosa sempre fazia tudo ser mais difícil. Inexplicavelmente, ela se via como uma especialista na educação. Em mais de uma ocasião, Omarosa se inseriu em políticas ou eventos. Nesse caso, ela se convidou para a viagem à Bethune-Cookman apesar de não ter nada para fazer lá. Ela até se intrometeu na fila de recepção de diplomas, subindo no palco para apertar as mãos dos estudantes. Os diretores da Bethune-Cookman tiveram que retirá-la do lugar.

Consultores do Presidente sobre Faculdades e Universidades Historicamente Negras. Nós eliminamos as regulamentações e políticas que restringiam, ilegalmente, o direito de Primeira Emenda das instituições de professar sua fé. Eu tive reuniões trimestrais com a liderança da rede das HBCUs e até intervi para proporcionar anulação de dívida para quatro HBCUs que ainda estavam tentando se recuperar doze anos depois de terem sido atingidas pelo furacão Katrina em 2005.

Infelizmente, essa história – como outras coisas que realizamos – foi ofuscada por erros e declarações impulsivas da Casa Branca. Por exemplo, todo ano, o Departamento de Educação realiza uma conferência de uma semana para universidades e faculdades historicamente negras em Washington. É a oportunidade mais importante para o presidente e sua administração demonstrarem seu apoio às HBCUs.

Em 2017, a conferência foi programada para acontecer um mês após uma mulher ter sido morta durante uma manifestação supremacista em Charlottesville, Virgínia. Após o protesto, dois policiais estaduais de Virgínia morreram quando o helicóptero que estavam usando para monitorar as multidões caiu. O presidente Trump disse, infamemente, que havia "pessoas boas em ambos os lados" do protesto. Em seguida, cancelamos a conferência e, por isso, perdemos uma oportunidade importante de demonstrar o apoio do presidente e de sua administração às HBCUs.

Foi a primeira vez em que me perguntei se podia continuar trabalhando na administração de Trump e compartilhei meus sentimentos com o Departamento de Educação em uma carta:

> Equipe,
>
> Escrevo hoje com um profundo pesar pelo nosso país. Enquanto deveríamos estar nos preparando e celebrando os retornos dos alunos aos campi de universidades, estamos envolvidos em uma discussão nacional que provocou conversas feias e cheias de ódio e reabriu feridas doloridas oriundas de partes vergonhosas da história da nossa nação.
>
> Há medo, dor, raiva, decepção, desalento e constrangimento em todos os Estados Unidos, e sei que esses sentimentos também estão presentes aqui, dentro do Departamento.

Os eventos trágicos e inimagináveis do final de semana passado em Charlottesville, que deram fim a três vidas inocentes e feriram muitas outras, foram totalmente inaceitáveis. As visões de nacionalistas brancos, neonazistas e outros intolerantes racistas são totalmente abomináveis, contrárias ao ideal americano. Todos nós temos o papel de rejeitar ideias que coloquem um grupo contra o outro. Tais ideias são covardes, odiosas e erradas.

É isso que torna nosso trabalho tão importante. Nosso Departamento, e principalmente o Gabinete de Direitos Civis, existe para garantir que todos os estudantes tenham acesso igual a um ambiente de aprendizado seguro, estimulante, de qualidade e sem qualquer tipo de discriminação ou intimidação.

Nossa própria difícil história nos lembra que devemos confrontar problemas de frente com clareza moral e convicção quando e onde eles estiverem. Nossa nação é melhor do que tem se mostrado nos últimos dias.

Violência e ódio nunca serão a resposta. Precisamos nos envolver, debater e educar. Temos que nos lembrar de tudo que significa ser americano, e, apesar de estarmos longe da perfeição, nunca devemos perder de vista que os EUA ainda são a maior referência de liberdade do mundo.

Minha esperança é que usemos isso como uma oportunidade de mostrar que o que une os Estados Unidos é muito mais forte do que o que busca nos dividir e afastar. Todos nós podemos desempenhar um papel. Seja sendo o mentor de um aluno. Seja sendo o voluntário de uma escola. Seja oferecendo uma mão amiga e um ouvido para escutar.

Nosso trabalho é a ponte para um futuro mais forte. Vamos nos comprometer novamente a garantir que o futuro seja bom para todos.

Depois de sobreviver aos meus primeiros meses em Washington – à imprensa hostil, à burocracia colossal, ao Congresso disfuncional e a uma Casa Branca indisciplinada –, eu estava ansiosa para sair de Washington e apresentar aos meus companheiros americanos o mundo de opções que eles têm quando professores são livres para ensinar e famílias são livres para escolher.

CAPÍTULO 5

AS ESCOLAS DO FUTURO ESTÃO AQUI E AGORA

A mídia local divulgou muitas manchetes especulando por que a secretária de educação dos EUA estava visitando uma pequena escola particular de ensino médio na Cidade do Kansas, Missouri. A estação da Rádio Pública Local advertiu: "Uma pequena escola particular da Cidade do Kansas está se perguntando se Betsy DeVos sabe onde está se metendo".

"Quem é Betsy DeVos e por que ela está visitando uma escola de esquerda como a Academia da Cidade do Kansas?", perguntou um jornal semanal local.

O *Kansas City Star* repetiu o que um estudante falou em sua manchete: "Por que nós?"

Não era surpresa que havia uma tensão palpável no ar quando fomos para a Academia da Cidade do Kansas em setembro de 2017. Os manifestantes do lado de fora eram mais numerosos do que os alunos lá dentro. Pessoas se alinharam a dois quarteirões de distância segurando placas acusatórias de todos os tipos. Uma mulher, que parecia não entender a ironia de sua declaração enquanto estava em frente a uma escola particular, segurava uma placa escrita à mão que dizia "Escolha escolar é discriminação".

Geralmente, secretários de educação fazem um *tour* de volta às aulas quando elas começam no outono. Eles alugam um ônibus, decoram seu exterior com o tema da política que estão promovendo e percorrem o país fazendo coletivas de imprensa. Durante a administração Bush, a política que Margaret Spellings promoveu foi a lei Nenhuma Criança Deixada para Trás. Para Arne Duncan, da administração Obama, no início, foi a Corrida para o Topo, um programa de competição de bolsas que visava a incentivar os distritos escolares a inovarem. Quando esse programa provou ser inaceitável para o *establishment*, Duncan se limitou a viajar pelo país promovendo o *status quo* da educação, com uma pequena mudança aqui e ali[68].

Quando viajei pelo país como secretária, fiz isso como uma representante das crianças e de seus futuros. Por isso, no meu primeiro outono, decidimos fazer as coisas de maneira diferente. Não fizemos um *tour* de "volta às aulas", fizemos um *tour* de "repense as aulas".

Fazer coisas inovadoras que focavam em aprimorar o sucesso dos alunos foi o primeiro critério para decidir qual escola visitar. Eu fui para instituições públicas e privadas que estavam pensando e agindo fora da caixa, atraindo crianças que queriam ou precisavam de outra coisa além da escola tradicional. Eu queria apresentá-las às famílias americanas para mostrar que os benefícios da liberdade educacional não são teóricos, mas tangíveis. Quando o rigor acadêmico é combinado com mais opções para os pais, mais foco nos estudantes e mais liberdade para os professores, a educação é transformada. Os alunos são transformados. Está acontecendo neste momento, só não está acontecendo em lugares suficientes para alunos suficientes.

A Academia da Cidade do Kansas foi uma das escolas mais singulares que eu visitei, o tipo de ambiente escolar que eu amava ver. Todas as formas de arte – visual, aplicada, cênica, culinária – eram integradas à academia, com aprendizado prático que incentiva a criatividade e a curiosidade inatas. Os alunos aprendem a pensar criticamente e a assumirem riscos dentro de uma comunidade unida. O prédio da escola era uma estrutura de tijolos vermelhos com escadas de madeira que rangem; e me lembrou da escola secundária que frequentei.

---

68. Havia boas razões para crer que Duncan estava ansioso para entender o que seria necessário para melhorar as escolas. Ele havia cofundado uma escola *charter* no início de sua carreira (assim como John King, o sucessor de Duncan e meu antecessor). Foi uma vergonha os sindicatos fazerem exigências sem escrúpulos, inclusive pedir para Duncan renunciar, forçando ambos a abandonar suas raízes reformistas.

Havia alguns estudantes gays e transgêneros na academia, além de muitas escolhas de roupas, cabelos, tatuagens e *piercings* expressivos. No entanto, ao contrário do que a mídia estava dizendo, nada disso me surpreendeu e nem achei desagradável. Esse é o propósito da escola. As famílias a haviam escolhido porque seus filhos estavam desmotivados nas públicas designadas, ou porque não se encaixavam, ou porque buscavam uma experiência diferente. Os pais escolhiam a Academia da Cidade do Kansas porque seu filho ou filha era um artista ou um *chef* florescendo. Ou porque estavam procurando um ambiente de estímulo à imaginação e à criatividade de seus filhos, em vez de reprimi-los e fazer com que se tornassem submissos.

Estavam lá porque *escolheram* estar lá, e por isso escolhi essa escola pequena, particular e de esquerda no meio dos Estados Unidos.

⁂

Depois do desastre na escola Jefferson, em Washington, na minha primeira visita escolar, os sindicatos e os suspeitos habituais fingiram que as coisas seriam diferentes no futuro. O secretário da educação de Obama, Arne Duncan, tuitou: "Concorde ou discorde de @BetsyDeVos em qualquer questão, mas vamos concordar que ela precisa ir para escolas públicas. Por favor, deixem-na entrar".

Quando eu voltei para o Departamento de Educação depois da visita na Jefferson, havia uma enxurrada de ligações e mensagens do meu irmão, Erik. Ele estava furioso. Ele entende bastante de segurança, e achou que a proteção que tive na Jefferson foi completamente inadequada. Ele é um irmão muito protetor, mas eu concordava, assim como outras pessoas. Os agentes de segurança do departamento que foram comigo eram bem-intencionados, mas inocentes. Eles cometeram erros crassos. Não isolaram uma rota para a escola com antecedência. Permitiram que a multidão me cercasse e me impedisse fisicamente de entrar na escola, me empurrando e agredindo um policial. Todos pareciam concordar que eu precisava de uma proteção melhor. A pergunta era: de onde ela viria?

Apesar do susto na Jefferson, eu estava muito relutante em aceitar uma parede de seguranças entre mim e os estudantes, pais e professores que visitava. No final de semana seguinte à visita, o chefe da minha equipe, Josh Venable, conversou com o chefe da equipe da Casa Branca, Reince Piebus, sobre o que fazer. A pedido da Casa Branca, o Serviço Secreto fez o que chama de análise de ameaças. Eles revisaram os números, conteúdo e seriedade das pessoas que estavam me ameaçando através de ligações, cartas e redes sociais e chegaram à conclusão de que eu era uma das pessoas mais ameaçadas da administração. Os riscos à minha segurança eram reais, e agressores em potencial provavelmente se sentiram mais encorajados assistindo àquela cena infeliz no estacionamento da escola Jefferson.

Com o Serviço Secreto ampliando recursos para proteger a extensão da família Trump, decidiram que o U.S. Marshals era o mais preparado para proporcionar a segurança necessária para mim, 24 horas por dia. Quando voltei ao trabalho na segunda-feira, havia uma equipe de segurança bem diferente me acompanhando.

Daquele momento em diante, o U.S. Marshals realizava uma análise de ameaças trimestral e me apresentava. Enquanto isso, notificava sobre ameaças específicas que surgiam. Era muito preocupante ouvir o que eles descobriam nessas análises. As pessoas me ameaçaram de morte. Sequestro. Estupro. Tortura. Havia momentos em que me ameaçaram milhares de vezes – e tudo aumentou depois de eu começar a receber mais cobertura midiática. É claro que a maioria delas eram apenas da boca para fora. Mas havia cerca de uma dúzia de ameaças que o U.S. Marshals levava a sério e investigava, conversava com pessoas, as encontrava e até as prendia. Eles também monitoravam *stalkers* – pessoas que sempre apareciam nos meus eventos. Davam a mim e à minha equipe fotos para que pudéssemos reconhecê-los em meio à multidão.

Eu não escolheria viajar com uma comitiva do U.S. Marshals, mas sou grata a eles. Eu me aproximei de muitos desses homens e mulheres magníficos, e eles tornaram possível, literalmente, que eu e minha equipe fizéssemos nosso trabalho. Permitiram que eu me aventurasse além das comunidades "seguras" e apresentasse escolas em bairros que não seriam tão simpáticos se visitasse em outras circunstâncias. De vez em quando, um cão farejador de bombas enviado antecipadamente me lembrava disso.

Apesar dos sindicatos e Arne Duncan pedirem para que a oposição acalmasse seus ânimos, os manifestantes marcavam presença constante em minhas visitas escolares. No geral, eu os ignorava e mantinha meu foco no encontro com estudantes, professores e pais. No entanto, minha equipe percebeu como a hostilidade havia aumentado em meio à multidão de manifestantes quando visitamos a Academia da Cidade do Kansas, um número três vezes maior do que de alunos daquela academia. Evitei fazer contato visual com eles enquanto entrava na escola em meio à multidão de pessoas, algumas delas segurando crianças e gritando obscenidades para mim.

Dentro da escola, encontrei mais silêncio, embora ainda houvesse uma espécie da tensão fabricada no ar. Disseram aos estudantes que era o "Dia da Saúde Mental" e que eles não precisavam ir para a escola no dia da minha visita. Os que foram pareceram assustados e nervosos no início, como se tivessem ouvido que minha presença era uma ameaça e não uma oportunidade de mostrar as qualidades de sua escola.

Quando entrei lá, os alunos estavam em suas muitas aulas. Trabalhavam com cerâmica, *design* de moda e outros projetos de arte autodirigidos. Eu amo arte e amo ver estudantes engajados e aprendendo. Como resultado, tendo a perder a noção do tempo quando faço uma visita a essas escolas. A mesma coisa aconteceu na Academia da Cidade do Kansas, apesar do clima pesado. Conversei com os alunos sobre o que eles estavam fazendo e fiz uma tentativa na roda de cerâmica. Estava me divertindo. Minha equipe, por outro lado, parecia preocupada que a situação fugisse do controle a qualquer momento.

O diretor me mostrou a escola e me apresentou a vários alunos. Enquanto ele fazia isso, minha equipe notou que duas garotas sussurravam entre si de maneira conspiratória e tentavam se aproximar de mim. Os policiais da U.S. Marshals as notaram também. Quando vi, percebi que queriam me falar algo. Por isso, me aproximei delas e falei primeiro.

Uma menina estava vestindo uma roupa muito criativa. Eu costurei muito ao longo dos anos e amo *design* de moda, então perguntei: "Você desenhou a sua roupa? Eu amei!" Demos início a uma conversa divertida sobre costura e moda. Ela me falou sobre outros trabalhos que fez, e eu falei sobre as pessoas que conhecia no ramo. Em pouco tempo, o que planejavam para me confrontar foi esquecido. Elas me agradeceram pela conversa. Minha equipe ficou visivelmente aliviada.

Mais tarde conversei com uma turma de cidadania na Academia da Cidade do Kansas e respondi a perguntas dos alunos, algumas bem diretas. Ouvi, ouvi com seriedade e respondi de forma completa. Os estudantes gostaram disso. Acho que eles esperavam discordar de mim, mas viram que não podiam. Conversei com eles sobre um modelo de educação que permite que todo aluno encontre a forma de aprendizado mais adequada para si mesmo – exatamente o que eles estavam fazendo dentro da academia. Tenho certeza de que não convenci todos a pensarem da mesma maneira que eu, mas a visita acabou sendo maravilhosa.

Poucas semanas depois, recebi uma carta do diretor. Ele foi muito sincero. Admitiu que me via de forma negativa e era hostil às minhas ideias. Antes da minha visita, não pensara no fato de que comandava uma escola particular cujas famílias escolhiam porque tinham como pagar por ela. Minha visita fez com que ele pensasse nas famílias que queriam ter o mesmo tipo de escolha, mas não podiam arcar com isso. Disse que era de esquerda e, por isso, se sentia obrigado a ser reflexivamente pró-educação "pública", mas o tempo que passamos juntos o fez perceber que seu trabalho estava, na verdade, muito mais relacionado à minha visão de mundo. Foi uma carta corajosa e respeitosa. Gostei muito dela.

⁂

Meu primeiro *tour* da campanha "Repense as aulas" também me levou a Wyoming, Colorado, Nebraska e Indiana. Em Colorado Springs, na minha primeira experiência como secretária de educação em um *tour* de volta às aulas, nós fomos para um churrasco de pais e alunos que praticavam *homeschooling*. Nossa "visita escolar" memorável foi no quintal de uma casa de subúrbio. Dúzias de famílias que praticavam a educação domiciliar estavam presentes e compartilharam conosco seus pontos de vista sobre como e por que aquela forma era adequada para eles.

Em Casper, Wyoming, visitei um distrito escolar que está entre os mais singulares do país. É um distrito com 100% de escolha – basicamente, um sistema aberto do que são as chamadas escolas-ímã. Toda escola é diferente. Os pais escolhem o lugar que atende às necessidades individuais de seus filhos. O conceito é simples, mas revolucionário. Os pais têm escolha, o dinheiro segue o aluno e a comunidade local decide quais opções educacionais vai oferecer. Fui a uma escola primária totalmente administrada por professores, comandada por um conselho de pais e mestres. Não havia diretor. As diferenças entre as séries não eram bem definidas e os alunos iam de uma para outra livremente, conforme seus níveis de aprendizado.

Esse sistema de aprendizado personalizado para as crianças de Casper não foi estabelecido pelo governo. Ele se desenvolveu naturalmente para atender às necessidades únicas daquela comunidade específica. Eles tinham uma escola clássica, com base no latim; outra com imersão bilíngue – em uma metade do dia, os alunos aprendiam inglês e, na outra, mandarim –; uma administrada por alunos e focada em aprendizado individualizado; outra oferecia da pré-escola ao ensino médio com uma semana letiva menor para atender a crianças que moravam em ranchos e fazendas distantes.

Ao dar aos pais a oportunidade de escolherem, Casper mudou completamente o modelo tradicional de educação pública. Havia uma escola diferente para praticamente todos os tipos diferentes de crianças – e eram *públicas*. Mas o triste é que esse tipo de escolha é algo que só pode ser alcançado em uma comunidade na qual os sindicatos de professores não têm poder de controle. Quando estava em Casper, pude comparar o que via com a experiência que Dick teve ao trabalhar no Conselho de Educação do Estado de Michigan. Lá, todo pedido para que uma criança frequente uma escola diferente da designada tinha que ser aprovado pelo conselho do estado. Era algo completamente diferente. Dick me disse que nunca pensava duas vezes; sempre votava pela aprovação de cada pedido. Os integrantes do *establishment* que se sentavam à mesa com ele não conseguiam entender sua atitude automática.

No Colorado, visitei a Firefly Autism, uma escola para alunos com transtorno do espectro autista. Também havia manifestantes do lado de fora. Um ataque muito comum contra a liberdade educativa é a alegação de que alunos com necessidades especiais teriam que renunciar aos seus direitos garantidos pela Lei de Educação para Indivíduos com Deficiência. Mas a Firefly é um ótimo exemplo que demonstra como a escolha, na verdade, aumenta as opções disponíveis para pais de alunos com necessidades especiais, que geralmente são negligenciados pelo sistema tradicional que trata todos da mesma forma.

Em 2010, os pais de um estudante chamado Endrew F. tiraram-no da escola pública designada a ele pelo governo e o colocaram na Firefly porque ele não estava recebendo a ajuda especializada de que precisava para progredir. Depois, seus pais entraram na justiça, alegando que a lei exigia que o distrito escolar pagasse a mensalidade da Firefly. O caso, que chegou na Suprema Corte dos EUA, gerou debate sobre a necessidade de as escolas públicas proporcionarem o mínimo padrão de progresso para um aluno com necessidades especiais ou se deveriam fazer ainda mais. Isso não é um dilema para mim. Felizmente, a Suprema Corte deu razão à família de Endrew. Infelizmente, outras crianças com deficiência continuam a ser negligenciadas. Os pais de Endrew identificaram algo melhor para ele na Firefly e foram atrás disso. Nosso sistema educacional deveria facilitar essa escolha e não proibir.

Em Indiana, visitamos outra escola única. A Academia Esperança é uma *charter* criada para dependentes em reabilitação e chama a si mesma de uma "experiência acadêmica segura, sóbria e desafiadora". Conheci alunos do ensino médio que lutaram contra o abuso de substâncias e estavam conseguindo se formar, apesar de todas as probabilidades que diziam o contrário. Conversei com pais que estavam tão gratos que chegavam a chorar ao ver que seus filhos encontraram um lugar seguro para aprender. Todos os alunos da Academia Esperança estudavam lá por sua própria escolha, e esse era um fator crucial para que 94% dos formandos da escola ingressassem no ensino superior.

Uma das últimas paradas do nosso *tour* "Repense as aulas" foi em Lincoln, Nebraska, para apresentar outra escola interessante. Eu havia ouvido falar sobre o Programa de Foco em Ciência das Escolas Públicas de Lincoln, mais conhecido como a Escola Zoo. Ela foi criada em parceria com e sobre o território do Zoológico Infantil de Lincoln, em meados dos anos 1990, porque os pais de Lincoln queriam mais opções. Os alunos recebiam um aprendizado científico prático e da vida real. Eu assisti enquanto cuidavam de animais diferentes, incluindo alimentar uma iguana com batata doce. Eles me contaram como estavam entediados em suas escolas antigas, e como a Escola Zoo reacendeu seu amor por aprender, ao mesmo tempo em que lhes proporcionava uma vantagem inicial rumo a uma futura carreira.

Uma coisa em particular me chamou atenção em minha visita. Foi algo comum a outras visitas que fiz em escolas inovadoras: os manifestantes. Do lado de fora da Escola Zoo, havia de 75 a 100 pessoas segurando placas antiescolha escolar. Eles não pareciam entender, e nem se importar, que eu estava apresentando uma escola *pública* de escolha. Então qual era o problema?

Pensei em algo parecido em Omaha quando visitei a Escola Primária Nelson Mandela, uma escola particular maravilhosa que não cobra mensalidade de seus alunos graças a financiadores generosos. Enquanto eu a visitava, percebi que todas as inocentes crianças tinham adesivos que diziam "Eu [coração] escolas públicas" enquanto os adultos me mostravam sua escola *particular* com entusiasmo. Lamentavelmente, essas crianças estavam sendo usadas como enfeites de uma declaração política de adultos. A escola era financiada de maneira privada, mas estavam tentando dizer que ela era uma escola pública. Não importa. Eu estava lá por causa das crianças.

Nos arredores do Aeroporto Internacional Gerald R. Ford, em Grand Rapids, há uma escola singular. Quando você anda pela sala comum arejada e revestida de janelas, pode ver dois aviões suspensos:

um Piper Cub de 1947 e um Corben Ace de 1961 com *cockpit* aberto. Bandeiras de muitos países circundam a sala, representando os países de origem dos alunos que frequentam a escola.

Essa é a Academia de Aviação do Oeste de Michigan, uma *charter* única. É a única escola de ensino médio do país que oferece aulas de voo como parte integral do seu currículo. Os alunos aprendem a pilotar aviões antes de terem idade para comprar uma cerveja. Ela é uma criação do meu marido, Dick DeVos, e combina duas de suas paixões – educação e aviação. Eu sugeri que ele criasse uma escola depois de sua tentativa ousada, mas malsucedida, de se tornar governador de Michigan em 2006. A Academia de Aviação é seu trabalho por prazer.

Primeiro quero explicar exatamente o que é uma escola *charter*. Críticos gostam de usar termos como "escolas *charter* privadas" para implicar que não são públicas. Isso é totalmente falso. Escolas *charter* são públicas e financiadas por recursos públicos. Elas não podem discriminar ou escolher a dedo quem vai se matricular. Todos são bem-vindos. Se houver mais interessados do que vagas em uma escola *charter* – o que geralmente acontece –, elas fazem um sorteio para ver quem entra. Esses sorteios, nos quais pais e filhos comparecem pessoalmente, são conhecidos como "noites de celebrações e lágrimas". Em um país onde toda criança deveria ter uma chance igual de realizar seu sonho americano, algumas ganham e outras perdem nessas noites. É totalmente aleatório, realizado da mesma maneira por que um trabalhador de cassino proclama os números do bingo. É desolador ver vidas tão jovens relegadas a esse tipo de sorte.

Muitas pessoas começaram a entender o sorteio de uma escola *charter* através do documentário *Esperando o Super-homem* (2010). Ele acompanha cinco alunos de baixa renda do Harlem e do Bronx tentando sair de escolas ruins para ingressar em *charter* cobiçadas de Nova York durante sua inscrição no processo de sorteio. O filme deixou uma marca na consciência do público – as famílias se encontraram com o presidente Obama no Salão Oval. Entretanto, infelizmente, não foi o suficiente para mudar a realidade da maioria dos estudantes.

É fácil explicar o porquê: por si só, o fato de as *charter* existirem é uma refutação direta ao *establishment* educacional. Elas são diferentes das escolas públicas tradicionais apenas no aspecto de serem livres das regras restritivas dos sindicatos e de imbróglios burocráticos desnecessários que tiram a voz dos pais e deixam diretores e professores de mãos atadas. As escolas *charter* têm a liberdade de contratar e manter uma equipe que trabalha arduamente e está comprometida com sua missão. Sobretudo, podem demitir quem não está comprometido, podem definir seus próprios horários, currículos e método de ensinamento. Ou seja, são projetadas para garantir que os alunos aprendam, e não para proteger os interesses dos adultos do sistema escolar.

Como resultado, é de se esperar que, quando pais têm a oportunidade de matricular seus filhos em escolas *charter*, eles a agarrem. A estimativa é que um milhão de crianças estão em listas de espera em todo o país. Esse número cresceu drasticamente durante a pandemia do coronavírus, pois a maioria das *charter* encontraram maneiras de oferecer opções e experiências melhores do que aquelas proporcionadas pelas públicas tradicionais. Essa é a história do movimento das escolas *charter*.

A história da fundação das escolas *charter* públicas pode surpreendê-lo. A primeira em todos os Estados Unidos abriu suas portas em 1992, em Minnesota, graças à liderança de uma senadora estadual democrata chamada Ember Reichgott Junge. Ela teve apoio do então diretor da Federação Americana de Professores, Albert Shanker (1928 – 1997). Eles sabiam que alunos desprivilegiados precisavam de melhores opções se quisessem superar suas circunstâncias de vida e sabiam que os professores precisavam de mais oportunidades para melhorar a experiência na sala de aula. Mas o sistema foi um obstáculo. Shanker resumiu a situação muito bem: "Uma das coisas que desanimam as pessoas de realizarem mudanças nas escolas é a experiência de ter seu esforço interrompido por nenhuma boa razão"[69].

---

69. PETERSON, Paul. *Saving Schools: From Horace Mann to Virtual Learning*. Cambridge: Harvard University Press, 2011. p. 210.

Shanker abandonou as escolas *charter* não muito tempo depois, quando as pressões para ser um líder sindical tomaram conta do seu coração de reformador educacional. Mas isso não parou o movimento. Nova York tinha apenas uma *charter* em 1999. Hoje, tem mais de 270 atendendo a 145 mil alunos. Há aproximadamente 50 mil alunos em listas de espera apenas em Nova York, cada um desejando ter ganhado o sorteio[70]. Em todo o país, elas atendem a 3,3 milhões de estudantes atualmente, o dobro do número atendido em 2010[71].

Aproximadamente metade dos alunos de escolas públicas em cidades como Detroit e Washington, DC, frequentam uma escola *charter*[72]. A proporção é de um terço em Filadélfia e Newark. Cerca de um quarto dos alunos de Los Angeles, Boston, Memphis, Columbus e Wilmington, Delaware – terra natal do presidente Biden – estão aprendendo em escolas *charter* públicas[73].

A questão é que as *charter* funcionam. Os pais estão debandando para elas porque o sucesso é evidente. Pense na rede apropriadamente chamada Academia do Sucesso em Nova York, fundada pela inigualável Eva Moskowitz. Ela se dispôs a redefinir o que era possível na educação pública ao se recusar a aceitar qualquer coisa que tradicionalmente limita o aprendizado. Como resultado, a Academia do Sucesso é o distrito escolar de melhor desempenho do estado de Nova York. Estudos descobriram que os alunos que frequentam essa escola receberam, em média, o equivalente a cento e trinta e sete dias a mais de aprendizado em leitura e duzentos e trinta e nove dias a mais de matemática em

---

70. NEW York City Charter Schools Are in Demand. New York City Charter School Center. 2019. Disponível em: https://nyccharterschools.org/wp-content/uploads/2020/05/NYC-CSC-demand-2019-20.pdf

71. SNYDMAN, Jessica; WHITE, Jamison; XU, Yueting. "How Many Charter Schools and Students Are There? National Alliance for Public Charter Schools". 19 jul. 2021. Disponível em: https://data.publiccharters.org/digest/charter-school-data-digest/how-many-charter-schools-and-students-are-there/#:~:text=Public%20charter%20schools%20currently%20serve,6.8%25%20in%202019%2D20.

72. DC's Public Charter Schools. DC Public Charter School Board. Jul. 2020.

73. CITY Enrollment Share. National Alliance for Public Charter Schools. 9 set. 2020.

comparação aos alunos que frequentam escolas públicas tradicionais para as quais foram designados em Nova York entre 2011 e 2016[74].

O mesmo acontece em Detroit. Muitos tentaram difamar as escolas *charter* de Detroit quando eu era secretária, mas os simples fatos falam por si mesmos. Os estudantes que frequentam uma escola *charter* em Detroit ganham, em média, três meses a mais de aprendizado a cada ano em comparação com aqueles que frequentam as escolas públicas para as quais foram designados[75].

Lembre-se, essas são escolas públicas que estão operando nos mesmos bairros e que atendem aos mesmos alunos. A diferença está na abordagem.

Também há uma diferença na forma com que as *charter* são financiadas, mas não é da maneira que a mídia fez parecer. As *charters* de Nova York recebem, em média, 16% *menos* recursos do que escolas públicas tradicionais recebem. Escolas *charter* em grandes cidades por todo o país recebem, em média, 33% menos financiamento do que as escolas públicas tradicionais[76].

As escolas *charter* fazem mais com menos. Um estudo de referência em Nova York descobriu que as *charters* da cidade foram aproximadamente 25% mais eficazes em relação ao custo para melhorar o desempenho em leitura e matemática. Em Indianapolis, as escolas eram impressionantes 59% mais eficazes em seus custos. Elas eram 43% melhores em DC, 30% em San Antonio, e a lista continua[77].

---

74. CHARTER School Performance in New York City. Center for Research on Education Outcomes. 2017. p. 46, Tabela 7. Disponível em: https://credo.stanford.edu/wp-content/uploads/2021/08/nyc_report_2017_10_02_final.pdf

75. CHARTER School Performance in Michigan. Center for Research on Education Outcomes. 11 jan. 2013. p. 15, Tabela 3.

76. DEANGELIS, Corey et al. Charter School Funding: Inequity Surges in the Cities. School Choice Demonstration Project. Universidade do Arkansas. Nov. 2020. Disponível em: https://files.eric.ed.gov/fulltext/ED612068.pdf

77. DEANGELIS, Corey et al. "A Good Investment: The Updated Productivity of Public Charter Schools in Eight U.S. Cities. School Choice Demonstration Project". University of Arkansas. Abr. 2019. Disponível em: https://files.eric.ed.gov/fulltext/ED594439.pdf

Pontos de proficiência da Avalição Nacional de Progresso Educacional para cada US$ 1 mil de financiamento em escolas charter públicas vs. escolas públicas tradicionais, média ponderada de oito cidades[78].

É difícil ver esses resultados e se posicionar contra a transformação de todas as escolas públicas em uma escola *charter*.

※※※※

Desde o início, Dick sabia que queria que a Academia de Aviação do Oeste de Michigan representasse duas coisas. Primeiro, uma escola inclusiva que refletisse toda a comunidade. Seria fácil escolher crianças brancas dos subúrbios para frequentar uma escola de aviação. Mas ele não escolheu o caminho mais fácil. Ao criar uma *charter*, em vez de uma particular, as portas da Academia de Aviação estariam abertas para todos os estudantes. Dick se esforçou para atrair alunos de bairros pobres do centro da cidade. Além disso, ele queria que a diversidade da escola fosse além da cor da pele. Os alunos vêm de fazendas e cidades,

---

78. Fonte: Um bom investimento: A produtividade atualizada de escolas charter públicas em oito cidades dos EUA. No original: *A Good Investiment: The Updated Pruductivity of Public Charter Schools in Eigth U.S. Cities.*

vilas e subúrbios. Algumas crianças até viveram nas ruas. Segundo, Dick queria que a escola tivesse uma cultura de altas expectativas e boa cidadania.

A Academia de Aviação tem compromisso com o aprendizado, mas também ensina os alunos a serem jovens cavalheiros e damas – um fato que os torna altamente visados mais tarde no mercado de trabalho. Os estudantes aprendem a apertar as mãos e olhar nos olhos de um desconhecido quando o encontram. Os professores usam roupas formais para modelar uma seriedade que esperam que os alunos copiem. Mais importante, os professores são muito colaborativos. Eles trabalham juntos, compartilham ideias e claramente se preocupam com seus alunos.

Além disso, é claro, há a aviação. Todos os anos, algumas dúzias de estudantes se formam na Academia de Aviação com sua licença de piloto particular. Eles aprendem a pilotar monomotores pequenos que são doadas pela Delta Air Lines e outros patrocinadores generosos. Há um grupo de alunos envolvido em um projeto de muitos anos para construir um avião completo até se formarem. Muitos estudantes se concentram nas disciplinas STEM: ciência, tecnologia, engenharia e matemática. Todos estudam robótica e engenharia. Mas cerca de um terço quer seguir um caminho totalmente diferente – contadores, soldados, dançarinos.

Quando eu era secretária de educação, não podia nem falar da Academia de Aviação porque os advogados do governo viam isso como um conflito de interesses – outro suposto esquema no qual eu e Dick lucraríamos de alguma forma por fazer campanhas nas áreas urbanas em busca de aspirantes a pilotos para uma escola sem fins lucrativos. Isso foi triste, pois não há um lugar de influência tão grande para a educação como o cargo de secretário de educação, e os pais americanos merecem conhecer alternativas criativas e inclusivas como a Academia de Aviação do Oeste de Michigan. A escola tem altas expectativas em seus alunos. Ela conta com dias e anos letivos maiores. Um "D" é uma nota de reprovação e os estudantes devem concluir mais créditos para se formar em comparação com a maioria das escolas tradicionais. Muitos alunos novos da nona série precisam ir para a escola mais cedo para estudarem e se recuperarem. Alguns chegam de suas escolas tradicionais com muitas séries em desvantagem, outro custo com que a escola tem que arcar.

No primeiro ano, quando chegou o dia de os pais matricularem seus filhos na academia, Dick estava ansioso e apreensivo. Na época, o espaço físico era frustrante: um prédio de escritórios antigos renovado e nada impressionante. Telhas literalmente caíam. A escola era no aeroporto, um lugar onde muitos dos seus potenciais alunos nunca estiveram. Dick tinha medo de que ninguém se matriculasse na escola. Naquela noite, quando chegou de carro, seus olhos se encheram de lágrimas ao ver uma fila de famílias na porta esperando para entrar. A Academia de Aviação começou em 2010 com oitenta alunos da nona série. Atualmente, mais de seiscentos frequentam os quatro anos do ensino médio, vindos de todo o estado do Michigan. Alguns levam duas horas para chegar na escola. Alguns vivem em Grand Rapids durante a semana com amigos ou parentes e voltam às suas casas nos fins de semana. Alguns pegam três ônibus diariamente para chegar.

Dick sempre diz: "Quanto mais alto você estiver, mais amplos serão seus horizontes". Isso é verdade na aviação, mas também na educação. Quando você aumenta as expectativas, é incrível o que pode acontecer.

⋘⋘

Quando Randi Weingarten, da Federação Americana de Professores, e eu conversamos brevemente no meu primeiro dia de trabalho, ela me instou a acompanhá-la em uma visita escolar. Eu disse que faria isso de bom grado, mas ela também tinha que me acompanhar em uma visita a uma escola que eu escolhesse. Ela concordou.

O Departamento de Educação tinha um aparato permanente dedicado à cooperação com os sindicatos. Eu o enfraqueci o quanto pude, uma vez que nossa missão era com as oportunidades dos estudantes, não com os desejos trabalhistas dos sindicatos. Mesmo assim, não era surpresa que os funcionários de carreira do departamento soubessem todos os detalhes da minha visita antes mesmo de minha equipe e eu sabermos. Weingarten decidiu que visitaríamos Van Wert, uma cidade pequena e remota no noroeste de Ohio. Eu não estava muito animada para passar o dia com ela, que havia chamado o dia em que fui confirmada para secretária de educação de "um dia triste para as crianças". Mas decidi ser gentil e colocar nossas diferenças de lado para a viagem.

A imprensa nacional que viajou para Van Wert parecia intrigada – e um tanto quanto chateada – por Randi ter escolhido um lugar tão remoto e difícil de acessar. Era uma cidade pequena e rural que votara de maneira esmagadora pelo presidente Trump e tinha um forte sindicato de professores.

Nós visitamos a pré-escola, a primária e a de ensino médio públicas e conhecemos estudantes engajados e professores maravilhosos. Randi foi sincera, de maneira um tanto quanto condescendente, em relação ao seu objetivo de me "ensinar" sobre as escolas públicas. Observamos alguns alunos do último ano do ensino médio apresentando seus projetos de conclusão de curso. Uma apresentação foi realizada por estudantes que estavam arrecadando dinheiro para um programa de caridade realizado por uma igreja local para ofertar comida a alunos e famílias que passavam fome. Randi, que aparentemente não percebeu a ironia nesse esforço privado e religioso, me surpreendeu ao se levantar inesperadamente e anunciar que o sindicato doaria 2,5 mil dólares à caridade. Claramente isso fora planejado. Eu contei a história para Dick, e ele fez questão que nossa fundação também contribuísse.

Foi um circo midiático – havia jornalistas e fotógrafos insistentes em todos os lugares. Quando fizemos um *tour* na pré-escola, as crianças tinham alguns de seus trabalhos de arte debaixo de suas mesas. Algumas queriam que os víssemos. Por isso, me ajoelhei no chão, estiquei meu pescoço e vi muitas obras-primas. Randi permaneceu de pé do meu lado, parecendo estar um pouco desconfortável. A imprensa estava tirando fotos e, quando olhei novamente, Randi estava deitada de barriga para cima embaixo de uma das mesas, ao lado de uma criança que parecia confusa. Foi fofo e constrangedor ao mesmo tempo.

Randi havia escolhido escolas que mostrasse uma base eleitoral cujos representantes podem ser mais resistentes à escolha escolar: eleitores rurais. Van Wert é uma cidade pequena cheia de pessoas de fé que se preocupavam muito com suas escolas. Eu suspeitei que Randi achou que seria inteligente ir a uma cidade de eleitores de Trump que, no entanto, provavelmente era resistente à escolha escolar.

Em Van Wert e em todos os lugares a que vai, Randi trabalha arduamente para defender o *status quo* da educação. Para fazer isso, procura deixar as pessoas com medo de mudanças – medo do que a liberdade educacional pode proporcionar.

Mas eu vi nessa viagem uma oportunidade de explicar a mais pais o que é, de fato, a escolha escolar. Liberdade educacional não é, necessariamente, apenas a criação de novas escolas e a construção de novos edifícios. É interessante que 20% dos pais de Van Wert decidiram matricular seus filhos em escolas fora do distrito, indicando a existência de um mercado para alternativas. Para famílias rurais como aquelas em Van Wert, uma conta de poupança para educação – uma forma de escolha escolar – poderia ser usada para pagar um tutor, criar um grupo de *homeschooling* com outras famílias, aprender pela internet ou ter acesso a uma miríade de opções interessantes. E a competição criada pela liberdade educacional ou escolha escolar geraria novos tipos de oportunidades na educação, como programa de aprendizagem[79], ensino técnico, aprendizado direcionado ao aluno, escolas dirigidas por professores, entre outras. Quando o ciclo da criatividade é iniciado, não há como saber o que ele produzirá. Os pais de Van Wert mereciam saber isso.

Infelizmente, Randi nunca honrou sua promessa de visitar uma escola de minha escolha. Se a tivesse honrado, eu a levaria para a Escola Charter Século XXI em Gary, Indiana.

A escola, que é conhecida como 21C, fica em um bairro perigoso de Gary. Todos os seus alunos pertencem a minorias – exatamente as mesmas com que Randi e seus colegas afirmam se preocupar mais. Entretanto, a 21C está tendo sucesso onde as escolas públicas tradicionais de Gary estão fracassando. Seu *status* de *charter* permite que ela proporcione um modelo de aprendizado inovador: os estudantes ganham créditos da faculdade enquanto ainda estão no ensino médio. A 21C envia seus alunos, muitos dos quais são os primeiros de suas

---

79. Modelo de treinamento profissional parecido com os estágios. (N. T.)

famílias a frequentar o ensino superior, para qualquer faculdade ou universidade local de Gary – tudo de maneira gratuita. Menos de 15% dos adultos de Gary têm diploma superior. Por isso, poucos estudantes têm modelos adultos para se espelhar ou qualquer tipo de exposição ao ensino superior. Por facilitar o aprendizado dos alunos em vários campi, a 21C desmistifica o ensino superior e motiva os alunos.

Os alunos da 21C acumularam centenas de créditos de faculdade. Quando fui lá, conheci muitas pessoas de dezessete e dezoito anos que estavam recebendo um diploma de ensino médio e de associado[80] ao mesmo tempo. Uma jovem, Raven, recebeu diplomas de ensino médio e bacharelado simultaneamente. Ela retornara à 21C como professora. Ao observar o corpo estudantil, era possível perceber que o sucesso dos alunos mais velhos motivava os mais novos. Ele também motivava alguns dos seus pais e avós a voltarem à escola e concluírem sua educação.

A 21C é um sucesso inegável, assim, faria sentido pensar que autoridades educacionais tentassem replicar seu sucesso. Errado. Em vez de tentar aprimorar suas escolas com novas opções, o sistema de ensino público de Gary chama os alunos das *charter* de "perdidos". Em 2019, a Câmara Municipal, repleta de aliados dos líderes sindicais das escolas, propôs proibir a criação de mais *charter*s – literalmente mantendo as crianças de Gary reféns das públicas tradicionais designadas para elas. Eu amaria mostrar a Randi como esses alunos "perdidos" estão se saindo bem na 21C.

≋≋≋≋

Eu fui a centenas de escolas como secretária de educação – a maioria delas era pública, só para constar[81]. Também vivi muitas "primeiras vezes" para uma secretária, incluindo a primeira visita a

---

80. Grau acadêmico de graduação concedido por faculdades ou universidades após a conclusão de um curso com duração de dois anos. É parecido com os cursos técnicos que temos no Brasil. (N. T.)

81. Map: Tracking Betsy DeVos' School Visits. Education Week. Acesso em: ago. 2021.

uma *yeshivá*[82] judaica. Eu visitei duas em Nova York. Até mesmo visitei uma escola no Alasca para alunos que não vão – ou que não podem ir – para a escola.

A Escola Central Mat-Su fica em Wasilla, Alasca, a cerca de 72 quilômetros ao norte pela hidrovia Knik Arm em Anchorage. É outra escola pública interessante e singular que atende a todas as séries e ensina crianças de todo o estado.

O Alasca é o típico desafio rural para a escolha escolar – o tipo de lugar onde a escolha provavelmente não funcionaria. É um estado enorme, com muita diversidade cultural. A maioria dos alunos estão em suas duas maiores cidades, Anchorage e Fairbanks. Mas 30% a 40% deles estão espalhados por 1,5 milhão de quilômetros quadrados.

O fantástico comissário da educação do Alasca, Dr. Michael Johnson, foi quem me falou sobre a Escola Central Mat-Su. Ele descreveu sua abordagem inovadora da educação como *"à la carte"*. As famílias podem escolher os recursos que querem ou precisam na Mat-Su, inclusive algumas aulas presenciais. Cada aluno tem um plano de aprendizado personalizado. Alguns deles realizam *homeschooling* e usam a escola como um centro de recursos e um lugar para se encontrar com seus orientadores acadêmicos. Alguns vivem muito longe e só podem comparecer presencialmente algumas vezes no ano para buscar materiais e se encontrarem com seus monitores acadêmicos. Alguns estão matriculados em outras escolas e usam a Mat-Su para complementar sua educação. O edifício, situado em um parque industrial, tem até uma cafeteria administrada por estudantes, a qual visitei juntamente com o governador do Alasca, Mike Dunleavy. Eu pedi um *skim mocha*, um dos melhores que já experimentei.

Em minha visita, conheci um jovem que estivera em mais de uma escola tradicional. No entanto, antes de virar uma estatística, sua mãe o convenceu a tentar estudar na Mat-Su Central. Lá, ele trabalhou com um monitor acadêmico que o ajudou a escolher aulas que estavam alinhadas aos seus interesses. Pela primeira vez na vida, ele assumiu a responsabilidade do seu próprio aprendizado, deixou de

---

82. Escola para estudos avançados da Torá. (N. E.)

ser um aluno reprovado para se tornar um aluno nota A na Mat-Su. Os olhos dele e de sua mãe sorriram quando contaram a história. Meu coração se alegrou.

Kimberley Strassel, que trabalha no *Wall Street Journal*, divide seu tempo entre Washington, DC, onde cobre as notícias políticas, e Palmer, Alasca, onde seus filhos frequentam a Mat-Su Central. Strassel descreveu como a escola migrou para o ensino remoto durante a pandemia de maneira mais ágil e bem-sucedida do que outras públicas. Os professores tiveram liberdade para serem criativos e os pais fizeram sua parte. Ela credita a resposta bem-sucedida da escola à Covid-19 a duas coisas: escolha e ótimos professores e administradores. Por ser a escolhida por *homeschoolers* e estudantes remotos, a Mat-Su já conhecia a tecnologia e prática do aprendizado à distância eficaz. Seus funcionários sindicalizados colocaram os estudantes em primeiro lugar. A superintendente Monica Goyette disse a Strassel que sua abordagem foi um "trabalho significativo" e "respeitoso ao dinheiro dos contribuintes"[83].

Eu fui para o Alasca a convite dos dois senadores do estado. A senadora sênior Lisa Murkowski se opôs à minha indicação. Porém, eu selei um compromisso com ela durante a reunião de confirmação de que visitaria o Alasca, e eu estava determinada a honrá-lo. Eu também tinha esperanças de que ela mudaria de ideia em relação à escolha escolar.

A senadora Murkowski é a versão alasquiana dos republicanos do legislativo de Michigan que proibiram escolas *charter* para agradar aos líderes sindicais. Em sua reeleição em 2010, Murkowski foi desafiada nas primárias por um candidato do movimento Tea Party[84] que estava muito à sua direita. Os sindicatos dos professores apoiaram-na nas primárias para evitar que o outro candidato ganhasse. Ele venceu mesmo assim, portanto, Lisa concorreu nas eleições gerais como uma

---

83. STRASSEL, Kimberley. "One of America's Remotest States Makes Learning Work". Wall Street Journal. Nova York, 15 maio 2020.

84. Movimento político nos EUA que surgiu em 2009, em resposta às insatisfações com as políticas governamentais. Os adeptos do movimento se identificavam como conservadores fiscais e defendiam políticas pró-livre mercado, pediam redução dos impostos, controle de gastos governamentais e mais limitação do governo federal. (N. T.)

candidata *write-in*[85]. Os sindicatos acreditaram que Murkowski ainda era sua melhor opção em uma corrida eleitoral com três candidatos em um estado republicano, mesmo sendo uma candidata *write-in*. Eles apoiaram-na e ajudaram-na a vencer em 2010 e novamente em 2016.

Eu esperava que uma visita ao Alasca poderia gerar benevolência por parte da senadora Murkowski. No entanto, desde o início, a sua equipe tentou controlar meu itinerário, forçando escolas públicas tradicionais e escritórios sindicais. Se não fosse pela ajuda do comissário Johnson, eu nunca teria conseguido destacar escolas inovadoras como a Mat-Su Central. Murkowski não queria que eu a visitasse. Ela também não queria que eu desse destaque a um ótimo programa da Universidade do Alasca em Anchorage que traz alunos de destaque do ensino fundamental II, nativos do Alasca, a Anchorage para um programa de residência com foco nas disciplinas STEM. A educação dessas escolas era algo inovador.

No fim das contas, apesar de seu convite, a senadora Murkowski não parecia querer de verdade que eu estivesse no Alasca. Ela nem apareceu em uma visita que organizou para nós duas em uma escola na Base da Força Aérea Eielson, em Fairbanks. Sua equipe disse que ela ainda estava em Anchorage porque seu voo atrasara por causa das cinzas de um vulcão, que limitavam a visibilidade em torno de Denali. Sinto muito, eles disseram, mas ela não poderia me acompanhar. Entretanto, algumas horas mais tarde, Murkowski foi vista no aeroporto de Fairbanks entrando em um avião para deixar o estado. Ela estava na cidade o tempo todo.

~~~~~~~

Um dos principais motivos pelo qual eu conto minha história é para dar às famílias americanas a informação de que elas precisam para proporcionar a melhor educação que podem aos seus filhos. O *establishment* educacional não quer que os americanos saibam quais

---

85. Pessoa que concorre em uma eleição sem ter seu nome impresso na cédula oficial. Os eleitores podem votar nela escrevendo seu nome no espaço apropriado na cédula. (N. E.)

são as alternativas possíveis para suas crianças. Eles não querem que os americanos saibam que não precisam estar presos à ideologia e à agenda do sistema. Na verdade, alguns especialistas já questionaram se escolas públicas administradas pelo governo são constitucionais, porque limitam o direito à liberdade de expressão dos pais, garantido na Primeira Emenda. Em um sistema de alocação, onde é negada aos pais a escolha do lugar onde seus filhos irão estudar, eles são obrigados a submetê-los a discursos doutrinários – visões sobre religião, raça e sexualidade das quais muitos discordam[86].

A boa notícia é que há outras opções para os pais hoje – escolas públicas tradicionais, *charters* e particulares – que estão quebrando esse molde. O número não chega perto de ser suficiente, mas há ótimos modelos para grupos de pais e comunidades adotarem. Quanto mais as famílias americanas conhecerem essas opções, mais as exigirão, e mais perto estaremos de libertar verdadeiramente o sistema educacional.

Eu vi escolas nos Estados Unidos que estão repensando completamente a maneira como as crianças aprendem. Elas estão se desfazendo do modelo tradicional e industrial de aprendizado passivo e mecânico e destravando o verdadeiro potencial das crianças.

Alguns dos meus netos frequentam escolas assim. Do lado de fora, não parece grande coisa. São duas unidades móveis perto de um campo nos arredores da cidade, mas, dentro delas, mentes jovens estão sendo abertas e expandidas.

Sua escola é uma da Academia Acton, fundada por Jeff e Laura Sandefer. Hoje em dia, elas estão presentes em todo o país e ao redor do mundo e são baseadas na crença de que as crianças são naturalmente curiosas e capazes de realizar muito mais do que a educação tradicional espera delas. Nas Academias Acton, as crianças são consideradas "heroínas" e estão em uma "jornada do herói". Seus professores não são seus educadores, mas seus guias. São as próprias crianças que devem encontrar o caminho que as leva ao chamado que cada uma tem dentro de si. Na

---

86. HAMBURGER, Phil. "Is the Public School System Constitutional?" Wall Street Journal. Nova York, 22 out. 2021. Disponível em: https://www.wsj.com/articles/public-school-system-constitutional-private-mcauliffe-free-speech-11634928722.

Acton, ser reprovado ou se perder no caminho não é um problema. O importante é se erguer novamente, se recompor e seguir adiante.

Na prática, nas escolas Acton, a educação é muito focada no aluno. As crianças definem suas próprias metas de aprendizado para a semana. Elas aprendem com projetos práticos que as impulsionam através de suas jornadas pessoais de herói. Elas escrevem sua própria constituição. Elas têm empregos e cobram um padrão de excelência umas das outras. Elas não têm séries, mas progresso de acordo com o seu domínio dos assuntos. Elas não só aprendem a ler, aprendem a *amar* ler. Elas aprendem *como* aprender, para que nunca parem de adquirir conhecimento.

Assim como as escolas Acton, a Design39Campus em San Diego é uma escola que atende da pré-escola até a oitava série e que está tentando incentivar a criatividade natural das crianças para que elas aprendam de forma interessante para si. A Design39 não é uma escola *charter*; é uma tradicional que funciona como *charter* – ou seja, ela não faz nada que as escolas tradicionais fazem e não segue as suas regras. Foi criada dentro do sistema de escola pública de San Diego graças à visão e perseverança de sua diretora fundadora, Sonya Wrisley. Eu ouvi falar da Design39 com a cofundadora da escola, Megan Power, que mais tarde se tornou uma docente bolsista residente do Departamento de Educação dos EUA.

A Design39 é orientada por projetos de *design* do mundo real, focados no aluno. Os estudantes abordam as disciplinas através de ângulos novos e incomuns. Eles podem ler um romance e, em vez de escrever um resumo do livro, colaborar para criar um trailer para ele – um vídeo curto que o descreve a leitores em potencial. As crianças do jardim de infância podem estudar espécies ameaçadas de extinção e escrever anúncios de utilidade pública sobre elas. Os alunos têm a liberdade de trabalhar em seus projetos na maior parte do dia com acompanhamentos periódicos de professores. Os níveis das séries são incertos, e as medidas são o domínio do aluno sobre o assunto. A Design39 é outro "repensar" maravilhoso sobre como as crianças aprendem.

Outra escola assim – uma "tradicional" que parece, funciona e age como *charter* ou até particular – foi muito comentada pela imprensa enquanto eu era secretária. A Escola I Promise em Akron, Ohio, foi criada pela superestrela do NBA, LeBron James. Apesar de ser uma escola pública fundada pelo distrito de Akron, a maioria das coisas que chamaram a atenção – uniformes, comida e bicicletas de graça, a barbearia, apoio educacional adicional para pais e mensalidades gratuitas de faculdade – são pagas de maneira *privada* por James. As coisas "extras" não são as únicas diferenças. Ela tem dias e anos letivos maiores, um acampamento de verão, um currículo diferente do resto do distrito. Parece-se com uma escola pública comum de Ohio da mesma forma que LeBron parece um pai comum de trinta e poucos anos nas quadras de basquete. É uma escola pública apenas no nome, mas isso era o que mais importava para o *establishment* educacional. Os sindicatos das escolas puderam prever a atenção da mídia que a I Promise receberia e, por isso, concordaram de forma *milagrosa* com tudo que a equipe de James pediu.

Eu não tenho *nada* contra a I Promise ou James. Nós precisamos de mais escolas assim, e de mais pessoas como James para financiá-las. Eu só queria que os sindicatos estivessem dispostos a fazer o que é melhor para os alunos em *todas* as escolas.

Para pais com orientação clássica, as escolas particulares da Academia Thales na Carolina do Norte são uma ótima opção. Elas oferecem um modelo de aprendizado clássico, rigoroso e acessível. Seu currículo se baseia nos grandes livros e pensadores da civilização ocidental. Virtudes como autodisciplina, responsabilidade, respeito e humildade são ressaltadas. As Academias Thales oferecem o que poucas escolas públicas proporcionam hoje em dia: um estudo sério das ideias sobre as quais a república americana foi fundada. Os alunos aprendem sobre o estado de direito, economia de mercado e os direitos inalienáveis de todo ser humano. E, por se esforçarem para reduzir custos, a Thales consegue oferecer essa educação maravilhosa por um preço surpreendentemente acessível.

Para um episódio do *60 minutes* em 2018, eu levei Lesley Stahl e sua equipe da *CBS News* para uma escola "laboratório"[87] pública que

---

87. Escola operada em associação com uma universidade, faculdade ou outra instituição de formação de professores e projetada para testar, desenvolver e implementar novas estratégias pedagógicas, metodologias de ensino e práticas educacionais. (N. T.)

atende às séries do ensino fundamental em Indianapolis chamada Escola Cold Spring, uma escola-ímã de alto desempenho para o estudo das ciências e do meio ambiente. Não é uma *charter*, mas pertence a uma série de escolas de "inovação" no âmbito das públicas de Indianapolis. No entanto, assim como as *charters*, as escolas de inovação são livres das regras dos sindicatos e das ordens do governo sobre o que e como ensinar. Elas são administradas por parceiros externos. Os alunos são admitidos através de sorteio.

A Cold Springs ocupa trinta e nove acres de terra. Ela tem uma estufa, jardins e trilhas para caminhadas. A maior parte do aprendizado dos estudantes acontece ao ar livre, quando a temperatura está amena. Lesley e eu fizemos um *tour* pela escola e vimos crianças aprendendo ao ar livre.

Os professores da Cold Springs também são únicos. Muitos vêm da Faculdade de Pedagogia Klipsch da Universidade Marian, que fica ao lado. Assim como as escolas inovadoras de todo o país estão quebrando o molde da educação pública tradicional, a Klipsch está quebrando o molde das faculdades de pedagogia tradicionais.

Ao longo das últimas décadas, o estudo da pedagogia tendeu a se tornar muito parecido em sua abordagem: inclinação política à esquerda, pouco exigente e com pouca conexão com o que é verdadeiramente necessário para ser bem-sucedido em uma sala de aula. Em seguida, seus formandos transmitem essas atitudes para as salas de aulas das escolas públicas. A Marian desenvolveu uma nova maneira de formar professores. Os padrões acadêmicos são mais altos para novos estudantes e eles gastam menos tempo com teoria da educação e mais tempo ensinando crianças. Os professores da Marian aprendem a ver os alunos como pessoas únicas e com necessidades diferentes.

Lesley Stahl ficou apaixonada pela Escola Cold Spring. Ela disse que nunca viu algo parecido.

Nós também visitamos a Escola de Ensino Médio Cristo Rey em Indianapolis. Há trinta e oito escolas Cristo Rey em vinte e quatro estados. Elas são católicas e deixam suas portas abertas a alunos pobres e pertencentes a minorias através de um modelo de educação e de negócios singular. Os estudantes trabalham cinco dias por mês em

163

empregos de nível inicial em um campo onde eles têm interesse. Seus salários vão para a escola a fim de ajudar a pagar sua educação. Mas o programa é muito mais do que apenas o trabalho e estudo. Para alguns dos alunos do ensino médio, é a primeira vez em que eles colocam os pés dentro de um ambiente corporativo ou profissional. As escolas Cristo Rey apresentam os alunos desprivilegiados a um mundo que eles não conheciam antes. Elas introduzem novos exemplos de pessoas e experiências em suas vidas.

A Cristo Rey de Indianapolis fornece transporte para os seus alunos retornarem do trabalho para a escola no fim do dia. Lesley e sua equipe de filmagem foram em um dos ônibus enquanto eu conversava com os estudantes durante o trajeto. Suas histórias eram inspiradoras. Nós nos divertimos ao conversar com eles. Ao longo do dia, Lesley comentou como estava feliz por ser uma avó e que tinha acabado de escrever um livro sobre a alegria de ser uma avó. No livro, ela destaca que os avós estão pagando mais de 2 bilhões de dólares todos os anos para mandar seus netos a escolas particulares.

Entretanto, não foi isso que você viu na reportagem do *60 Minutes* quando ela foi ao ar. Dizer que ela foi seletivamente editada seria bondade. Foi uma vergonha. Lesley disse que se sentiu mal por isso. Ela ligou para Nate Bailey, meu chefe de equipe, para se desculpar depois que o programa foi ao ar. Mas Stahl, uma estrela do *60 Minutes*, com certeza tem controle editorial sobre seus programas.

❦❦❦❦❦❦

Visitar centenas de escolas me ensinou algumas coisas sobre o que diferencia as inovadoras das tradicionais. Primeiro, por trás de quase todas as escolas extraordinárias que visitei, existe um líder visionário. É possível sentir a presença desse líder quase que imediatamente quando você entra na escola. As crianças estão mais envolvidas. Os corredores e salas de aula borbulham de energia. Há eletricidade no ar.

Ótimas escolas dão atenção às individualidades dos alunos. O atual modelo da educação americana foi criado não apenas para tratar todas as crianças da mesma forma, mas para *fazer* com que elas sejam iguais. Quando as escolas públicas começaram, a intenção era que as diferenças religiosas, étnicas e culturais fossem apagadas para criar uma identidade americana comum. As singularidades dos estudantes eram ignoradas em nome da busca pela oferta de uma educação monolítica para todos. Depois, o *establishment* educacional adotou esse modelo industrial e o consagrou. Em algum momento, essa máquina da educação americana se tornou autoconsciente. Seus líderes começaram a lutar, não pelas crianças a que ela deveria servir, mas para perpetuar a própria máquina. Eles levaram as modas educacionais e a cultura *woke* que aprenderam nas faculdades de pedagogia para dentro da sala de aula, que são contrárias aos valores e experiências vividas por muitas famílias americanas. Até hoje, eles foram bem-sucedidos nessa luta porque possuem o maior ativo: nossas crianças.

Todas as escolas que eu destaquei rompem com esse modelo. Elas representam oportunidades para os pais romperem com o modelo imposto pelo governo e controlado pelo *establishment* e encontrarem a escola que mais atende às necessidades de seus filhos singulares. Deveria haver mais dessas escolas. Muitas, muitas mais. E muitas escolas que ainda não foram imaginadas ou criadas. A liberdade é a característica que define os Estados Unidos, no entanto, é vista como inimiga pelo *establishment* educacional. Esse controle de monopólio deve acabar. Já passou muito da hora de todos os pais americanos terem a liberdade de escolher a melhor educação possível para seus filhos.

CAPÍTULO 6

Não há nada de civil nos direitos civis

Os olhos do jovem afro-americano encheram-se de lágrimas enquanto ele nos contava sua história. Joseph, um aluno da Universidade Estadual de Savannah, estava a três semanas de se tornar a primeira pessoa de sua família a se formar na faculdade. Ao acordar em uma manhã, em 2013, viu que havia recebido um e-mail do Escritório de Assuntos Estudantis.

Joseph repetiu o conteúdo do e-mail com suas próprias palavras. "Por meio desta, você está sumariamente suspenso e, se colocar os pés no campus, receberá ameaça de expulsão e prisão". A seguir, um alerta em todo o campus com uma imagem de Joseph orientava a quem o visse no campus para avisar à segurança do lugar. Ele não tinha ideia do motivo pelo qual estava sendo acusado. A universidade nunca entrou em contato para falar sobre qualquer acusação ou investigação, muito menos condenação.

Ele foi imediatamente banido do seu dormitório, perdeu acesso ao seu computador e foi expulso das suas aulas. Mesmo assim, não tinha ideia do que fizera de errado. Teve que apresentar um pedido pela Lei de Acesso à Informação para obter uma resposta. Ele soube que havia sido expulso do campus por violar, de alguma forma, o Título IX. À primeira vista, o Título IX proíbe discriminação com base em sexo em instituições educacionais que recebem qualquer tipo de financiamento federal. No entanto, ao longo dos anos, os tribunais – trabalhando em conjunto com ativistas e burocratas federais – expandiram o Título

IX para cobrir coisas muito além da sua atribuição original, como a questão dos banheiros.

Mesmo com o pedido de Acesso à Informação, os detalhes das acusações contra Joseph eram vagos. Duas mulheres anônimas fizeram uma denúncia na faculdade, alegando que ele havia praticado assédio sexual "verbal e online". Apenas essas alegações foram o suficiente para que os administradores dessem um fim à carreira universitária de Joseph e o declarassem uma ameaça a todos os estudantes. A Universidade Estadual de Savannah não parou em nenhum momento para deliberar ou investigar o caso. O e-mail que ele recebeu avisando que estava expulso foi enviado no mesmo dia em que a primeira denúncia foi recebida.

Joseph era um dos mais de doze homens e mulheres que vieram ao Departamento de Educação no verão de 2017 para compartilhar suas histórias. Todos tiveram o direito ao devido processo legal negado sob os termos do Título IX. O caso de Joseph se repetiu nos relatos de outros homens e mulheres falsamente acusados. O estigma de uma acusação por má conduta sexual fez com que Joseph recaísse e voltasse a beber. Ele tentou tirar sua própria vida.

"O que seus acusadores dizem que você é", ele nos disse, "é o que as pessoas acreditam que você é".

Naquele verão, eu também conversei com homens e mulheres vítimas de assédio e abuso sexual em campi de universidades. Todos se voluntariaram para falar comigo e suas histórias eram de arrepiar. Contaram sobre colegas de turma que acreditavam ser seus amigos e que abusaram deles. Eles falaram, com olhos lacrimejantes, que passaram por muitas investigações para solucionar seus casos.

A história de uma jovem chegou ao ponto central do problema para mim. Ela foi estuprada. Depois, acusada de assédio por um amigo. Em ambos os casos, segundo ela, sua instituição de ensino não interpretou o caso corretamente.

Conversar com os dois grupos de alunos me deixou emocionalmente esgotada. Cada uma das histórias foi difícil de ser ouvida. Cada pessoa que escutei – tanto as vítimas quanto os acusados – havia se decepcionado com a forma pela qual sua instituição de ensino lidou com o caso nos termos do Título IX. Depois das reuniões, tive uma coletiva de imprensa agendada para resumir as discussões, mas precisei adiá-la. Meu coração estava machucado. Eu precisava de tempo para me recompor.

Quem também participou dessas sessões foi uma mulher admirável chamada Candice Jackson, que concordara em trabalhar como chefe interina do Gabinete de Direitos Civis do departamento enquanto o indicado oficial estava retido no Congresso. Candice é controversa e destemida. Advogada formada em Stanford e ativista, registrou as histórias das mulheres que acusaram Bill Clinton de assédio e abuso sexual. Mais tarde, trouxe todas elas à tona durante o segundo debate presidencial entre Donald Trump e Hillary Clinton.

Mas essas reuniões também eram uma questão pessoal para Candice. Ela é uma vítima de estupro. Compartilhou corajosamente sua história na sessão com as outras pessoas, em detalhes muito sensíveis e particulares para serem recontados aqui. O que ela quis deixar claro, talvez mais do que qualquer outra coisa, é que eles deveriam desconsiderar a narrativa da mídia de que quaisquer mudanças seriam elaboradas sem sensibilidade ou compreensão do que as vítimas enfrentam. Candice também levava essas cicatrizes, assim como outros da nossa equipe que ajudaram a escrever a regra.

Candice superou o trauma que enfrentou e se tornou uma advogada de sucesso. Ela se casou com uma mulher e, juntas, construíram uma família. Ser mãe – de um menino e uma menina – deu-lhe outra perspectiva para enxergar esse problema. Ela não havia me contado toda sua história até pouco antes das reuniões com as vítimas. Ela ainda lutava com o seu passado. Tudo que ela conseguia fazer era dizer a palavra *estupro* em voz alta. Mas sua experiência, disse, a motivou a enfrentar a questão de lidar com abuso e assédio sexual em instituições de ensino. Ela queria, em suas palavras, "acertar as contas para todos".

Candice se deparou com a questão do assédio sexual no Título IX a partir de uma perspectiva de experiência pessoal. Ela entendia a necessidade que as vítimas têm de controlar o que vem a seguir. Descreveu a dificuldade que sentiu para entender que o que aconteceu com ela foi um estupro. Descreveu a dor de ter que estar na mesma sala de aula e no mesmo dormitório que seu estuprador.

Candice também entendia a dor dos que são falsamente acusados. Nós duas ficamos muito emocionadas com a história de uma mãe que encontrou seu filho tentando cometer suicídio depois de ser falsamente acusado de estupro nos termos do Título IX. Daquele momento em diante, ela disse, tinha medo de encontrar seu filho morto toda vez que abria a porta do quarto. Nenhuma mãe deveria passar por isso.

⚜

Como ocorre frequentemente com as leis, os congressistas que escreveram o Título IX não o reconheceriam hoje. Esse estatuto bem-intencionado e objetivo foi promulgado como parte de uma lei educacional maior em 1972 e aprovado para dar às mulheres acesso igual à educação e aos serviços educacionais – principalmente em faculdades, universidades e escolas de graduação. Ao longo dos anos, todavia, tem sido interpretado para abranger muitas outras situações, desde testes padronizados até assédio sexual e a sua aplicação mais famosa: o número de homens *versus* o número de mulheres que praticam esportes.

Não é apenas o fato de que essa nobre lei foi expandida para além de qualquer intento possível do Congresso que é perigoso. A *forma* como foi expandida é igualmente antidemocrática. Autoridades educacionais de sucessivas administrações democratas emitiram cartas aos seus "Caros colegas" – literalmente escritas por burocratas não eleitos e não responsabilizados para a comunidade educacional – declarando que o Título IX, a partir daquele momento, significava uma coisa nova. A administração Clinton escreveu em uma delas que, se homens e mulheres não participarem dos esportes escolares em números iguais, os homens poderiam ter suas oportunidades negadas até que os números se igualassem.

Foi a administração Obama que deturpou o significado do Título IX quando se trata de proteger os estudantes de assédio sexual. O então vice-presidente, Joe Biden, anunciou que esperava "mudar a cultura" em campi de faculdades no mesmo dia, em abril de 2011, em que ele e Obama anunciaram sua campanha de reeleição. O Departamento de Educação de Obama emitiu uma carta de dezenove páginas e espaços simples para a comunidade educacional – conhecida como *a* carta de "Caro colega".

Toda mudança processual introduzida por ela foi projetada para aumentar a probabilidade de que o acusado de assédio e abuso sexual seja considerado culpado. De acordo com a carta, a partir daquele momento, "assédio sexual" seria definido amplamente como uma "conduta inapropriada de natureza sexual" – omitindo o requerimento da Suprema Corte de que tal conduta também deve ser "severa, pervasiva e objetivamente ofensiva". A carta determinava que um único diretor de faculdade podia agir como juiz e jurado em um caso de assédio sexual nos termos do Título IX. Ela também declarava explicitamente que um *único* caso de assédio poderia fazer com que toda a universidade fosse considerada um "ambiente hostil", dando início a uma investigação que requer milhões de dólares e muitos anos.

De acordo com a carta de Obama referente ao Título IX, uma instituição de ensino poderia dar continuidade ao processo mesmo que o denunciante se recusasse a participar ou retirasse as acusações. O acusado não precisava conhecer as acusações antes de ser considerado culpado, não poderia exigir representação legal em uma audiência, não poderia solicitar para ver as provas contra ele e nem interrogar as testemunhas contra ele.

Além de tudo isso, a carta reduziu os padrões para determinar a culpa do acusado. Antes, os casos do Título IX geralmente exigiam um padrão de culpa "claro e convincente" ou até uma culpa "além de uma dúvida razoável" para condenar o acusado. Agora, bastava que o processo provasse que o acusado "tinha mais probabilidade de ser do que de não ser" culpado. Esse padrão menor de prova, dizia a carta, se aplicava aos casos de assédio sexual nos termos do Título IX mesmo se a universidade usasse o padrão mais alto em casos de má conduta não sexual – ou ao julgar professores acusados de má conduta sexual.

A punição por não cumprir as regras era alta. Faculdades e universidades poderiam perder seu financiamento federal, uma sentença de morte para qualquer instituição de ensino.

Em resumo, a carta de Obama e Biden referente ao Título IX impôs um sistema que negava a justiça por favorecer o denunciante e negar o devido processo legal ao acusado. E é importante destacar que o novo decreto não foi ignorado. Diretores, principalmente os oficiais do Título IX nos campi, já tinham a tendência de culpar os acusados em casos de assédio sexual. A carta reforçou esse viés contra o devido processo legal – na verdade, era exatamente isso que ela tinha a intenção de fazer. O resultado não foi nada menos do que tribunais arbitrários.

Um após o outro, homens (a maioria, mas certamente não apenas eles) tiveram seu direito ao devido processo legal negado nos termos do Título IX e condenados por crimes pelos quais eles nem sabiam que estavam sendo investigados. Eles não puderam contratar um advogado nem encarar os seus acusadores. É como se todos os resultados estivessem pré-determinados.

Um exemplo do viés adicional inserido no sistema foi a maneira como as faculdades e universidades treinaram suas equipes para lidar com casos do Título IX. As instituições geralmente mantinham em segredo os materiais usados para treinar os investigadores e juízes do Título IX. Mas um aluno que foi acusado na Universidade da Pensilvânia obteve os materiais de treinamento da instituição e um tribunal distrital decidiu que ele "enquadrava praticamente qualquer mudança de comportamento do acusador como consistente com a culpa do acusado"[88]. Traduzindo: Cara, eu ganho. Coroa, você perde.

A grande mídia foi uma fonte constante de apoio às novas regras. Para garantir que eles fizessem sua parte, o Departamento de Educação de Obama publicou os nomes de todas as faculdades e universidades que estavam sendo investigadas por deixarem de implementar as novas regras do Título IX. A lista foi preparada para a imprensa – qualquer jornalista que quisesse ajudar a importunar instituições de ensino para que elas cumprissem as novas regras podia consultá-la. A lista incluía instituições que apenas estavam sendo investigadas por violações; não havia sido constatado que algum assédio sexual ocorreu.

---

88. HARRIS, Samantha; JOHNSON, K. C. Campus Courts in Court: The Rise in Judicial Involvement in Campus Sexual Misconduct Adjudications. NYU Journal of Legislation & Public Policy. 22, nº 1. 2019. p. 49. Disponível em: https://nyujlpp.org/wp-content/uploads/2019/12/Harris-Johnson-Campus-Courts-in-Court-22-nyujlpp-49.pdf

Não é surpresa que casos de instituições desrespeitando os direitos dos acusados explodiram nas faculdades e universidades. Alunos foram arrastados para tribunais das faculdades por alegações absurdas. Os acusados recebiam pouco ou nenhum comunicado sobre por que eles estavam sendo acusados. Eles não conseguiram que ninguém interrogasse seus acusadores. As mesmas autoridades universitárias geralmente eram tanto os "investigadores" das alegações quanto os "juízes" dos resultados. Muitas vezes, diretores das universidades apresentaram uma predisposição notória contra os acusados. Alguns diretores interviram diretamente nos julgamentos para decidir a favor da suposta vítima.

Um caso assim envolveu um casal da Universidade do Sul da Califórnia (USC)[89] que estava namorando há dois anos quando um vizinho os viu "brincando de luta" no gramado em frente ao dormitório das garotas. A atividade foi reportada ao escritório do Título IX da universidade. A mulher negou que tinha sofrido qualquer tipo de abuso, mas, sob as regras de Obama, isso não importava. A instituição deu continuidade ao caso e expulsou seu namorado. Quando ela insistiu que ele era inocente, disseram-lhe que estava sofrendo de síndrome da mulher espancada e que não sabia do que estava falando.

Outro caso quase tão absurdo para ser verdade envolveu um estudante da Universidade do Tennessee. Uma prova da sua aula de ciências da Terra pediu para ele dar o nome da sua instrutora de laboratório. Ele não conseguia lembrar, então fez uma tentativa ousada: "Sarah Jackson". Sem o conhecimento do aluno, acontece que há uma modelo de conteúdo adulto chamada Sarah Jackson. Quando tirou zero na prova, perguntou à professora o que havia feito de errado. Ela disse que sua resposta aleatória foi ofensiva e constituía assédio sexual nos termos do Título IX de acordo com as regras de Obama. A universidade abriu uma investigação do incidente, mesmo ninguém tendo prestado queixa[90]. Foi apenas uma das muitas maneiras pelas quais até um discurso inofensivo foi atacado pela burocracia da Título IX.

---

89. University of Southern California (USC). (N. E.)

90. SOAVE, Robby. Tennessee Student Accused of Sexual Harassment Because He Wrote Instructor's Name Wrong. **Reason**. 4 out. 2016. Disponível em: https://reason. com/2016/10/04/u-tennessee-student-accused-of-sexual-ha/.

Houve outro tipo de injustiça deturpado criado pela carta de Obama: por muitas vezes, ela retraumatizou as vítimas que devia proteger. Nos anos que a seguiram, centenas de processos foram apresentados por estudantes que sentiram que foram tratados injustamente nos casos de assédio sexual nos termos do Título IX. Isso provocou a reabertura dos casos, fazendo com que a vítima revivesse a experiência, e frequentemente revertendo a decisão, não porque o acusado era inocente, mas porque o processo de adjudicação estava completamente errado.

Um aluno com um registro perturbador de má conduta processou a Universidade George Mason depois que foi considerado culpado de abuso sexual nos termos do Título IX. Ele alegou que a universidade ocultou as suas provas, e que o diretor que decidiu sobre o caso já havia admitido que era enviesado a favor da suposta vítima. O tribunal decidiu a favor do aluno e ele pôde retornar ao campus. A decisão foi baseada na discussão sobre os procedimentos do Título IX da instituição terem, ou não, sido justos. A corte decidiu que não, e um estudante que pode ou não ter cometido abuso sexual ficou livre para voltar ao campus.

No total, até 2019, 300 cortes julgaram e, em quase metade dos casos, ela decidiu a favor do requerente. Em 74 outros casos, a universidade fez um acordo com o autor[91]. E, cada vez que um desses alunos processou sua instituição de ensino por expulsão indevida, suas supostas vítimas foram forçadas a reviver suas experiências. Nossa equipe achava profundamente que isso estava errado. Vítimas de abuso sexual estavam sendo regularmente retraumatizadas por um sistema que não ajudava o acusador nem o acusado.

⁂

A campanha presidencial de 2016 tornou a questão de assédio e abuso sexual algo mais complicado do que antes. O candidato Trump tinha a gravação do *Access Hollywood* onde ele se gabava de

---

91. HARRIS, Samantha; JOHNSON, K. C. "Campus Courts in Court: The Rise in Judicial Involvement in Campus Sexual Misconduct Adjudications". NYU Journal of Legislation & Public Policy. 22, nº 1. 2019. p. 49. Disponível em: https://nyujlpp.org/wp-content/uploads/2019/12/Harris-Johnson-Campus-Courts-in-Court-22-nyujlpp-49.pdf.

má conduta sexual. O marido de Hillary Clinton tinha sua longa teia de acusações sexuais. Todavia, eu fui para o cargo de secretária de educação determinada a desfazer o mal que a administração Obama causou na aplicação do Título IX.

Desde o início, deixei claro que não "governaríamos por cartas". Eu não pegaria os atalhos que as administrações anteriores haviam usado ao emitir cartas "Caros colegas". Burocratas não eleitos e não responsabilizados escreveram essas cartas e as chamaram de "orientações" sobre como aplicar a lei. Mas a palavra *orientação* sugeria que essas novas regras eram opcionais. Não eram. Qualquer faculdade ou universidade que ousasse não as seguir abria-se para processos judiciais – ou se tornava alvo de investigações federais que a forçavam a perder seu financiamento federal ou "fazer um acordo" com o departamento para incorporar as novas regras. De qualquer forma, elas não podiam vencer. A carta não foi, no fim das contas, uma "ameaça vã", nas palavras de Catherine Lhamon, chefe do Gabinete de Direitos Civis de Obama[92].

As cartas foram um exemplo flagrante da administração ultrapassando os limites – da burocracia criando leis através da maneira como escolheu *aplicar* leis existentes. Com uma canetada, os burocratas de Obama mudaram a lei, simples assim. Como qualquer pessoa que se lembra de *Schoolhouse Rock* sabe, o Congresso é o responsável por redigir as leis. Ele não agiu para mudar o Título IX. Tínhamos que corrigir a aplicação da lei e fazer isso de maneira apropriada.

Os detalhes de como o governo federal desenvolve e emite regulamentações faz com que a maioria das pessoas perca o interesse, e por uma boa razão. Mas eles são importantes. Quando são ignorados – como aconteceu diversas vezes com o Título IX –, os burocratas assumem o papel do Congresso e a própria democracia é subvertida.

Eu queria reverter a diretiva de Obama o mais rápido possível, mas sabia que tínhamos que fazer isso da *maneira certa*. Meu conselheiro sênior, Bob Eitel, afirmou que a única forma de garantir que nosso

---

92. AXON, Rachel. "Feds Press Colleges on Handling of Sex Assault Complaints". USA Today. Tysons Corner, 14 jul. 2014. Disponível em: https://www.usatoday.com/story/sports/ncaaf/2014/07/14/college-sexual-assaults-dartmouth-summit/12654521/.

conserto de política não pudesse ser revertido por outra carta de uma futura administração democrata era através do processo longo e complicado da emissão de novas regulamentações federais.

Primeiro, a carta de Obama deveria ser anulada. Em seguida, as novas regras do Título IX propostas tinham de ser escritas e publicadas no Registro Federal para serem submetidas aos comentários públicos por, geralmente, sessenta dias. Durante esse período, qualquer pessoa poderia criticar ou sugerir alterações em qualquer parte da regulamentação. E o departamento em questão – nesse caso, o Departamento de Educação – deveria responder a cada comentário que recebe. Só depois dessas etapas é que a regra final pode ser emitida e a regulamentação pode ser criada.

É difícil enfatizar o quão controverso é tentar mudar o Título IX. Ou melhor, o quão controverso é *limitar excessos* sob a lei. Gerações de americanos associam o Título IX ao progresso das mulheres na educação e esportes, e eles estão certos. Para as feministas de uma certa idade, é a arma com a qual elas lutaram por cinquenta anos, não apenas para criar oportunidades para as mulheres, mas para acabar com as diferenças entre os sexos. Agora, com o advento do movimento transgênero, o Título IX está sendo usado para abolir a noção de sexo biológico. Tornar a lei mais abrangente do que o Congresso queria foi bem fácil – as administrações democratas fazem isso há décadas. Mas limitar os excessos sob a lei – *isso* foi difícil.

Há juristas respeitáveis que alegam que o Título IX não deve ser aplicado a casos de assédio sexual. Na verdade, em um caso sobre o assunto diante da Suprema Corte, a opinião minoritária, de 5 a 4, defendeu que o Título IX não tinha um alcance tão abrangente[93]. Mas nós decidimos não apresentar esse argumento. Meu objetivo era preservar a integridade da lei e os seus avanços para mulheres e meninas e ao mesmo tempo restaurar o devido processo legal em casos de assédio sexual. Nossa estratégia era simples: fazer o oposto do que havíamos feito nove meses antes com a regra do banheiro para transgêneros. A

---

93. DAVIS vs. Monroe County Board of Education. Suprema Corte dos Estados Unidos. N° 97-843. 1999.

primeira coisa que faríamos seria explicar o que estávamos fazendo e por que para o público, e proporcionar a razão para a mudança de uma lei tão marcante para os direitos civis.

Nós planejamos um discurso onde eu anunciaria que estava anulando a regra de Obama e escrevendo uma nova. Seria um discurso importante, marcado para ser realizado na Universidade da Virgínia em Charlottesville em agosto de 2017. A rotunda Jefferson no campus da universidade era um ótimo lugar para falar sobre não conseguir alcançar nossos ideais, mas ainda honrá-los e buscá-los. Havia outra razão pela qual aquele era um bom lugar para anunciar nossa reforma do Título IX: a universidade fora criticada por alegações de abuso sexual que foram, no fim, desacreditadas. Descobriram que o acusador era uma fraude, mas o acusado foi considerado culpado até conseguir provar que era inocente.

Em novembro de 2014, a revista *Rolling Stone* publicou uma reportagem preocupante com a chamativa manchete "Um estupro no campus". O artigo afirmava que uma universitária identificada apenas como "Jackie" havia sido vítima de um estupro coletivo no campus. Mais tarde, os investigadores descobriram que a jornalista que o escreveu estava procurando um caso de abuso sexual para mostrar "que há uma cultura pervasiva de assédio sexual/estupro" no campus. Ela encontrou Jackie, que contou a história horrível de quando foi para uma festa em uma fraternidade, foi levada para um quarto no andar de cima e estuprada por sete membros da fraternidade. O artigo viralizou imediatamente, atraindo mais de 2,7 milhões de visualizações na internet[94].

Dias depois, o relato de Jackie começou a cair por terra. Descobriram que ela inventou partes importantes de sua história, incluindo a identidade do membro da fraternidade que a levou à festa. A *Rolling Stone* finalmente retirou a história e enfrentou processos de difamação tanto com a fraternidade quanto com a universidade. Mas o estrago

---

94. COLL, Steve; CORONAL, Sheila; KRAVITZ, Derek. "Rolling Stone and UVA: The Columbia University Graduate School of Journalism Report". Rolling Stone. Nova York, 5 abr. 2015. Disponível em: https://www.rollingstone.com/culture/culture-news/rolling-stone-and-uva-the-columbia-university-graduate-school-of-journalism-report-44930/.

havia sido feito. A narrativa apresentada no artigo – de que as autoridades das universidades são indiferentes ao estupro generalizado no campus – acabou com a reputação da Universidade da Virgínia.

A instituição foi uma das vítimas da pressa presente em muitos julgamentos de alegação de abuso sexual nos termos do Título IX. Foi um lugar perfeito para anunciarmos nossa intenção de reestabelecer a justiça sob a lei. Estávamos prontos para ir. Então, aquele triste episódio em Charlottesville aconteceu.

Meu discurso estava agendado para apenas uma semana depois dos protestos de supremacistas brancos. Foi um momento difícil para a administração. O reitor de alunos da universidade, Allen Groves, me ligou para dizer que ainda éramos bem-vindos, mas seria bom reconsiderarmos nossa ida a Charlottesville naquele momento. Embora tenha sido uma oferta nobre de alguém determinado a proteger a liberdade de expressão no campus, dissemos que não iríamos. Eu era alvo de críticas, o assunto era muito controverso e a comunidade já estava com os nervos à flor da pele. Fazer o discurso na Universidade da Virgínia não era uma boa ideia.

Assim, voltamos ao planejamento. Mas muitas instituições nos rejeitaram quando entramos em contato com elas para realizarmos o discurso, inclusive algumas que haviam reclamado secretamente conosco sobre como as regras do Título IX eram ruins. Elas perderam a coragem de defender suas convicções quando foram solicitadas a sediar o discurso. Depois de onze tentativas, estávamos preocupados em que eu não fosse recebida em nenhum lugar. Havíamos começado a planejar para que o discurso fosse feito no Departamento de Educação quando um grupo de estudantes corajosos e cheios de princípios da Sociedade Federalista da Universidade George Mason concordaram em sediar o discurso na Faculdade de Direito Antonin Scalia da Universidade George Mason.

No dia, cheguei ao local onde ele seria realizado em Arlington, Virgínia, e me deparei com manifestantes gritando "Pare Betsy DeVos!" Outros se enfileiraram no corredor que levava ao auditório gritando "Defensora do estupro!" na minha cara. Felizmente, o público que me ouviu discursar foi atencioso e respeitador. A temática relacionada à minha abordagem foi "um caminho melhor". Assédio e abuso sexual no campus eram um problema real, eu disse, e o Título IX estava protegendo o direito dos alunos de aprenderem em segurança por décadas.

Mas devia haver um caminho melhor.

Eu falei sobre os muitos estudantes que conheci desde que me tornei secretária e cujas vidas foram transformadas para sempre pelo abuso sexual. Falei sobre os pais que choraram enquanto contavam as histórias dos telefonemas que receberam de suas filhas que haviam sido vítimas ou de seus filhos, acusados de abuso sexual. Falei que era mãe de filhas e filhos e sobre como sequer podia imaginar receber esse telefonema. Isso não era um problema que eu podia ignorar. Era uma conversa difícil que precisávamos ter.

"Um estupro já é muito", eu disse. "Um abuso já é muito. Um ato agressivo de assédio já é muito. Uma pessoa ter o direito ao devido processo legal negado já é muito".

As regras de Obama falharam com muitos alunos. Elas pressionaram as instituições de ensino e enviesaram a balança da justiça. As novas regras obrigaram faculdades e universidades a ocuparem papéis e lidarem com situações que estavam além das suas capacidades. Muitos exemplos de assédio sexual no campus eram baseados apenas no que as pessoas diziam, onde a verdade é difícil de ser determinada até por advogados e investigadores experientes – e totalmente fora do escopo da maioria dos diretores universitários. O álcool muitas vezes prejudica memórias e distorce motivos. Até mesmo autoridades das universidades que tinham as melhores das intenções foram demandadas além de suas capacidades pelas regras do Título IX. Nesse tipo de ambiente, ninguém vence.

"Qualquer instituição de ensino que se recusa a levar a sério um aluno que denuncia má conduta sexual é discriminatória", eu disse ao público. "E qualquer instituição de ensino que usa um sistema enviesado para condenar um estudante por má conduta sexual também está cometendo discriminação".

Claramente, havia um caminho melhor, e nós estávamos comprometidos a encontrá-lo por meio da emissão de novas regulamentações. O *feedback* do público, o conselho de especialistas e as experiências reais dos alunos seriam bem-vindos, mas não ultrapassaríamos alguns limites. Não colocaríamos homens contra mulheres. Não ignoraríamos vítimas. Não negligenciaríamos nenhum direito americano ao devido processo legal. Não puniríamos o discurso. E buscaríamos justiça para *todos* os alunos.

A resposta ao discurso foi... dividida. Advogados, inclusive conselhos legais das instituições de ensino, gostaram da perspectiva de mudança. Eles sabiam como a situação estava errada. Alguns libertários civis também gostaram da nossa promessa de restaurar o devido processo legal ao acusado. Entretanto, a maior parte dos burocratas do Título IX – em Washington, em escritórios regionais do Departamento de Educação e em faculdades e universidades – foram ácidos em suas respostas, muito ácidos. Catherine Lhamon tuitou o absurdo de que a nova regulamentação do Título IX seria um retorno "aos dias ruins que precederam meu nascimento, quando era permitido estuprar e assediar sexualmente estudantes, sem punição".

Houve alguns comentários positivos – principalmente um. Em um retiro para membros do gabinete em Camp David, poucos dias após o discurso, o presidente Trump levantou um jornal do *Wall Street Journal* durante o almoço. Abaixo da manchete "DeVos promete restaurar o devido processo legal", havia um artigo de aprovação. Trump empunhou o jornal e me parabenizou. Depois, começou a falar sobre o escândalo do time de lacrosse da Universidade Duke.

Em 2006, membros do time contrataram uma mulher para dançar em uma festa. Depois, ela afirmou que três jogadores a estupraram no banheiro. Apesar de o seu relato ter mudado muitas vezes; de ela não conseguir identificar qualquer um dos acusados em uma fileira; das provas fotográficas de que o ocorrido não poderia ter acontecido; e de o DNA de nenhum dos jogadores ser encontrado na acusadora, o promotor de justiça do Condado de Durham, na Carolina do Norte, que estava em uma disputa acirrada pela reeleição, explorou o caso por meses, prejudicando permanentemente a reputação de três homens que, por fim, foram declarados inocentes.

Trump associou o assédio sexual do Título IX com o escândalo de Duke, eu creio, porque ele conhecia o pai de um dos jogadores do time. Ele era um cineasta. Uma noite, Dick e eu fomos à Casa Branca com outros membros do gabinete e seus cônjuges para uma exibição de um de seus filmes. O presidente mencionou novamente o quanto era importante eu estar reformando a regulamentação do Título IX, a despeito da polêmica que isso causou. Quando estávamos indo embora, ele disse a Dick: "Ela é forte. Ela é mais forte do que nós dois".

⊱⊱⊱⊱⊰⊰⊰

O tempo e esforço que foram necessários para mudar apenas uma regulamentação de uma lei é o motivo pelo qual os americanos odeiam a burocracia federal. Levou mais de um ano após a anulação da carta de Obama para que pudéssemos publicar nossa nova proposta de regulamentação de assédio sexual nos termos do Título IX. Mesmo assim, era apenas uma proposta, não uma regulamentação final. Se considerarmos o início do processo como sendo as reuniões que tive com as vítimas e os que foram acusados falsamente, a regulamentação levou dois anos e meio para ser concluída. Muitas agências do gabinete, grupos de interesses externos e a Casa Branca estavam envolvidos. Reuniões incontáveis. Opiniões incontáveis.

Ainda nos lembrávamos claramente do dano provocado quando nosso orçamento foi vazado para o *Washington Post*. Estávamos determinados a não deixar que isso ocorresse com nosso regulamento do Título IX, por isso, adicionamos camadas de proteção de segurança em um processo que já era complicado. Não enviamos cópias eletrônicas da proposta de regulamentação para ninguém. Todos os envolvidos receberam cópias em papel numeradas que podiam ser editadas apenas na minha sala de conferência. Eles escreveram suas edições à mão e deixaram seus dispositivos eletrônicos fora da sala. Referíamo-nos ao projeto por um código. Na maior parte, funcionou, apesar de alguns pontos terem vazado do Departamento de Saúde e Serviços Humanos.

Depois desse entusiasmo e motivação em Camp David, o presidente e eu não discutimos a questão do Título IX enquanto redigíamos a nova regulamentação. A falta de envolvimento do presidente foi tanto uma benção quanto uma maldição. Foi bom porque tivemos a liberdade de desenvolver a regulamentação da forma que achávamos que ela deveria ser. Mas foi ruim porque ainda tínhamos que discutir os detalhes com a equipe da Casa Branca e, na ausência de uma direção presidencial clara, isso era difícil. Suas opiniões sobre o que devíamos fazer iam desde não fazer nada até ordenar interrogatório entre os alunos. Além disso, a Casa Branca de Trump tinha muitos generais e poucos soldados. A maioria dos integrantes da equipe achavam que *eles* estavam no comando.

Parte do que foi desafiador para mim na relação com alguns funcionários pode ser atribuída ao fato de que eu não havia apoiado Trump nas primárias. Um sentimento anti-*establishment* estava enraizado em algumas áreas da Casa Branca. Não tenho certeza se já passei no teste de pureza de alguns dos integrantes da equipe de Trump. A Casa Branca do presidente tinha muitos integrantes inexperientes na política e motivados ideologicamente. Às vezes, parecia que tinham uma mentalidade antagônica, de "nós contra eles", como se todos não estivessem no mesmo time[95].

De alguma forma, alguns membros da Casa Branca achavam que eu era parte do *establishment*, e isso me tornava suspeita. Isso fez com que funcionários de vinte e quatro anos quisessem desafiar minhas políticas – no Título IX e em outras coisas. Não parecia importar o fato de que eu estivesse lutando contra as forças do estado burocrático; de que era vista como a inimiga do departamento que eu comandava; e de que eu recebia críticas constantes de pessoas influentes de Washington de ambos os partidos.

Enquanto o processo da elaboração de uma nova regulamentação do Título IX se arrastava, a divisão de opiniões na Casa Branca crescia.

---

95. Alguns da equipe da Casa Branca também eram mal-informados. Durante uma sessão de treinamento de mídia de rotina, um assistente do presidente representou um jornalista hostil e exigiu que eu defendesse uma declaração que supostamente havia feito pedindo "escolha de arma" para atiradores de escolas. Eu pensei que ele estivesse fazendo uma piada de mau gosto. "Eu nunca disse isso", respondi. Meu inquiridor insistiu: "Sim, você disse. Tenho o vídeo aqui". Meu chefe de equipe pediu para ver o vídeo ao qual ele estava se referindo e um assistente jovem passou para ele. Era do *Onion*, o jornal satírico. O artigo me citou supostamente falando "Faz sentido que um atirador da área rural de Iowa precisará de uma arma diferente do que um atirador da área central de Atlanta. Em vez de tentar solucionar esse problema com uma ordem ampla e ineficaz, precisamos tomar decisões baseadas em atiradores individuais". É algo em que meu pior inimigo não acreditaria, muito menos um membro da Casa Branca.

181

Mesmo em uma administração com muitos "disruptores", havia um medo considerável da alteração do Título IX. Pessoas influentes do Capitólio – inclusive a equipe do presidente do Comitê HELP do Senado, Lamar Alexander – advertiram a Casa Branca de que as reformas nunca resistiriam à revisão do Congresso. Depois que as audiências para o indicado à Suprema Corte Brett Kavanaugh começaram em setembro de 2018, alguns membros da Casa Branca afirmaram que não deveríamos fazer nada que nossos críticos pudessem ver como "contra mulheres". Outros compartilhavam minha visão de que a discussão sobre o devido processo legal relacionado ao Juiz Kavanaugh era exatamente o momento certo para divulgar a regulamentação. No fim, a facção "do atraso" venceu, então nós esperamos novamente. Finalmente, em novembro de 2018, divulgamos uma proposta de regulamentação que protegia a segurança de supostas vítimas e o devido processo legal aos acusados.

O processo de elaboração da regulamentação foi extraordinariamente cauteloso e deliberativo. Depois que divulgamos a proposta de regulamentação, recebemos impressionantes 124.196 comentários do público. Cada um deveria ser respondido, embora, felizmente, muitos deles eram cartas-padrão de grupos de defesa. Conforme os meses se seguiram, a rotatividade na equipe da Casa Branca significava que as mudanças propostas tinham que ser reiniciadas muitas vezes com muitas equipes. A burocracia permanente também fez sua parte para retardar o processo. Poucas pessoas sabem disso, mas a juíza da Suprema Corte Ruth Bader Ginsburg, vista como uma defensora ferrenha do Título IX, criticou as violações ao devido processo legal nas regras de Obama[96]. Ela parecia concordar com meu "caminho melhor" quando discutiu a questão com Jeff Rosen, do Centro Nacional da Constituição:

> **ROSEN**: O que você acha do devido processo legal para os acusados?

---

96. ROSEN, Jeffrey. "Ruth Bader Ginsburg Opens Up About #MeToo, Voting Rights, and Millennials". Atlantic. Washington, 15 fev. 2018. Disponível em: https://www. theatlantic.com/politics/archive/2018/02/ruth-bader-ginsburg-opens-up-about-metoo-voting-rights-and-millenials/553409/.

GINSBURG: Bem, isso não deve ser ignorado e vai além do assédio sexual. A pessoa que é acusada tem o direito de se defender, e não devemos acabar com isso. Reconheço que essas são reclamações que devem ser ouvidas. Houve críticas a alguns códigos de conduta de faculdades por não dar ao acusado uma oportunidade justa de ser ouvido, e esse é um dos princípios do nosso sistema, como você sabe, todos merecem uma audiência justa.

ROSEN: Algumas dessas críticas aos códigos de conduta das faculdades são válidas?

GINSBURG: Se eu acho que são? Sim.

ROSEN: Acho que as pessoas querem muito saber quais são suas ideias para equilibrar os valores do devido processo legal e a necessidade de uma igualdade de gênero maior.

GINSBURG: Não é um ou outro. São ambos. Temos um sistema de justiça onde as pessoas que são acusadas recebem o devido processo legal, então basta aplicar a esse campo o que já aplicamos no geral.

Quando quisemos citar suas observações na nossa nova regulamentação, burocratas do Gabinete de Administração e Orçamento nos disseram que não podíamos. Era permitido citarmos a Suprema Corte, eles afirmaram, mas não um juiz específico. Felizmente, vencemos essa luta.

Finalmente, quase três anos depois de começarmos, divulgamos a regulamentação final em 6 de maio de 2020. Nossa nova regra exige que faculdades e universidades realizem audiências ao vivo dos casos de assédio sexual e permitam interrogatório das testemunhas por assessores. Ela proíbe que um único diretor seja o juiz e o jurado. Surpreendentemente, tivemos que nos esforçar para destacar na regulamentação que todos os acusados tinham de ser considerados inocentes até provados culpados – o que as regras de Obama não fizeram.

Demos às instituições de ensino a escolha de usar o padrão de prova "claro e convincente" ou a "preponderância da prova" para provar a culpa, mas havia uma ressalva importante. O padrão que a instituição escolhesse deveria ser aplicado a todas as denúncias de assédio sexual, inclusive aquelas contra professores. Como a negociação coletiva dos professores e as regras de estabilidade do cargo já exigiam o padrão mais elevado (mais um exemplo dos sindicatos colocando o interesse dos adultos sobre os das crianças), nossa regra resultaria no mesmo padrão para os alunos acusados.

Por fim, nossa regulamentação define o assédio sexual usando o precedente da Suprema Corte como nosso guia. Ela também inclui *cyberbulling* e violência no relacionamento como categorias que as instituições precisam levar em conta, algo que se tornou muito mais importante durante a pandemia de Covid-19.

Resumindo, *justiça* foi o objetivo da nossa aplicação do Título IX, algo que você imaginaria que as autoridades de cumprimento da lei respeitariam. No entanto, lamentavelmente, dezoito procuradores-gerais democratas abriram um processo contra a nova regulamentação. Felizmente, um juiz federal logo indeferiu suas queixas.

Quando fui pedir a aprovação do presidente à regulamentação final, apresentei-a como uma vitória do devido processo legal. O presidente parabenizou a mim e minha equipe, lembrando que foi falsamente acusado de má conduta sexual duas vezes. Mais uma vez, ele pareceu conseguir entender o problema apenas pela perspectiva das suas experiências, mas disse as palavras que eu precisava ouvir: "Está certíssimo. Vá em frente e divulgue".

Nós sabíamos que o que havíamos alcançado era importante. Foi uma vitória difícil de ser conquistada e tínhamos as cicatrizes para provar isso. Nenhum secretário de educação havia emitido uma nova regulamentação nos termos do Título IX. Nós fomos os primeiros. E foi uma grande vitória da justiça para todos.

≋≋≋≋

Se uma política federal puder ser criada – e a lei efetivamente feita – simplesmente ao escrever uma carta, pouquíssimos burocratas conseguirão se controlar. Eles vão abusar dessa prática. Em 2014, o Gabinete de Direitos Civis e o Departamento de Justiça de Obama emitiram outra carta do estilo "Caro Colega". Dessa vez, eles mudaram unilateralmente a forma como alunos são disciplinados nas escolas americanas de ensino fundamental e médio sob a lei federal dos direitos civis. Foi outra diretriz escrita por burocratas não eleitos e não responsabilizáveis que espalhava mais poder federal coercitivo sobre nossas escolas. Como sempre, os autores da regra, muito distantes da realidade diária das escolas, tentaram se esconder atrás da narrativa de que a carta era apenas uma "orientação", mas isso não era verdade. Suas regras eram obrigatórias para escolas públicas de todo o país.

Em quatro anos, a prática de escrever cartas regulatórias da administração de Obama resultaria em um dos maiores desastres escolares da história. Seu próprio papel é discutido. Mas uma coisa é certa: ele não fez nada para evitá-lo.

⚜⚜⚜⚜⚜

Como parte da erradicação regulatória da administração de Trump, revisei – e eventualmente anulei – cartas de orientações e centenas de regulamentações do Departamento de Educação, além da regra de assédio sexual do Título IX. A carta relacionada à disciplina escolar de 2014 estava implorando para ser anulada desde o início.

Para ser justa, a orientação de disciplina de Obama estava direcionada a um problema real. Ao longo do espectro de raça e gênero, há diferenças em níveis de suspensão para os alunos. Por exemplo, estudantes afro-americanos são muito mais propensos a serem suspensos em escolas do ensino fundamental e médio do que os brancos. Os alunos negros representam cerca de 15% dos alunos das públicas, mas constituem cerca de 39% das suspensões[97]. Essas suspensões, por sua vez, resultam em dias de estudo perdidos, que geram taxas maiores de desistência, o que resulta em vidas levadas pelo crime e encarceramento – o conhecido "caminho da escola para a prisão".

Essa é uma realidade das nossas escolas que precisa ser abordada urgentemente. No entanto, como era o padrão, o Gabinete de Direitos

---

97. K–12 Education: Discipline Disparities for Black Students, Boys, and Students with Disabilities. U.S. Government Accountability Office. 22 mar. 2018. Disponível em: https://www.gao.gov/products/gao-18-258

Civis de Obama tomou uma medida mal orientada e de cima para baixo. Eles tentaram corrigir essa disparidade focando em estatísticas, não em estudantes individuais.

A regra de disciplina de 2014 foi modelada por um programa que começou no Condado de Broward, Flórida, pelo superintendente da escola, um homem chamado Robert Runcie. Ele era um amigo do secretário Arne Duncan, da administração Obama, que implementou um programa chamado PROMISE (um acrônimo difícil que nem vou tentar repetir). O PROMISE enfrentou o "caminho da escola para a prisão" no Condado de Broward mandando os alunos que cometeram pequenas infrações temporariamente para escolas alternativas, onde eles podiam receber orientação em vez de serem suspensos ou presos. Seus fãs – como o presidente Obama e o secretário de educação Deuncan – elogiaram o programa por ele gerar menos estudantes de minorias em suspensão e envolver menos o sistema de justiça criminal. Os críticos achavam que o programa deixava estudantes perigosos impunes e professores de mãos atadas em relação à disciplina do aluno.

Como o programa PROMISE, a carta do Gabinete de Direitos Civis de Obama determinou o que é chamado de "justiça restaurativa". Ela orientou as escolas a encontrarem maneiras não punitivas para lidar com más condutas de alunos. Assim como em Broward, em vez de suspender o estudante ou notificar a polícia, foram orientadas a mandar os alunos ao aconselhamento ou à assistência comportamental.

A nova política acabou com a autonomia dos professores por forçá-los a considerar a raça quando decidirem que tipo de disciplina um aluno deve receber. A linguagem da carta era positivamente orwelliana. Uma escola estaria violando a lei federal de direitos civis

> se uma política é neutra em sua formulação – ou seja, ela **não menciona raça** – e é **administrada de maneira justa e imparcial**, mas tem um *impacto díspar*, isto é, um *efeito* desproporcional e injustificado em estudantes de uma raça específica[98]. (Ênfase em negrito minha)

---

98. JOINT "Dear Colleague" Letter. U.S. Department of Education and U.S. Department of Justice. 8 jan. 2014. Disponível em: https://www2.ed.gov/about/offices/list/ocr/docs/postsec-online-access-051923.pdf

Em outras palavras, se escolas disciplinassem alunos negros e latinos em taxas mais altas do que alunos brancos, estariam violando a lei federal de direitos civis. Ponto. A regra não incentivava as escolas a eliminarem atos de discriminação, mas a produzir as estatísticas certas. Se o corpo estudantil de uma escola fosse 25% afro-americano, mas 35% dos alunos punidos por má conduta fossem afro-americanos, ela seria "culpada". A taxa "correta" de disciplina para estudantes negros, segundo a regra, era a proporção de alunos negros no corpo estudantil: 25%.

E, como sempre, a punição por ser descoberto violando o Gabinete de Direitos Civis era a morte – o fim do financiamento federal – de uma escola.

A premissa não declarada da nova política era que a única coisa que explica a disparidade da disciplina entre alunos brancos e de minorias é o racismo dos professores. Eram as *ações discriminatórias dos professores*, não as circunstâncias familiares, traumas passados ou a qualidade da educação, que faziam com que mais estudantes afro-americanos fossem suspensos ou presos. A regra implicava que, ao tirar a tomada de decisão dos professores, a disparidade racial seria solucionada.

O Gabinete de Direitos Civis de Obama começou a garantir que as escolas soubessem que eles estavam falando sério ao lançarem centenas de revisões sistemáticas a fim de descobrir violações da nova regra. Encontrar escolas "culpadas" era fácil. Tudo o que tinham que fazer era ver os números. Era presumido que aquelas com estatísticas erradas estavam violando a lei federal de direitos civis. Elas não eram absolvidas até que adotassem o novo sistema de cota disciplinar do Gabinete de Direitos Civis de Obama.

As escolas reagiram de forma previsível a essa abordagem austera. Professores relataram que estavam sendo pressionados a não "relatarem" alunos de minorias por infrações disciplinares. Eles reclamaram que estavam sendo forçados a fazerem vista grossa quando alguns estudantes se comportavam mal. A violência aumentou e os professores afirmaram que se sentiam inseguros nas salas de aula. Um professor foi pressionado a ignorar diversas ameaças de um aluno até que ele cumpriu as ameaças e o agrediu. Outro relatou que um estudante agrediu um colega de turma de maneira tão violenta que a vítima teve que ser levada para o hospital. O agressor pôde permanecer na escola e receber "aconselhamento".

Então, em 14 de fevereiro de 2018, aconteceu algo inimaginável.

ʃʃʃʃʃʃ

Naquela manhã de quarta-feira, um jovem de dezoito anos entrou na Escola de Ensino Médio Marjory Stoneman Douglas e matou dezessete pessoas com um rifle semiautomático estilo AR-15. Não vou honrá-lo mencionando seu nome[99]. A escola era em Parkland, Flórida, no coração do Condado de Broward. O assassino, que havia sido expulso um ano antes, tinha um longo registro de comportamento violento. Quando estava no fundamental, tinha muitos incidentes de brigar com colegas de turma, demonstrar obsessão com armas e exibir outros comportamentos ameaçadores e bizarros. O superintendente das escolas de Broward, Robert Runcie, negou no início que o assassino havia participado do programa PROMISE, mas depois admitiu isso.

Estávamos revisando a carta de disciplina de Obama muito antes da tragédia em Parkland. A perda de dezessete alunos e professores acrescentou controvérsia e urgência para a nossa tarefa. À medida que mais detalhes sobre o passado conturbado do assassino vieram à tona, a tragédia chamou a atenção de todo o país para o programa disciplinar do Condado de Broward – e para a política do Gabinete de Direitos Civis de Obama sobre a qual ele estava baseado.

Eu não queria intervir em uma comunidade que estava sofrendo com dor e luto, por isso esperei para visitar Marjory Stoneman Douglas. Em 7 de março, fui propositalmente discreta. Não queria que alguém da escola se sentisse forçado a conversar comigo. Tentei ser respeitosa, mas o clima estava delicado. Alguns estudantes me agradeceram por ter ido. Outros falaram, de forma hesitante, sobre a dor que estavam enfrentando. Mesmo assim, outros me lançaram olhares hostis.

A tragédia já havia dividido a comunidade. Um grupo de pais e alunos culpou a disponibilidade de armas pelo incidente em Parkland.

---

99. Isso está alinhado com muitas recomendações importantes que fizemos no Relatório Final da Comissão Presidencial sobre Segurança Escolar.

Outros culparam o que o *Sun Sentinel*, do sul da Flórida, chamou de "cultura de leniência" nas escolas do Condado de Broward, onde "professores são expressamente ordenados ou sutilmente pressionados a não mandarem os alunos à diretoria para serem punidos"[100].

Em uma tentativa de esclarecer o que havia dado errado e o que poderia ser feito em relação a isso, o presidente Trump me pediu para liderar uma comissão federal de segurança escolar. O procurador-geral Jeff Sessions, o secretário do trabalho Alex Azar e a secretária de segurança nacional Kirstjen Nielsen se juntaram a mim na comissão. Fomos encarregados de ouvir alunos, pais, professores, seguranças, diretores, autoridades de aplicação da lei, profissionais de saúde mental, conselheiros escolares – qualquer um que pudesse nos ajudar a identificar e promover soluções para tornar as escolas seguras.

Como ocorreu antes na política de banheiro e transgêneros, o procurador-geral Sessions queria simplesmente anular a carta de disciplina de Obama. Em vez de trabalhar juntamente com a comissão para abordar o problema no relatório final, preferia tomar um atalho.

"Betsy, não vou lidar nem mais um dia com essa maldita política!", disse para mim. Como fiz anteriormente, expliquei que essa era outra questão com carga emocional e racial. Precisávamos separar um tempo para explicar ao povo americano por que estávamos – ou não – agindo. Era o que vínhamos fazendo na questão do Título IX, e estava funcionando.

Dessa vez, nós vencemos. Em uma série de reuniões profundamente dolorosas, me encontrei com os pais dos alunos mortos em Parkland. Um deles – Andrew Pollack – escreveu um livro sobre o incidente[101]. Percorremos todo o país para receber conselhos de autoridades escolares e de cumprimento da lei que se envolveram em atentados anteriores.

---

100. O'MATZ, Megan; TRAVIS, Scott. "Schools Culture of Tolerance Lets Students Like Nikolas Cruz Slide". South Florida Sun Sentinel. Deerfield Beach, 12 maio 2018. Disponível em: https://www.sun-sentinel.com/2018/05/12/schools-culture-of-tolerance-lets-students-like-nikolas-cruz-slide/.

101. EDEN, Max; POLLACK, Andrew. "Why Meadow Died: The People and the Policies That Created the Parkland Shooter and Endanger America's Students". Post Hill Press. Franklin, 2019.

Também nos encontramos com professores para saber como estavam sendo suas experiências em salas de aula e ouvir seus relatos. Espantosamente, os líderes nacionais de sindicatos de escolas apoiavam a política de Obama. Eu me perguntava se eles perceberam que a política estava baseada na premissa de que seus membros eram racistas, consciente ou inconscientemente. Os sindicatos locais de professores, por outro lado, estavam mais interessados em fazer com que seus representados estivessem seguros. Os professores nos disseram que a "justiça restaurativa" não estava funcionando em suas salas de aula. Eles relataram que as condições vinham se tornando cada vez mais perigosas, e os estudantes de minorias não estavam recebendo o tipo de ajuda de que muitos deles precisavam.

A comissão também estudou o que havia sido aprendido sobre outros estudantes que realizaram tiroteio em massa em escolas. O que mais chamou atenção foi que todos esses jovens eram conhecidos como possíveis ameaças às suas escolas e comunidades. Em todo caso, houve sinais de alerta. Era um fato que nossas leis e regulamentos tinham que enfrentar.

O processo de organizar o *Relatório da Comissão Federal de Segurança Escolar* foi mais complicado do que deveria ser devido a questões internas de administração. O relatório final foi publicado em 18 de dezembro de 2018, quando todos estavam ocupados e distraídos por causa das festas de fim de ano. Apesar dos problemas, ele se tornou uma coleção valiosa das melhores práticas para as escolas levarem em consideração[102].

Nós não emitimos ordens – nenhum plano ou abordagem tornará todas as escolas seguras. O relatório focou em recomendações, como maior assistência de saúde mental, verificações de antecedentes reforçadas e uma linha de denúncia para que alunos possam relatar comportamentos preocupantes de forma anônima. Ele convocava os estados a adotarem "leis de bandeira vermelha" que proíbem indivíduos que representam uma ameaça de possuírem ou comprarem armas de fogo. Também recomendava a anulação da carta de disciplina de 2014

---

102. FINAL Report of the Federal Commission on School Safety. 18 dez. 2018. Disponível em: https://www2.ed.gov/documents/school-safety/school-safety-report.pdf

e reconhecia a importância de verdadeiramente seguir a lei de direitos civis, não se atentando apenas à raça ou etnia. Anulamos a carta de Obama três dias depois que o relatório foi lançado. Infelizmente, sem considerar o fato de que nós a rescindimos, o extenso trabalho da comissão nunca recebeu a atenção que merecia[103].

⁂

Nós fizemos mais – muito mais – para defender os direitos civis e o Estado de Direito do que apenas anular os excessos da administração anterior. Solucionamos casos de direitos civis, não apenas judiciosamente, mas com mais rapidez. Nós resolvemos 25% mais casos "com mudança" (que significa exigir que uma escola tome uma ação corretiva) do que a equipe de Obama e Biden fez em um tempo semelhante, inclusive solucionar 78% mais casos que envolviam o Título IX. Nós acabamos com dois terços do acúmulo de casos pendentes[104]. Enquanto eles passaram anos desenvolvendo casos "sistêmicos" contra escolas, nós, efetivamente, promovemos justiça a mais vítimas. Cobramos uma multa recorde de 4,5 milhões contra a Universidade Estadual do Michigan por não proteger suas atletas femininas do médico esportivo Larry Nassar. Solucionamos a investigação dos crimes de Jerry Sandusky na Universidade Estadual da Pensilvânia, que durou quase uma década, pelos quais foi condenado pelo tribunal oito anos antes. Responsabilizamos as autoridades de escolas públicas de Chicago por décadas de falta de resposta a centenas de denúncias de assédio sexual – muitos deles cometidos por adultos em alunos. Chicago não tinha nem um coordenador do Título IX na equipe.

Resumindo, nós colocamos a busca pela justiça novamente no centro da missão do Gabinete de Direitos Civis.

---

103. Você pode ler o relatório completo em https://www2.ed.gov/documents/school-safety/school-safetyreport.pdf.

104. ANNUAL Report to the President, the Secretary, and the Congress. U.S. Department of Education Office for Civil Rights.

CAPÍTULO 7

A ESTRADA DO ENSINO SUPERIOR

É um fato inconveniente para a oposição da liberdade educacional que os Estados Unidos já tenham uma política robusta de escolha educacional privada. Ela gerou um sistema classificado como um dos melhores do mundo. Criou instituições de ensino americanas que são mais procuradas do que as de qualquer outro país.

Estou me referindo, é claro, ao sistema de educação superior dos EUA. Os alunos podem receber recursos "públicos" – Bolsas Pell, Lei de Assistência aos Veteranos (GI Bill) ou empréstimos estudantis federais – para usá-los em qualquer faculdade ou universidade que escolherem, independentemente de ser pública, privada ou religiosa. O fato de poderem optar não é controverso. Eu não ouvi ninguém criticando a escolha da educação superior quando estava em Washington. A liberdade educacional foi o que ajudou a fazer com que nossas faculdades e universidades fossem as melhores do mundo.

Enquanto isso, nossas escolas de ensino fundamental e médio, onde falta escolha, estão muito atrás de nossa concorrência.

O motivo pelo qual o governo pode financiar um aluno na Universidade Notre Dame, mas não na Escola Notre Dame, nunca fez sentido para mim. Mas há muitas coisas na maneira como o governo funciona – ou não – que não fazem sentido nenhum.

Ter escolha escolar no ensino superior, por assim dizer, é a boa notícia. A notícia ruim é que ainda vemos, em sua maioria, um modelo igual para todos os alunos – frequentar a faculdade, assistir às aulas certas, receber o número de créditos exigido e ganhar um diploma. Nosso sistema superior é inigualável, mas a adesão concentrada nessa abordagem educacional excluiu muitas outras opções eficazes e alternativas para o aprendizado pós ensino médio. Esse problema tem se acentuado nos últimos anos devido à pressão para que todo mundo vá para a faculdade e à mensagem não tão sutil de que aqueles que não vão são inferiores.

Essa mensagem veio de autoridades superiores. Em seu primeiro discurso no Congresso, o presidente Barack Obama fez uma promessa à juventude dos Estados Unidos. "Vamos proporcionar auxílio para que vocês concluam a faculdade e conquistem um novo objetivo", ele disse. "Em 2020, os EUA terão novamente uma das maiores proporções de formandos do ensino superior em todo o mundo". Seu secretário de educação, Arne Duncan, afirmou que a "bússola" da administração era a produção de mais formandos de faculdades.

O objetivo de Obama estava alinhado à crença cultural crescente de que um diploma universitário era o único caminho para se chegar à classe média. Mais do que isso, a implicação deixava claro que um diploma universitário era o único caminho para a *respeitabilidade*. Era o que as pessoas inteligentes faziam. Como resultado, os americanos começaram a desprezar cada vez mais o ensino técnico e os diplomas de associado. Qualquer coisa inferior a um ensino de quatro anos era vista como algo de segunda categoria.

A Dra. Virginia Foxx, presidente republicana do Comitê de Educação e Trabalho da Câmara, explicou o dano dessa mensagem tão bem e tão fervorosamente como ninguém. Ela repetia frequentemente o lema "Toda educação é uma educação de carreira". Estava certa. Acrescentou: "Se uma pessoa adquirir um curso técnico, um bacharelado, uma pós-graduação ou qualquer outra coisa, tudo é educação. Precisamos pensar nas palavras que usamos e por que as usamos se queremos derrubar o estigma das outras formas de educação.

Se não fizermos isso, nunca vamos superar o sentimento persistente de desigualdade e injustiça que tantos americanos sentem"[105].

Essa injustiça tem raízes há décadas, quando as elites mancharam o valor do trabalho braçal, do trabalho com as próprias mãos, da elaboração e construção de empresas que mantiveram os Estados Unidos funcionando. Talvez eu seja tendenciosa porque vim de uma família ligada à indústria manufatureira em um estado com forte indústria manufatureira. Michigan é o lugar que colocou o mundo sobre rodas. Eu sei, de primeira mão, que há valor e dignidade em todo trabalho.

Rico ou pobre, negro ou branco, em um momento todos precisam de um encanador, um eletricista, um mecânico, uma enfermeira. Poderíamos celebrar aqueles que conseguem uma carreira com um bom salário sem ter que passar pelo fardo de pagar um empréstimo estudantil, mas não fazemos isso. Nossos líderes, políticas e cultura continuam a tratar a faculdade como algo essencial.

Um ciclo vicioso de incentivos ruins seguiu esse viés com foco nos diplomas universitários. Mais do que nunca, houve estudantes em faculdades – muitos do quais também se sairiam bem, ou até melhor, sem um diploma de bacharel. Os empréstimos estudantis dispararam, impulsionando o aumento dos preços das faculdades, pois não havia regras para o que essas instituições cobrariam pelos seus serviços. Programas de perdão de dívidas de empréstimos federais encorajaram estudantes e pais a assumirem mais dívidas ainda, o que alimentou as receitas totais das faculdades e inflou as mensalidades individuais dos estudantes, o que alimentou a necessidade de pegar mais empréstimos, e tudo virou uma bola de neve. Desenvolveu-se um ciclo retroalimentado de mais empréstimos federais que alimentavam custos educacionais crescentes. O jornalista Josh Mitchel, do *Wall Street Journal*, apelidou esse fenômeno de "A armadilha da dívida", alegando que os empréstimos estudantis se tornaram uma catástrofe

---

105. FOXX, Virginia. Stop Calling It "Vocational Training". Wall Street Journal. Nova York, 31 dez. 2018. Disponível em: https://www.wsj.com/articles/stop-calling-it-vocational-training-11546298568.

nacional enquanto o Congresso e as administrações anteriores estavam "ignorando as bandeiras vermelhas"[106].

Enquanto isso, poucos dos nossos líderes tiraram tempo para analisar se o que eles diziam estava certo: será que um diploma universitário é mesmo o melhor caminho para a classe média? Segundo dados compilados da Reserva Federal, a resposta é negativa. O órgão relata que o custo da faculdade cresceu *oito vezes* mais rápido do que os salários de 1989 a 2016[107]. É difícil garantir uma vida melhor quando o preço disso ultrapassa muito o que você pode ganhar.

Para deixar claro, sugerir que alguns estudantes podem se sair melhor buscando outras opções não é um argumento para dizer que devem ser excluídos do ensino superior. Esse é o tipo de conflito marcado por questões de raça e classe que o *establishment* educacional ama incentivar. Todos os que querem ir para a faculdade devem ter a oportunidade de fazer isso. Faculdades e universidades deveriam estar fazendo *mais* para serem acessíveis, principalmente a alunos de baixa renda e de primeira viagem.

Mas o fato é que, apesar de todo seu discurso sobre inclusão, o ensino superior está limitando as opções de estudantes desprivilegiados hoje em dia. As faculdades e universidades eliminam os filtros de habilidades acadêmicas dos alunos em nome da abertura, mas suas ações mais substanciais estão tornando o ensino superior americano menos acessível e inclusivo. Muito disso começa com o custo descontrolado de um diploma universitário, mas também se estende à falta de tolerância com opiniões divergentes e ao total cancelamento de professores e ativistas que não repetem o dogma esquerdista do meio acadêmico isolado da realidade.

---

106. MITCHELL, Josh. *The Debt Trap*. Nova York: Simon & Schuster, 2021. p. 9.

107. MALDONADO, Camilo. "Price of College Increasing Almost 8 Times Faster Than Wages". Forbes. Nova York, 24 jul. 2018. Disponível em: https://www.forbes.com/sites/camilomaldonado/2018/07/24/price-of-college-increasing-almost-8-times-faster-than-wages/?sh=58bef73f66c1.

Minha experiência com a política do ensino superior como secretária destacou algo que eu já sabia há um tempo: há um afastamento enorme entre o nosso sistema de educação e nossa economia.

Frequentar a faculdade sempre foi visto como uma coisa boa porque o título conquistado – um diploma universitário – enviava um sinal que antes era valioso para os empregadores, e isso ainda é verdade para muitos alunos, mas o retorno do investimento em faculdade simplesmente não é tão grande como muitos dizem. Apesar de haver uma relação clara entre a obtenção de um diploma universitário e uma renda maior, não está claro se essa é a causa. Quem vai para a faculdade, geralmente, tem outros atributos, inclusive realização educacional dos pais e renda familiar, que também fazem com que eles sejam estatisticamente mais propensos a alcançar o sucesso[108].

Precisamos nos perguntar se todos esses títulos estão de acordo com o que os estudantes e empregadores necessitam hoje. Muitos alunos descobrem, depois de se formarem, que seu diploma é algo caro – e desnecessário.

Atualmente, em todos os estados e setores, há mais de seis milhões de vagas de trabalho. Cerca de trinta milhões de empregos "bons" não exigem um diploma universitário[109]. Os trabalhos braçais de antigamente se transformaram nos "bicos" de hoje. Programação é uma habilidade cada vez mais necessária, assim como a rebitagem e a estampagem eram há algumas décadas. Mas os empregadores afirmam que não há americanos qualificados e preparados o suficiente para preencher essa infinidade de vagas. Os empregos que exigem habilidades hoje demandam preparação específica e certificação personalizada. O ensino superior americano não está preparando os alunos para esses tipos de carreiras.

---

108. FAIN, Paul. "Wealth's Influence on Enrollment and Completion". Inside Higher Ed. Washington, 13 maio 2019. Disponível em: https://www.insidehighered.com/news/2019/05/23/feds-release-broader-data-socioeconomic-status-and-college-enrollment-and-completion.
109. CARNEVALE, Anthony; RIDLEY, Neil; STROHL, Jeff. "Good Jobs That Pay Without a BA". Georgetown University Center on Education and the Workforce, 2017. Disponível em: https://cew.georgetown.edu/wp-content/uploads/CEW-Good-Jobs-wo-BA-final.pdf.

Na realidade atual, é cada vez menos provável que um único diploma sustente uma carreira de mais de trinta anos ou que alguém vá permanecer na mesma carreira em toda sua vida produtiva. Oportunidades de educação contínua devem continuar a se tornar a regra, não a exceção.

O presidente Trump claramente entendia uma coisa que o presidente Obama não: há mais de uma forma de ser bem-sucedido nos Estados Unidos. Nem todo mundo precisa frequentar a faculdade. Entretanto, nossa cultura, motivada pelo ensino superior tradicional, não considera a educação de carreira e técnica uma educação "de verdade". O sistema diferencia essas oportunidades dos diplomas em artes liberais ou STEM como se fossem prêmios de consolação. Mas essas buscas educacionais são tão válidas e importantes quanto outras buscas educacionais.

Há muito tempo, eu suspeitava que esse estigma com a educação de carreira e técnica estava sendo refletido no aconselhamento que alunos do ensino médio estavam recebendo. Para testar minha teoria, convocamos uma reunião de orientadores de todo o país para conversar sobre faculdade e alternativas de carreira para os estudantes. Fiquei decepcionada, embora não surpresa, ao ouvir que pouquíssimos deles haviam apresentado recursos para os alunos sobre opções diferentes da faculdade. Escolhas como programa de aprendizagem, por exemplo, raramente foram mencionadas. Pelo menos, a maioria dos conselheiros deixou a reunião com o desejo de melhorar e expandir a variedade de opções que apresentavam.

Outras partes do mundo adotam uma abordagem mais holística. Nós visitamos a Suíça em 2018 para conhecer a forma altamente integrada com a qual eles abordam a educação continuada. Percebemos como programas de aprendizagem e outras oportunidades de "ganhar enquanto aprende" são comuns para estudantes do ensino médio.

Aproximadamente três quartos dos alunos de ensino médio da Suíça participam de programas de educação e treinamento que combinam o aprendizado escolar com a prática no local de trabalho – em outras palavras, *programas de aprendizagem*. Ao contrário dos EUA, onde esse modelo não é comum fora das áreas de construção, na Suíça, eles abrangem tudo, desde habilidades comerciais até cuidados de saúde e finanças. O CEO e o presidente da gigante financeira global suíça UBS começaram suas carreiras no banco como aprendizes.

Eu conheci uma jovem de Minnesota que começou um programa de aprendizagem durante o ensino médio em Bühler, uma fabricante suíça com operações em Minneapolis. Ela continuou trabalhando lá depois do ensino médio e, quando nos conhecemos, já tinha casa própria, carro e uma conta de aposentadoria. Estava no início dos seus vinte anos e acabara de aceitar uma promoção na empresa para um cargo na Suíça. Era a garota propaganda do poder e possibilidades dos programas de aprendizagem.

Uma lição marcante para os Estados Unidos é que os negócios e líderes de comunidade da Suíça não pedem aprovação do governo para fazer parcerias com educadores. Eles simplesmente fazem a parceria. Identificam necessidades e tomam medidas de forma proativa para atendê-las criando programas de aprendizagem e preparando estudantes para ser profissionais. Como alguém que se dá bem com o ensino prático, eu teria amado essas oportunidades quando estava na escola.

O presidente Trump e sua filha Ivanka tinham um interesse verdadeiro em criar mais programas de aprendizagem nos EUA para que se tornassem alternativas reconhecidas aos cursos universitários de quatro anos. Era uma parte importante da missão do Conselho para o Trabalhador Americano, do qual Ivanka era presidente. Depois de voltar da Suíça, visitei uma faculdade comunitária no norte da Virginia que fazia parceria com a Amazon para criar programas de aprendizagem técnicos para militares veteranos. Como na Suíça, eles tomaram a iniciativa. Simplesmente identificaram uma necessidade e criaram o programa.

A Faculdade Valencia, em Orlando, faz algo parecido. Eles encontram os universitários de primeira geração onde estiverem, dando-lhes a chance de frequentar aulas da faculdade e ganhar diplomas de associado enquanto ainda cursam o ensino médio. Quando um estudante completa o programa de diploma de associado da Faculdade de Valencia com uma média de notas suficiente, ganha automaticamente a admissão nas faculdades estaduais da Flórida para um curso universitário de quatro anos, se desejar isso.

A Faculdade de Valencia transmite aos alunos um aprendizado relevante para os trabalhos do mundo real. Ela tem uma carreta que abriga grandes simuladores de equipamentos de construção. É móvel e, por isso, os estudantes de todos os campi podem acessá-la. Eu não perderia a chance de usar um simulador de pá de trator. Foi muito divertido!

Também tive a oportunidade de fazer o discurso de formatura no Centro de Carreira Butler Tech em Ohio. Essa escola de ensino médio faz parceria com empregadores locais para ensinar cuidados de saúde, engenharia, cosmetologia, engenharia automotiva, aviação e muito mais. A demanda pelos alunos da Butler é alta.

A preparação para suas carreiras reflete-se na cerimônia de formatura. Quando os estudantes terminam o programa, eles têm um "dia de assinatura de contratos", onde anunciam a empresa com a qual vão trabalhar. Quando estive lá nesse dia, vi-os cerimoniosamente colocando os chapéus das empresas que eles escolheram – e que os escolheram. É um momento de celebração, com muitas famílias orgulhosas em meio ao público.

A tradição de formatura da Butler Tech é uma brincadeira com o "dia da assinatura de contratos" de atletas estudantis, quando anunciam para qual faculdade escolheram ir. Os alunos que se prepararam para trabalhar em construção, cuidados de saúde ou cosmetologia devem ser tão valorizados quanto aqueles que se prepararam para jogar futebol americano ou basquete. Todos eles merecem comemorações. Foi uma grande honra para mim estar lá naquele dia e ampliar os horizontes de quem "assina" depois de terminar o ensino médio.

Mas esses programas ainda são difíceis de ser encontrados hoje em dia nos Estados Unidos. No Departamento de Educação, trabalhamos com o Departamento de Trabalho para criar algo chamado IRAPs[110] – programas de aprendizagem reconhecidos pela indústria – para ajudar a aumentar essas oportunidades. IRAPs incentivaram as empresas a criarem programas e dar "credenciais" aos formandos com um certificado ou um diploma que mostrava que haviam atendido

---

110. Sigla em inglês para "Programas de Aprendizagem Reconhecidos pela Indústria", que corresponde a "Industry-Recognized Apprenticeship Programs". (N. E.)

aos padrões de trabalho da indústria. Foi uma ideia maravilhosa que os sindicatos de trabalhadores eliminaram já no início.

No entanto, isso não nos fez parar de tentar conectar empregadores a estudantes. Nós trabalhamos com o Congresso para atualizar a legislação federal de educação profissional Perkins de forma a alcançar o mesmo objetivo. A lei Perkins dá subsídios federais aos estados e comunidades para promoverem educação profissional e técnica. Nós removemos todas as amarras federais e demos liberdade aos líderes locais e estaduais para usarem esses fundos da forma que achassem melhor com base nas oportunidades particulares dos seus estados. Colorado, por exemplo, usou seu financiamento para criar seu próprio programa no estilo suíço. Qualquer governador ou prefeito com uma visão clara da situação de seu respectivo estado ou cidade e uma ideia criativa pode fazer o mesmo hoje em dia.

Em última análise, para proporcionar mais oportunidades de ensino superior, precisamos abrir nossa mente sobre o que a educação é de verdade e para que ela serve. O objetivo, em todas as vezes, deveria ser proporcionar uma diversidade de caminhos rumo à educação de qualidade. Todos que querem ser melhores versões de si mesmos deveriam ter essa oportunidade. Eu sempre vi as carreiras como rodovias e não como ruas de uma mão só ou sem saída. Os alunos deviam ter facilidade para sair da rodovia a fim de aprender algo novo e então voltar a ela pela pista de acesso que escolherem. Eles deviam conseguir mudar de faixa quando quisessem. Mas a rota para um diploma universitário tradicional não pode estar asfaltada e lisa enquanto as estradas para outras opções estão cheias de buracos.

❧❧❧❧❧❧

O governo federal tem um papel muito mais significativo no ensino superior do que no fundamental e médio. Isso se deve majoritariamente a uma coisa: empréstimos estudantis federais. O governo federal se infiltrou no ensino superior sob o pretexto de "ajudar" os americanos a pagarem suas faculdades e universidades. O resultado disso não tem sido bom para alunos, seus bolsos ou seus futuros empregos.

A administração Obama conseguiu, fazendo algo que não recebeu a devida atenção, cumprir sua retórica ambiciosa de aumentar o número de estudantes universitários: eles tomaram completamente o controle federal do sistema de empréstimo estudantil.

Antigamente, os empréstimos estudantis eram financiados por bancos privados com o respaldo do governo federal, mas, em 2010, o governo federal se tornou o único credor desses empréstimos. Curiosamente, foi o irmão de Robert Runcie, o superintendente escolar do Condado de Broward, chamado James Runcie, que supervisionou a tomada de controle dos empréstimos estudantis na administração Obama. James Runcie era o chefe de empréstimos estudantis federais no departamento quando eu me tornei secretária. No início da minha posse, quando o Congresso teve uma audiência sobre pagamentos indevidos no programa federal de empréstimos estudantis, pedi para ele depor. Ele se recusou. Depois, exigi que o fizesse. Em vez de se apresentar diante do Congresso, Runcie renunciou à meia-noite do dia anterior à audiência.

Depois da tomada de controle, o Departamento de Educação se tornou responsável pelo maior portfólio de empréstimo direto em todo o governo federal. Empréstimos estudantis federais são a segunda maior fonte de dívida de consumo nos Estados Unidos, atrás apenas das dívidas com hipoteca. Os americanos têm mais dívidas estudantis do que em cartões de crédito ou empréstimos automotivos[111]. Do dia para a noite, o departamento se tornou um dos maiores bancos do país.

A razão do governo para se tornar o único provedor de empréstimos estudantis federais parecia interessante no início (como quase sempre parecem as razões para intervenções governamentais). A administração de Obama afirmou que os empréstimos estudantis providos diretamente pelo governo, em vez de pagar para que os

---

111. LOONEY, Adam; WESSEL, David; YILLA, Kadija. Who Owes All That Student Debt? And Who'd Benefit if It Were Forgiven? Brookings Institution. 28 jan. 2020. Disponível em: https://www.brookings.edu/articles/who-owes-all-that-student-debt-and-whod-benefit-if-it-were-forgiven/

bancos privados fizessem isso, economizaria dinheiro. Essa economia, por sua vez, seria usada para aumentar assistência a alunos de baixa renda e para pagar o Obamacare. Todos sairiam ganhando. Essa era a intenção. Essa era a teoria.

Mas boas intenções sem uma base econômica sólida simplesmente não funcionam.

Levou mais de quarenta anos – desde 1965, quando o programa de empréstimo estudantil federal foi criado, até 2007 – para o saldo do empréstimo federal atingir US$ 500 bilhões. Levou *seis* anos – de 2007 a 2013 – para esse saldo dobrar para US$ 1 trilhão – isso é US$1.000.000.000.000. Em 2018, quando eu era secretária de educação, US$ 1,5 trilhões em empréstimos estudantis federais estavam pendentes. Na época em que os pagamentos foram interrompidos por causa da pandemia de Covid-19, em março de 2020, o governo federal havia alcançado US$ 1,6 trilhões em empréstimos estudantis.

É claro, empréstimos estudantis não são apenas produtos financeiros. Cada um deles representa um estudante com sonhos. Famílias com esperanças. Futuros melhores.

De forma mais cínica, para as pessoas que estão no controle em Washington, esses empréstimos representam *votos*.

Os políticos não conseguiram se segurar. O portfólio de empréstimo estudantil estava agora completamente nas mãos do governo federal, e eles tinham *planos* para isso. Depois de incentivar os estudantes a pegarem mais dinheiro emprestado, o presidente Obama imediatamente apresentou formas de eles pagarem menos. Em vez do plano de pagamento fixo de dez anos, os alunos tiveram como nova opção um plano de pagamento baseado no quanto ganhariam depois de se formar. Como pagamento, a Reserva Federal pegaria de 0% a 10% da renda de um formando por até vinte e cinco anos. O período de pagamento seria de apenas dez anos se fosse em um "emprego público", ou seja, trabalhando para o governo ou para uma organização sem fins lucrativos voltada para política. O que restasse do empréstimo depois desse período seria perdoado.

O cálculo da administração de Obama de que os empréstimos estudantis federais seriam uma galinha dos ovos de ouro baseava-se na suposição de que apenas uma pequena porcentagem de devedores escolheria a opção de pagamento baseada na renda. Mas – surpresa! – os devedores optaram por esses programas em quantidade muito superior em relação às suas projeções. As contas da administração sempre foram muito boas para serem verdade. Quando o governo dá empréstimos e diz aos tomadores que eles não precisam pagar toda a quantia que pegaram, sempre haverá um déficit. E *alguém* paga por isso.

Em 2018, o Gabinete de Orçamento do Congresso, que é apartidário, estimou que, em vez de gerar um superávit – "fazer dinheiro" –, a federalização dos empréstimos estudantis *custaria* US$ 31 bilhões aos contribuintes ao longo da década seguinte[112]. Eu, juntamente com amigos da administração, como Larry Kudlow, diretor do Conselho Econômico Nacional, sempre suspeitamos que o cálculo da administração de Obama estava demasiadamente otimista. Na verdade, a maior parte do déficit foi resultado do pagamento baseado em renda. O esforço da administração de Obama para atrair eleitores jovens com empréstimos estudantis mais baratos estava funcionando – em detrimento dos pagadores de impostos. Menos dinheiro estava sendo pago pelos devedores, portanto, os custos do Tesouro continuaram a crescer.

A politização dos empréstimos estudantis não parou com os pagamentos baseados em renda. Candidatos à indicação presidencial democrata em 2020 competiram entre si para ver quem prometeria mais perdão da dívida estudantil. Bernie Sanders, Elizabeth Warren e, finalmente, Joe Biden começaram a falar sobre tornar as faculdades "gratuitas".

O presidente Trump não ficou imune à política dos empréstimos estudantis. No entanto, atrás do lindo discurso de gratuidade para jovens americanos, há um complexo sistema de incentivos e desincentivos que Trump não dedicou nenhum tempo para entender. À medida em

---

112. MITCHELL, Josh. "U.S. Student-Loan Program Now Runs Deficit, CBO Estimates". Wall Street Journal. Nova York, 7 maio 2019. Disponível em: https://www.wsj.com/articles/u-s-student-loan-program-now-runs-deficit-cbo-estimates-11557264772.

que a campanha para a eleição de 2020 se intensificava, ele ficou cada vez mais tentado a ceder aos devedores e prometer perdão de dívida. Em um momento, tive medo de ele acabar apoiando um esforço do Congresso para anular uma regra que havíamos desenvolvido a fim de restringir abusos de um programa de perdão de dívida estudantil. Felizmente, ele não fez isso.

***

"Faculdade gratuita" pode parecer uma promessa de campanha agradável aos ouvidos. Na prática, é uma política muito ruim que provoca problemas em diversos níveis. Mensalidades "gratuitas", apesar de não serem gratuitas de verdade, também não nos livrariam do controle governamental. Resultariam em uma tomada de controle do ensino superior pelo governo. No fim das contas, o que o governo financia, ele também controla.

Lembre-se do Obamacare e da fala infame do presidente Obama: "Se você gosta do seu plano de saúde, pode ficar com ele". Ela foi nomeada a "mentira do ano"[113]. Pessoas em todo o país perderam acesso aos médicos e aos seus planos de saúde por causa da tomada de controle federal. Por que alguém acreditaria que uma tomada de controle do ensino superior resultaria em algo diferente? Nós já vimos o que o sistema educacional do ensino fundamental e médio se tornou após estar sob controle governamental.

Se o governo federal tomar o controle total do ensino superior, é quase certo que, em pouco tempo, a "escolha escolar" de que os universitários americanos desfrutam acabaria. A possibilidade do racionamento de diplomas também não estaria muito distante. Políticos argumentariam que o redirecionamento de alunos do curso que eles têm interesse para o "mais necessário", ou simplesmente disponível quando iniciar o racionamento, é de interesse público, e o público estaria

---

113. HOLAN, Angie. "Lie of the Year: If You Like Your Healthcare Plan You Can Keep It". PolitiFact. Washington, 12 dez. 2013. Disponível em: https://www.politifact.com/article/2013/dec/12/lie-year-if-you-like-your-health-care-plan-keep-it/.

pagando as contas. Na melhor das hipóteses, o controle governamental iria eliminar, não aumentar, a diversidade de escolha que torna o ensino superior nos EUA tão desejado atualmente.

Faculdades gratuitas através de perdão de dívidas em massa são apenas um caminho mais complexo em direção ao ensino superior controlado pelo governo. Enquanto escrevo isso, democratas como o líder da maioria do Senado, Chuck Schumer, querem que o presidente perdoe, unilateralmente, impressionantes US$ 50 mil por devedor, apesar do fato de 60% dos tomadores deverem menos de US$ 20 mil[114]. A um custo total de mais de US$ 1 trilhão, o plano dos democratas seria dobrar a quantia que os contribuintes gastaram nas Bolsas Pell para estudantes de baixa renda durante os últimos vinte anos[115]. O presidente Biden disse que não tem certeza se tem autoridade para abolir dívidas estudantis sem a aprovação do Congresso, mas sua hesitação parece ter afetado apenas a *quantia* que ele prometerá perdoar. Ele se comprometeu a perdoar "apenas" US$ 10 mil por aluno, um valor irrisório de US$ 373 bilhões. O plano mais "modesto" de Biden custaria aos pagadores de impostos mais do que o custo de cafés da manhã e almoços gratuitos e com desconto[116] em todas as escolas dos EUA por vinte anos.

O presidente Biden não tem todo o dinheiro para arcar com o perdão em massa da dívida estudantil. A incapacidade ou relutância de alguns políticos em reconhecer esse fato é outro exemplo da desconexão entre Washington e as pessoas cujo dinheiro eles usam. Esses empréstimos estudantis foram emitidos pelos contribuintes dos Estados Unidos. Todos nós vamos pagar a conta se eles não forem quitados.

---

114. SHOULD We Forgive All Student-Loan Debt? Wall Street Journal. Nova York, 26 maio 2020.

115. LOONEY, Adam. "Putting Student Loan Forgiveness in Perspective: How Costly Is It and Who Benefits?" Brookings Institution. 12 fev. 2021. Disponível em: https://www.brookings.edu/articles/putting-student-loan-forgiveness-in-perspective-how-costly-is-it-and-who-benefits/.

116. Programa estadunidense onde alunos de baixa renda têm direito a refeições gratuitas ou com preço reduzido nas escolas públicas. (N. T.)

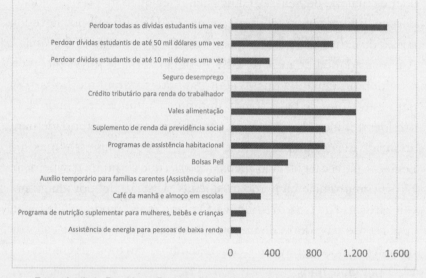

Fonte: Instituto Brookings, Base de dados públicos do orçamento do Gabinete de Gestão e Orçamento; Centro de Política Tributária; Departamento de Agricultura dos Estados Unidos

A mídia estaria disposta a fazer todos acreditarem que os empréstimos estudantis são realizados, principalmente, pelos pobres. Tomando uma frase emprestada, isso seria *fake news*.

De acordo com dados da Reserva Federal, 40% dos lares com maior renda devem aproximadamente 60% do total da dívida estudantil pendente. Mais da metade da dívida vem de lares com diplomas universitários, que correspondem a apenas 14% das famílias americanas[117].

---

117. BAUM, Sandy; LOONEY, Adam. "Who Owes the Most in Student Loans: New Data from the Fed". Brookings Institution. 9 out. 2020. Disponível em: https://www.brookings.edu/articles/who-owes-the-most-in-student-loans-new-data-from-the-fed/#:~:text=The%20highest%2Dincome%2040%20percent,three%2Dquarters%20of%20the%20payments.

Além disso, menos de um terço dos americanos procuram um curso universitário de quatro anos ou tem um empréstimo estudantil, fazendo com que os outros dois terços – incluindo aqueles que não precisaram de um diploma universitário para suas profissões escolhidas, aqueles que economizaram ou os que já pagaram suas dívidas estudantis – paguem a conta[118].

Resumindo, isso significa que um perdão em massa da dívida estudantil é um Robin Hood às avessas – uma transação dos pobres e da classe média para os ricos.

Elizabeth Warren foi lembrada disso quando estava concorrendo pela nomeação presidencial do Partido Democrata em 2020. Ela teve o tipo de encontro com um contribuinte que nós veríamos com mais frequência quando pais irritados questionaram membros dos conselhos escolares em relação ao fechamento de escolas e conteúdos antiamericanos.

Um pai se aproximou da senadora Warren em um evento em Iowa e disse que seu plano de perdoar a dívida estudantil "ferraria" com as pessoas que pagavam por suas faculdades.

"Minha filha está terminando o ensino médio. Eu economizei todo meu dinheiro. Ela não tem nenhum empréstimo estudantil. Vou receber meu dinheiro de volta?", ele perguntou.

Warren disse que não.

"Então você vai pagar para quem não economizou nenhum dinheiro e os que fizeram a coisa certa se ferram", o pai respondeu. Ele estava certo.

Políticos, anotem. Parece que os americanos entendem mais de economia do que vocês. E nem todos eles podem ser comprados com promessas de dinheiro grátis.

⸙⸙⸙⸙⸙

---

118. REPORT on the Economic Well-Being of U.S. Households in 2020. Board of Governors of the Federal Reserve System. Maio 2021. Disponível em: https://www. federalreserve.gov/publications/2021-economic-well-being-of-us-households-in-2020-o-verall-financial-well-being-in-020.htm#:~:text= At%20the%20end%20of%202020, by%22%20 (7%20percent).

Eu perguntei a todo presidente de universidade com quem me encontrei onde eles passavam a maior parte do seu tempo, e quase todos responderam "desenvolvimento" (tradução: arrecadação de fundos). Apesar do custo das mensalidades cada vez maior, parece nunca haver dinheiro suficiente no campus.

Uma causa é uma corrida armamentista de comodidades que tomou conta das faculdades com dormitórios. As decisões de matrículas deixaram de serem baseadas na qualidade acadêmica e se tornaram mais parecidas com a escolha de um cruzeiro ou *resort*, com a atenção voltada para qual instituição tem a melhor piscina, os maiores banheiros e a melhor parede de escalada. É difícil encontrar um campus onde não há um novo edifício em construção. O guindaste é o símbolo de um campus cuja mensalidade está – literalmente – crescendo.

Nada disso contribui muito para melhorar os resultados acadêmicos, é claro. Não assegura que os programas oferecidos sejam relevantes para o mercado de trabalho e economia. Ou que os professores estejam desafiando e motivando os alunos. Não garante que ideias sejam discutidas e que o debate seja acolhido.

Na verdade, uma porcentagem muito pequena do ensino superior tem a ver com educação. É um problema agravado, em parte, pelo acordo vantajoso que as instituições de ensino têm. Os estudantes pegam os empréstimos, mas as faculdades recebem suas fatias primeiro. De fato, o gabinete de Auxílio Estudantil Federal, do Departamento de Educação, emite o pagamento do empréstimo para a instituição, que então manda um cheque de "reembolso" para o aluno referente a quaisquer fundos em excesso após o pagamento das mensalidades e das taxas. Depois de assumir toda essa dívida, os estudantes sofrem economicamente se não estiverem bem-preparados para o trabalho, mas a instituição nunca é responsabilizada. Os alunos são avaliados com base nas conquistas acadêmicas para serem admitidos, mas não há nenhum tipo de avaliação cumulativa para medir o que um estudante aprendeu na faculdade para ganhar seu diploma.

Até a principal medida de conclusão do ensino superior – créditos acadêmicos – está centrada no enriquecimento de adultos (estudantes, se vocês estiverem percebendo uma tendência, estão certos.) A maioria das pessoas acha que um crédito acadêmico se refere a uma hora de curso que o aluno fez. Na verdade, é um crédito que o professor recebe para sua aposentadoria por ter ensinado durante uma hora[119].

É isso mesmo: a principal unidade de medida de estudo em uma universidade não tem nada a ver com o aprendizado do aluno. O sistema de créditos acadêmicos, popularizado por Andrew Carnegie, surgiu na virada do século (do século *anterior*) – outro modelo desatualizado de educação que limita os alunos hoje. A ideia de que a quantidade de tempo gasto aprendendo é um indicador do *que* é aprendido desafia a lógica, mas domina todas as nossas estruturas educacionais. Não é muito diferente no ensino fundamental e médio, nos quais exigem-se 180 dias letivos por ano.

Alguns tentaram questionar essa ideia antiquada. Você pode ter ouvido falar da Universidade dos Governadores do Oeste (WGU)[120]. Ela é uma universidade *online* sem fins lucrativos que foi criada pelos governadores dos estados ocidentais. À medida que ela se tornou mais popular, se expandiu para o Leste[121]. A universidade desfruta de um apoio bipartidário e amplo há muito tempo porque seus resultados são excepcionais. Entre muitas coisas que a tornam diferente, ela usa um modelo educacional baseado em competência (ou domínio). Em vez de fazer com que o aluno percorra o curso em um tempo determinado (ou seja, o crédito acadêmico), os estudantes da WGU progridem no ritmo em que demonstram domínio do assunto. Como resultado, aqueles que "entendem" podem progredir mais rápido, enquanto aqueles que precisam de mais tempo para aprender um conceito podem estudar sem pressa[122].

---

119. LAITINEN, Amy. "Cracking the Credit Hour". New America Foundation. Set. 2012. Disponível em: https://www.newamerica.org/education-policy/policy-papers/cracking-the-credit-hour/.

120. Western Governors University (WGU). (N. E.)

121. THE Story of WGU. Western Governors University. Disponível em: https://archive.wgu.edu/wgu-archive-structure/story-wgu. Acesso em: out. 2021.

122. WE Call It Competency-Based Education-Our Grads Call It the Best Way to Learn. Western Governors University. Disponível em: https://www.wgu.edu/student-experience/how-you-learn.html. Acesso em: out. 2021.

Faz sentido, mas desafia a ortodoxia do ensino superior. Portanto, naturalmente, ela sofre ataques.

O Departamento de Educação tem um inspetor geral (IG) com função de fiscalizar, avaliar beneficiários de bolsas e cobrar responsabilidade do governo. Mas, assim como tudo em Washington, o IG está longe de ser independente dos políticos. E, no governo federal, os políticos se dedicam a proteger o *status quo*.

Quando assumi o cargo de secretária de educação, o IG do Departamento de Educação estava investigando a WGU. Ele alegava que a instituição não estava proporcionando interação suficiente entre professores e alunos, baseado na interpretação de regulamentações que foram desenvolvidas antes da internet. O IG recomendou aplicar uma multa de US$ 713 milhões, que correspondia praticamente ao orçamento anual total da instituição[123]. Uma multa assim seria uma "pena de morte" para a WGU, uma concorrente bem-sucedida do ensino superior tradicional. Por isso, intervimos. Nós cuidadosamente desfizemos as conclusões equivocadas do inspetor geral, deixando-o com poucas escolhas a não ser concordar com nossa decisão[124]. Nenhuma multa foi aplicada, e hoje a WGU continua proporcionando uma opção de educação de qualidade.

Mas há outro problema de dinheiro no ensino superior que não recebe atenção suficiente. A seção 117 da Lei de Ensino Superior exige que as faculdades e universidades reportem doações de fontes estrangeiras que totalizem mais de US$ 250 mil[125]. É uma disposição bem clara e direta que tem a intenção de trazer transparência em

---

123. WESTERN Governors University Was Not Eligible to Participate in the Title IV Programs, Final Audit Report. U.S. Department of Education Office of the Inspector General. Set. 2017. Disponível em: https://oig.ed.gov/reports/audit/western-governors-university-was-not-eligible-participate-title-iv-programs.

124. BUSTA, Hallie. "Western Governors U Does Not Have to Pay Back $713M in Title IV Funds". Higher Ed Dive. 14 jan. 2019. Disponível em https://www.highereddive.com/news/western-governors-u-does-not-have-to-pay-back-713m-in-title-iv-funds/545908/#:~:text=Dive%20Brief%3A,federal%20standards%20for%20online%20education.

125. SECTION 117 of the Higher Education Act of 1965. U.S. Department of Education. Disponível em: https://www.govinfo.gov/content/pkg/COMPS-765/pdf/COMPS-765.pdf. Acesso em: nov. 2021.

relação à influência estrangeira em nossas instituições de ensino. O problema? Ninguém a cumpria.

No início, a questão chegou à atenção do público por causa dos Institutos Confucius, os programas educacionais controlados e financiados pelo Partido Comunista Chinês que estavam surgindo em instituições de ensino de todos os EUA. Eles eram apresentados como intercâmbios culturais, mas logo ficou claro que não havia liberdade de pesquisa acadêmica sobre nenhum assunto relevante acerca do governo chinês nos institutos[126].

Nós demos início a uma investigação para descobrir quanto dinheiro estrangeiro fora injetado silenciosamente nas nossas universidades. Uma revisão de apenas doze instituições de ensino resultou em US$ 6,5 bilhões em doações estrangeiras não relatadas. Depois, sessenta instituições que *nunca* haviam relatado uma única doação estrangeira emitiram um relatório pela primeira vez[127].

Em relatórios emitidos no verão de 2020, doações do Catar, China, Arábia Saudita e dos Emirados Árabes Unidos totalizaram US$ 1,05 bilhões. Há uma boa razão para acreditar que muitos desses países, principalmente nossos adversários, estão tentando nos espionar através das nossas instituições de ensino superior.

Como, por exemplo, o caso do professor Charles Lieber, o ex-diretor do departamento de química e bioquímica da Universidade de Harvard, que foi condenado por esconder seu trabalho com o governo chinês[128]. Lieber, que estava secretamente na folha de pagamento de um programa chinês destinado a coletar inteligência militar estratégica,

---

126. EPSTEIN, Etahn. "How China Infiltrated U.S. Classrooms". Politico. 16 jan. 2018. Disponível em: https://www.politico.com/magazine/story/2018/01/16/how-china-infiltrated-us-classrooms-216327/.

127. INSTITUTIONAL Compliance with Section 117 of the Higher Education Act of 1965. U.S. Department of Education Office of the General Counsel. Out. 2020. Disponível em: https://www2.ed.gov/policy/highered/leg/institutional-compliance-section-117.pdf.

128. HARVARD University Professor Convicted of Making False Statements and Tax Offenses. U.S. Department of Justice Office of Public Affairs. 21 dez. 2021. Disponível em: https://www.justice.gov/opa/pr/harvard-university-professor-convicted-making-false-statements-and-tax-offenses.

também recebeu mais de US$ 15 milhões em bolsas de pesquisa, grande parte do Departamento de Defesa dos EUA.

Nada disso impediu o *lobby* do ensino superior. Eles escreveram para nós dizendo que "agora é impossível para as instituições saberem como cumprir" as exigências da Seção 117. Não dava para entender como um grupo de acadêmicos prestigiados e advogados, a maioria deles com diplomas de pós-graduação, não sabiam como reportar o financiamento estrangeiro que recebiam. É inevitável pensar que eles queriam manter segredo.

⊰⊰⊰⊰⊰⊰⊱

Apesar de todas as forças contrárias, nós conseguimos fazer um bom progresso na melhora do sistema de empréstimo estudantil federal tanto para os devedores quanto para os pagadores de impostos. Quando me tornei secretária da educação, uma questão que precisava desesperadamente de melhoria era o lado do processo referente ao consumidor – ou ao estudante. Havia oito planos de pagamento para os alunos escolherem, cada um com exigências diferentes de eligibilidade. Havia mais de trinta variações de opções de adiamento e tolerância. Havia catorze opções de perdão de dívida. E, inacreditavelmente, toda essa informação era gerida por onze prestadores de serviço diferentes – todos com *sites* e plataformas, números telefônicos e formulários completamente separados.

Minhas expectativas de eficiência e eficácia do governo não são altas, mas eu fiquei chocada ao descobrir que, em 2017, não havia um site único e acessível onde os alunos poderiam entrar pelo *tablet* ou celular para gerenciar seus empréstimos estudantis. Em média, cada estudante tinha 4,8 empréstimos. Isso significava que ele devia acessar cinco servidores diferentes para saber quanto ainda precisava pagar, preencher cinco conjuntos diferentes de formulários, ligar para cinco números telefônicos diferentes de forma a saber se seu último pagamento foi recebido.

Os alunos têm muitos motivos para não pagar seus empréstimos estudantis; alguns são bons, outros nem tanto. Eu não queria que uma tecnologia de comunicação lamentavelmente desatualizada fosse um deles. Por isso, transformamos o sistema. Colocamos todos os serviços de empréstimo estudantil federal em um único lugar digital. No setor privado, o que fizemos não seria considerado inovador. No governo, foi revolucionário. Nós criamos um recurso único para devedores, um aplicativo chamado *myStudentAid*. Lá, pela primeira vez, os estudantes podiam solicitar empréstimos, consultar saldos, verificar os pagamentos passados e receber notificações sobre pagamentos futuros.

Além disso, expandimos significativamente as informações que o governo fornece aos alunos antes de eles pegarem empréstimos, o que foi chamado de Tabela de Desempenho das Faculdades. Nós destrinchamos os dados de cada instituição de ensino por departamento e campo de estudo. Os estudantes podem usar essas informações para determinar quanto terão que pagar e o que podem esperar ganhar quando terminarem um programa específico ou campo de estudo. Antes, essa informação estava obscurecida pela "média" da renda recebida por formandos de toda uma instituição. Encontrar a média dos salários de um médico e de um jornalista não resulta em dados relevantes. Se os empréstimos estudantis seriam controlados pelo governo federal, eu estava determinada a administrá-los com transparência e responsabilidade.

Outra mudança significativa foram as regras federais do programa trabalho-estudo[129]. Antes, os alunos tinham que trabalhar no campus, na cafeteria, no laboratório de informática ou na livraria para participar do trabalho-estudo. A maioria dessas funções não eram relevantes para o que eles estavam buscando profissionalmente. Nós mudamos essas regras para permitir que eles trabalhassem fora do campus em qualquer cargo dentro do seu campo de estudo.

Também trabalhamos para libertar o mercado do ensino superior. A competição entre faculdades e universidades estava sufocada há muito tempo por agências de credenciamento que protegiam as instituições existentes de qualquer instituição nova e inovadora. Mudamos esse

---

129. Programa federal que proporciona trabalhos de meio período para estudantes com necessidades financeiras a fim de ajudá-los a pagar as mensalidades da faculdade ou dos empréstimos. (N. T.)

processo para dar um fim ao microgerenciamento do governo federal e mais flexibilidade a mais credenciadores para que eles aprovassem novas instituições e novas abordagens de ensino.

Nós também implementamos reformas importantes para ajudar alunos marginalizados a acessarem o ensino superior. Eu tive a honra de dar o discurso de formatura em uma prisão de segurança máxima em Oklahoma que fazia parceria com a Faculdade Comunitária de Tulsa no que eles chamavam de programa Segunda Chance. Cerca de cinquenta detentos estavam recebendo diplomas de ensino médio, certificados, diplomas de associado e até diplomas universitários. Essa faculdade proporcionava ensino presencial e *online* na prisão. A sala estava cheia de famílias, mentores e amigos comemorando com alguém que completara o programa. Foi uma experiência muito emocionante – e intensa.

Nós trabalhamos para promover mais programas de "segunda chance" como esse em prisões. A lei de crimes de Clinton e Biden, de 1994, tornou ilegal que pessoas encarceradas se qualificassem para auxílio estudantil federal, garantindo efetivamente que nenhuma delas tivesse a chance de serem educadas. O presidente Obama agiu nessa situação, dando início a um programa piloto que permitia que detentos se qualificassem para bolsas através do programa Pell Segunda Chance. Nós expandimos o programa piloto e o tornamos permanente na lei federal.

⊱⊰

Enquanto o custo do ensino superior cresce cada vez mais, todo o resto parece estar caindo ladeira abaixo.

Instituições que foram construídas para o avanço do conhecimento e promoção de debates se tornaram sombras emaciadas do que eram antes. Agressões à liberdade acadêmica e de expressão, que antes eram transgressões raras, se tornaram acontecimentos diário para os conservadores dos campi, o ambiente deixou de ser desconfortável e se tornou inaceitável. Não vou enumerar ou catalogar os diversos ataques à liberdade de expressão, de investigação e de exploração acadêmica que atrapalham a experiência de aprendizado em muitos campi, pois todos eles estão bem documentados[130].

Tudo isso tende a ser reportado pela grande mídia como lamúrias republicanas. Mas o que está acontecendo é muito mais sério do que isso. Quando as instituições limitam o que os alunos podem aprender ou debater – quando censuram o que eles podem expor –, reduzem os horizontes dos estudantes e impedem seu crescimento. Em resumo, não proporcionam uma educação verdadeira.

Está se tornando comum que diretores de universidades interrompam aulas ou pesquisas consideradas "cheias de ódio" ou "ofensivas". Isso é condescendente com os estudantes, pois parte do princípio de que eles não podem – ou, mais precisamente, *não devem* – aprender, responder e lidar com ideias com as quais discordam ou que são condenáveis. É o contrário: as instituições de ensino superior *deveriam* apresentar a maior variedade de pontos de vista a fim de dar poder aos alunos para que eles formem suas próprias opiniões sobre as questões da vida.

Isso não deve ser confundido com a garantia de que o aprendizado permaneça sendo a busca pela verdade. Existem e devem existir opiniões diferentes em questões como política, filosofia e cultura. Mas as instituições de ensino têm a obrigação de fazer com que os estudantes não se esqueçam do fato de que há verdades absolutas, mesmo que reconheçam isso ou não. Muitas faculdades e universidades hoje em dia estão cegas pela ideia de "encontrar sua própria verdade" – então por que gastar dezenas de milhares de dólares para fazer algo que você pode fazer sozinho? Descobrir sua verdade é uma ideia que parece inocente – e pode até ser uma empreitada digna, mas, para uma instituição de ensino, essa abordagem é altamente ilusória e destrutiva. É uma tentativa de ignorar o fato de que algumas pessoas simplesmente estão erradas, de que algumas teorias foram refutadas e de que algumas ideias não funcionam.

Faculdades e universidades estão criando cada vez mais zonas intelectuais proibidas. Algumas censuram a si mesmas e seus alunos com

---

130. Entre outras fontes, há o relatório anual da Fundação pelos Direitos Individuais na Educação: https://rankings.thefire.org/.

base em ideologias; outras fazem isso por medo. Hoje em dia, o professor não pode verbalizar pontos de vista que estão fora da "corrente dominante aceita" sem o medo de retaliação ou do chamado cancelamento.

Houve um exemplo alarmante que envolveu a professora de direito Amy Wax, da Universidade da Pensilvânia. Ela escreveu um artigo de opinião descrevendo sua crença de que os valores culturais americanos de meados do século XX – como famílias fortes, trabalho árduo, senso cívico e caridade – provocaram os importantes avanços que nosso país viveu[131]. A resposta? Pedidos generalizados pela sua demissão[132]. Houve pouquíssimo esforço para rebater os argumentos de Wax ou apresentar hipóteses diferentes.

Ou o caso do Dr. William "Ajax" Peris, um professor de ciência política da Universidade da Califórnia em Los Angeles e veterano das Forças Aéreas dos EUA. Ao ensinar sobre racismo, o Dr. Peris leu em voz alta a "Carta de uma prisão em Birmingham", do Dr. Martin Luther King Jr. (1929–1968) – inclusive o uso pelo Dr. King da palavra com "N"[133]. Isso suscitou indignação dos alunos e uma investigação sobre o Dr. Peris pela universidade[134]. Ninguém discutiu se censurar documentos históricos, muito menos as palavras do Dr. King, teria sido uma maneira melhor e mais eficaz de ensinar a lição.

Eu poderia encher o resto deste livro com exemplos iguais. Lamentavelmente, eles são comuns. O que é menos comum é o reconhecimento de que tudo isso é uma loucura. E está acabando com o aspecto que permite que o ensino superior funcione.

---

131. ALEXANDER, Larry; WAX, Amy. "Paying the Price for Breakdown of the Country's Bourgeois Culture". Philadelphia Inquirer. 9 ago. 2017. Disponível em: https://www.inquirer.com/philly/opinion/commentary/paying-the-price-for-breakdown-of-the-countrys-bourgeois-culture-20170809.html.

132. WAX, Amy. "What Can't Be Debated on Campus". Wall Street Journal. Nova York, 16 fev. 2018. Disponível em: https://www.wsj.com/articles/what-cant-be-debated-on-campus-1518792717.

133. "Negro", nos Estados Unidos, trata-se de uma palavra considerada extremamente ofensiva e pejorativa. (N. T.)

134. CLARK, Chrissy. "University to Investigate Lecturer for Reading MLK's Letter from Birmingham Jail". Washington Free Beacon. 6 jun. 2020. Disponível em: https://freebeacon.com/issues/university-to-investigate-lecturer-for-reading-mlks-letter-from-birmingham-jail/.

Em 2020, Abigail Shrier escreveu um livro chamado *Irreversible Damage: The Transgender Craze Seducing Our Daughters* [*Dano irreversível: A moda transgênero que está seduzindo nossas filhas*][135]. Por ousar questionar a natureza do transgenerismo no Ocidente hoje, e por apontar os perigos do consumo de bloqueadores de puberdade e terapia hormonal cruzada por crianças, o livro de Shrier foi banido das prateleiras da Target. A Amazon não permitiu que sua editora colocasse anúncios do livro em seu site. A União Americana pelas Liberdades Civis – o grupo "libertário civil" que costumava defender a liberdade de expressão dos nazistas – chamou o livro de "uma polêmica perigosa" – ou seja, um discurso perigoso[136].

Shrier é apresentada como o maior exemplo de vítima da "cultura do cancelamento" – e com razão. Ela foi punida pela maior parte do mundo da tecnologia, pelas redes sociais e pela grande mídia por defender crenças das quais eles discordavam. Depois de passar por esse massacre com seus princípios intactos, Shrier deu um discurso aos alunos de Princeton e cuidadosamente destacou quem são as verdadeiras vítimas da guerra atual contra a liberdade de expressão: estudantes de instituições como a Princeton. Aos poucos, eles estão perdendo sua liberdade e livre arbítrio para o que ela chamou de "mentiras alimentadas à força que esperam que todos nós levemos a sério". Em seguida, ela listou alguns exemplos:

"Alguns homens menstruam e ficam grávidos". "Trabalho árduo e objetividade são marcas dos brancos". "Apenas uma criança sabe seu gênero verdadeiro". "Mulheres trans não têm uma vantagem injusta nos esportes femininos"[137].

A última mentira, a de que é justo que mulheres trans participem de equipes femininas, é uma questão que nós enfrentamos quando eu era secretária de educação. É uma ameaça crescente aos esportes

---

135. Em tradução livre. (N. T.)

136. GILLESPIE, Nick. "Abigail Shrier: Trans Activists, Cancel Culture, and the Future of Free Expression". Reason. 7 jul 2021. Disponível em: https://reason.com/podcast/2021/07/07/abigail-shrier-trans-activists-cancel-culture-and-the-future-of-free-expression/

137. SHRIER, Abigail. "What I Told the Students of Princeton". The Truth Fairy. 8 dez. 2021. Disponível em: https://www.thetruthfairy.info/p/what-i-told-the-students-of-princeton.

femininos à qual teríamos dedicado muito tempo em um segundo mandato. A questão captou a atenção nacional no início de 2022 quando Lia Thomas, nadadora da Universidade da Pensilvânia, que antes competia na equipe masculina, entrou para a feminina e começou a quebrar os recordes.

Para mim, o problema das mulheres trans competindo em equipes femininas era diferente do problema de acesso ao banheiro. Meu forte senso federalista em relação a banheiros escolares é que as escolas e distritos deviam ter a liberdade de desenvolverem políticas que garantam a privacidade e segurança de todos os alunos. A diretiva de Obama de que as escolas tinham que permitir que os estudantes usassem o banheiro de seu gênero escolhido proibia essas soluções sensatas.

Na questão dos esportes femininos, não tem como existir alguma política desenvolvida pelas escolas ou distritos que garanta justiça para todos os alunos enquanto os atletas trans puderem competir nas equipes femininas. Em Connecticut, duas velocistas transgêneros – que competiam na equipe feminina graças à política estadual que permitiu que homens biológicos competissem ao lado de mulheres biológicas – estavam obliterando os recordes femininos no estado. Vários membros do time entraram com processos contra o estado por causa dessa política. Uma das requerentes, Chelsea Mitchell, era a mulher mais rápida da corrida de 55 metros, mas perdera dois campeonatos estaduais e muitas outras corridas para as corredoras trans.

"É uma experiência devastadora", ela escreveu no *USA Today*. "Isso me diz que não sou boa o suficiente; que meu corpo não é bom o suficiente; e que não importa o quanto eu me esforce, provavelmente não vou vencer porque sou mulher"[138].

---

138. Em seu artigo de opinião, Mitchell se referiu às velocistas transgênero como "homens". Depois da publicação, e sem avisar a Mitchell, o USA Today mudou todas as referências às velocistas para "transgênero". Eles pediram desculpa pela "linguagem ofensiva". (MITCHELL, Chelsea. "I Was the Fastest Girl in Connecticut. But Transgender Athletes Made It an Unfair Fight". USA Today. 22 maio 2021. Disponível em: https://www.usatoday.com/story/opinion/2021/05/22/transgender-athletes-girls-women-sports-track-connecticut-column/5149532001/).

Para mim, a questão legal era objetiva. O Título IX proíbe explicitamente a discriminação com base no "sexo". Ele também permite a segregação de esportes masculinos e femininos com base no sexo. Mas, quando o sexo é substituído pela ideia de um gênero subjetivo e mutável, o Título IX se torna inaplicável, e uma das principais coisas que a lei ajudou a proteger – os esportes femininos – passa a ser coisa do passado. Nós solucionamos a queixa em favor das jovens atletas de Connecticut, alegando que os redatores do Título IX claramente se referiam ao sexo biológico quando citaram o sexo na lei. Se o estado quisesse dar um significado diferente ao Título IX, deveria pedir que o Congresso alterasse a lei.

Em sua essência, essa disputa vai muito além das diferentes interpretações da lei. Ela se refere à diferença entre verdade e mentira. Será que vamos repetir timidamente e obedientemente o que sabemos que é uma mentira, ou vamos entender e reconhecer o que é verdade? Estamos dispostos a sacrificar a liberdade e o livre arbítrio por uma mentira, ou estamos determinados a falar a verdade e aceitar as consequências? Nós estávamos determinados a ficar do lado da verdade. O Departamento de Educação de Biden anulou nossa decisão quase imediatamente quando assumiu o cargo.

Essas disputas me lembram do que o senador de Nebraska, Ben Sasse, um ex-presidente de faculdade, escreveu em seu ótimo livro *The Vanishing American Adult* [*O desaparecimento do adulto americano*][139]:

> A geração que está chegando à idade adulta agora precisará de garra e resiliência ainda maiores (...) de pensamento crítico, do debate cuidadoso de ideias, e de indivíduos dispostos a defender o que acreditam, mesmo quando são desafiados140.

Nós colocamos muito pouco disso em prática hoje em dia. Defesas de princípios foram substituídas por sinalizações de virtude. As gerações futuras serão as vítimas.

---

139. Em tradução livre. (N. T.)

140. SASSE, Ben. *The vanishing american adult*. Nova York: St. Martin's Press, 2017. pp. 6-7.

Em setembro de 2020, o presidente de Princeton, Christopher Eisgruber, escreveu uma carta descrevendo a história de sua instituição com "racismo sistêmico"[141]. Ele afirmou que "pressupostos racistas (...) continuam incorporados nas estruturas da própria Universidade". Ele não teve pudor nenhum para criticar o racismo de Princeton e o prejuízo que causou às minorias.

O Título VI da Lei de Direitos Civis exige que as instituições de ensino não neguem a qualquer pessoa o acesso à educação com base em sua raça. A Princeton afirmou anualmente, por escrito, que eles não discriminam. Você não pode dizer uma hora que não discrimina, que não é racista, e, em outra hora, escrever uma carta cheia de vômitos verbais para dizer ao mundo que você é sistemicamente racista. A *mea culpa* de Eisgruber exigiu uma ação nossa, por isso, minha equipe enviou uma carta para Princeton pedindo mais detalhes sobre seu histórico de racismo autodeclarado[142]. Sua resposta estava cheia de ginásticas mentais que apenas um grupo de professores universitários e advogados podem criar. Nosso ponto ficou claro.

---

141. EISGRUBER, Christopher. "Letter from President Eisgruber on the University's Efforts to Combat Systemic Racism. Princeton University Office of Communications. 2 set. 2020. Disponível em: https://www.princeton.edu/news/2020/09/02/letter-president-eisgruber-universitys-efforts-combat-systemic-racism

142. KING, Robert. "Carta para o presidente da Universidade Princeton". Destinatário: Christopher L. Eisgruber. Nova Jersey. 16 set. 2020.

CAPÍTULO 8

A AGENDA DA LIBERDADE EDUCACIONAL

"Disseram-nos: 'Apenas vá para casa. Deixe-nos fazer o que sabemos fazer'". Essa frase ainda me assombra todas as vezes que ouço minha amiga Tera Myers pronunciá-la. Ela e seu filho Samuel, que tem síndrome de Down, estavam em uma disputa com sua escola pública designada pelo governo de Ohio. Samuel estava sofrendo *bullying*. Não estava aprendendo da maneira que Tera sabia que ele podia aprender. Quando ela reclamou com a escola, eles disseram, com palavras condescendentes, que achavam que ela não devia falar para eles como Samuel podia e devia aprender. "Isso é tudo que você vai ter – goste ou não", acrescentaram.

No entanto, para pais, essas são palavras de enfrentamento. E Tera enfrentou de volta.

Ela e outros defensores da escolha escolar conseguiram duas vezes que legisladores de Ohio aprovassem um programa de bolsas estudantis para alunos com necessidades especiais como Samuel, e duas vezes o governador democrata Ted Strickland vetou os projetos de lei. Tera estava começando a achar que a liberdade educacional não chegaria a Samuel durante sua vida, mas viu uma oportunidade quando o republicano John Kasich foi eleito em 2010 e assinou a lei de bolsas estudantis para alunos com necessidades especiais. Tera criou, quase sozinha, um programa em uma escola privada local que atenderia às necessidades de alunos como Samuel.

Nada pode parar uma mãe em uma missão.

Annette "Polly" Williams (1937 – 2014) era uma mãe de Milwaukee e deputada estadual de Wisconsin pelo Partido Democrata. Quando sua filha foi recusada em uma escola de maioria branca porque ela já tinha preenchido sua cota racial, Polly ficou indignada por não poder determinar qual escola sua filha iria frequentar. Ela rejeitou a ideia de que crianças afro-americanas tinham que ser transportadas de ônibus[143] para escolas de maioria branca a fim de ter uma educação decente. Sua filha merecia uma educação de qualidade assim como qualquer outra criança.

Polly dedicou sua vida à busca pela educação de qualidade para crianças pobres e pertencentes a minorias. Ela trabalhou com um governador de outra raça e outro partido político – Tommy Thompson – para conquistar o que nenhum deles conseguiria sozinho. Polly se tornou "a mãe da escolha escolar" quando o programa de *voucher* para escolas privadas de maior duração do país foi criado em Milwaukee em 1990.

É isso mesmo. O programa de escolha de escolas privadas mais antigo do país foi criado por uma democrata, assim como a primeira lei das escolas *charter*. E ambos os programas tiveram apoio bipartidário.

Em Washington, DC, outra mãe solteira com um filho de quinze anos, Virginia Walden Ford, enfrentou a máquina democrata de DC para criar o Programa de Bolsas de Oportunidade DC. Eles viviam em um bairro comandado por gangues e traficantes de drogas, no qual o perigo se estendia até a escola que o filho dela, William, frequentava. Ela tinha medo de ele não conseguir se formar, ou até mesmo perder a vida, se continuasse naquele ambiente.

Virginia sabia que tinha que tirar seu filho de lá. Ela assumiu um terceiro emprego na tentativa de conseguir pagar a mensalidade de uma escola católica próxima. No entanto, mesmo dando literalmente tudo que tinha, não conseguiu fazer isso dar certo. Foi quando ela percebeu como a educação designada pelo governo era injusta.

---

143. Em 1971, a Suprema Corte americana determinou que crianças negras seriam transportadas em um ônibus especial como solução para a integração racial nas instituições de ensino. (N. T.)

Isso para dizer o mínimo. Virginia conhecera a desigualdade na educação em sua própria vida. Ela foi uma das primeiras alunas a frequentar a Escola de Ensino Médio Little Rock Central em Arkansas depois da decisão marcante da Suprema Corte americana no caso Brown vs. Conselho de Educação em 1954. Ela resistiu e venceu um governador racista que tentava impedir que crianças como ela frequentassem instituições melhores[144].

Ela também não permitiria que o que estava acontecendo com William continuasse. Virginia foi de porta em porta para reunir apoio. Mobilizou pais para irem a reuniões de conselhos escolares, onde eram condescendentemente rejeitados por serem "pais problemáticos" (parece familiar?). Ela andou pelos corredores de mármore do Congresso até que seus pés não aguentassem mais.

Finalmente, em 2003, pessoas poderosas começaram a ouvi-la. O prefeito do distrito de Columbia, Anthony Williams, e o vereador Kevin Chavous, ambos democratas, assumiram uma posição corajosa para defender o plano de Virginia para um programa de bolsas estudantis[145]. O plano tinha defensores no Congresso, inclusive o deputado do Texas Dick Armey, que falou sobre a situação francamente da sua tribuna: "Nós negligenciamos essas crianças em todos os aspectos. Nós nunca reparamos essas escolas"[146].

O plano de bolsas estudantis tinha outro amigo poderoso no presidente George W. Bush, que era preocupado com a educação. O impulso cresceu muito quando os senadores democratas Joe Lieberman, de Connecticut, e Dianne Feinstein, da Califórnia, se juntaram a outros defensores, como o senador Jeff Flake, do Arizona, e o deputado John

---

144. A Lifetime of Fighting for Education for All, a Conversation with Virginia Walden Ford. Catalyst. George W. Bush Institute, n°19. 2020. Disponível em: https://www.bushcenter.org/catalyst/still-leaving-them-behind/virginia-walden-ford-a-lifetime-fighting-for-education/.

145. A Mayor Breakthrough. Wall Street Journal. Nova York, 6 maio 2003. Disponível em: https://www.wsj.com/articles/SB105217961245747800/.

146. EILPERIN, Juliet. "House Advances Education Overhaul". Washington Post. Washington, 24 maio 2001. Disponível em: https://www.washingtonpost.com/archive/politics/2001/05/24/house-advances-education-overhaul/617bc183-3b2a-4ab1-b289-6f30e87e6769/.

Boehnet, de Ohio. Em dezembro de 2003, o sonho de Virginia Walden Ford se tornou lei, criando oportunidades educacionais para milhares de crianças de DC[147].

Sua história foi adaptada para um lindo filme, *Miss Virginia*, em 2019. Hollywood deu o seu melhor para fingir que o filme não existia, mas felizmente os serviços de *streaming* levaram-no para as salas de TV de todo o país. É um filme que toda família e todo tomador de decisões políticas deveriam assistir.

Essas são algumas das mulheres que me inspiraram a dedicar mais de três décadas da minha vida para a liberdade educacional antes de me tornar secretária de educação. Assim como elas, minha paixão pela escolha escolar começou como uma mãe de crianças pequenas, mas minha experiência foi o oposto da experiência dessas mulheres. Meus filhos puderam desfrutar dos benefícios da liberdade educacional porque eu fui abençoada com recursos para pagar por ela. Essas mães tiveram que lutar contra o sistema, e suas batalhas criaram oportunidades para milhares de crianças. Eu me juntei à sua luta, não porque sou uma heroína como Tera, Polly ou Virginia, mas porque fiquei indignada e frustrada com as injustiças que observei.

Eu luto porque sou uma americana que sempre levou a sério a noção de que cada um de nós é igual aos olhos de Deus, e que todos nós devemos ter a mesma oportunidade de viver e prosperar em liberdade. Ver crianças tendo seu potencial roubado por causa do código postal onde nasceram me deixa furiosa.

✦✦✦✦✦

Então o que é a escolha escolar?

Uma coisa que eu aprendi em Washington e que eu não havia compreendido antes é que muitas pessoas conhecem a expressão *escolha escolar*, mas pouquíssimas entendem de verdade o que isso significa ou

---

147. HSU, Spencer. "House Approves Vouchers for D.C". Washington Post. Washington, 9 dez. 2003. Disponível em: https://www.washingtonpost.com/archive/politics/2003/09/06/house-approves-vouchers-for-dc/3a753949-ca2f-4bf2-8411-e49f6c8ed5c6/.

implica. Isso se deve, em parte, ao fato de que seus opositores têm sido muito persistentes em atacar a expressão e os conceitos associados a ela.

No início, usávamos a palavra *vouchers* para descrever o que estávamos defendendo. Na época, funcionou. Em lugares como Milwaukee, os alunos recebem *vouchers* – auxílio direto, algo parecido com cheque – do governo para gastarem na escola que escolherem. O governo dá *vouchers* para muitas outras coisas. Você pode conhecer, por exemplo, os *vouchers* da Seção 8, que ajudam famílias de baixa renda a terem moradia.

O problema em chamar essa assistência educacional de *voucher*, além dos incontáveis milhões de dólares que os sindicatos gastaram para demonizar o termo, é que a palavra implica dependência. Parece que o aluno está recebendo uma ajuda do governo. Para mim, a escolha escolar tem a ver com autonomia, não dependência. Os pagadores de impostos já assumiram o compromisso de financiar a educação de toda criança, portanto, não há ajuda do governo – todo aluno já recebe uma parte do financiamento governamental. A escolha, na verdade, se refere a quem decide como e onde esse dinheiro é gasto: o governo ou a família.

A escolha escolar é o poder para escolher o lugar ideal para seu filho e não simplesmente aceitar a instituição designada pelo governo.

Mas o termo *escolha escolar* não capta toda a essência desse movimento. Ele faz com que pareça que estamos falando apenas de escolas – dos edifícios, da infraestrutura. Mas, na verdade, o movimento é algo muito maior do que isso.

Eu uso o termo *liberdade educacional*. Apesar de parecer um pouco um bordão ou um *slogan*, na realidade é uma visão do que a educação pode ser em comparação com o que ela é hoje. A liberdade educacional começa com a premissa de que cada aluno é único e aprende de forma diferente. Todo pai e mãe sabe isso. Ainda assim, temos um sistema escolar que trata as crianças como se todas elas fossem iguais.

Em essência, minha visão para a educação americana é garantir que todas as crianças tenham a possibilidade de aprender da sua própria maneira. É dar aos pais a liberdade de encontrar a melhor e mais apropriada opção para seus filhos.

A liberdade educacional resultará em novos tipos de escolas e novas formas de aprendizado que nem sequer podemos imaginar hoje. Não há limite para os novos caminhos que serão criados para motivar as crianças a aprenderem.

Criticamente, a liberdade educacional também significa dar aos professores a liberdade de atender às necessidades dos seus alunos em muitos ambientes de aprendizado diferentes. Até o momento, professores de escolas públicas têm escolhas muito limitadas em relação a onde e como eles ensinam. Além disso, a crise da Covid-19 foi muito difícil para os professores. Em uma época em que cada vez menos alunos universitários estão escolhendo ser professores, a liberdade educacional proporcionaria um dinamismo completamente novo à profissão.

A diferença entre liberdade educacional e escolha escolar é ampla e profunda. A liberdade educacional é disruptiva. Ela amplia as categorias nas quais a maioria dos americanos estão acostumados a pensar sobre a educação. Quando eu era secretária, geralmente precisava conversar muitas vezes com as autoridades eleitas para que elas entendessem os vários mecanismos da escolha escolar (*charter*, *vouchers*, bolsas de crédito tributário, contas de poupança para educação), e muitas outras para explicar a diferença entre escolha escolar e liberdade educacional. Durante uma das minhas primeiras conversas com o presidente Trump sobre a proposta de um crédito tributário de "liberdade educacional", ele me perguntou: "O que quer dizer liberdade educacional?" Eu disse que era uma forma mais abrangente de falar sobre a escolha escolar. Ele se opôs a isso. "Ninguém sabe o que é isso. Temos que falar escolha escolar".

Donald Trump é um comunicador instintivo – ele sabia como se fazer ser entendido –, mas me mantive firme quanto a isso. Se os americanos não sabiam o que era a liberdade educacional, então era nosso dever realizar o trabalho árduo de explicar-lhes.

Parte da explicação da diferença entre as duas expressões era destacar a variedade de oportunidades que os pais americanos (deveriam) ter para exercitar a sua liberdade educacional.

Pense nas escolas *charter* públicas, por exemplo. Como falei antes quando descrevi a *charter* que Dick fundou, a Academia de Aviação do Oeste de Michigan, em Grand Rapids, muitos americanos acham que as escolas *charter* são privadas (não são), que têm uma matrícula seletiva – ou seja, escolhem a dedo (elas não fazem isso, nem podem) –, e que não atendem alunos com deficiência (elas não apenas atendem alunos com deficiência, mas também querem atender mais alunos assim). Todas essas crenças são categoricamente falsas. No entanto, membros do Congresso sempre as repetiam para mim como se fossem verdade.

Outros alegam que a escolha escolar e minha motivação têm a ver com o desejo de "privatizar" a educação. Isso não é verdade. Na verdade, sou a favor da *personalização* da educação, não da privatização. Sou a favor da customização, não da padronização. Sou a favor de libertar as crianças de um modelo criado há séculos e que não leva em conta a particularidade de cada aluno. Sou a favor de reconhecer e acolher suas individualidades inerentes. Sou a favor de garantir que cada criança dos Estados Unidos tenha a oportunidade igual de se beneficiar de uma educação de primeira classe e possa acessar todas as opções educacionais disponíveis. A verdade é que eu não me concentro no "tipo" de escola – o adjetivo que colocam depois da palavra (pública, *charter*, privada, religiosa, entre outros). Meu foco é garantir que os maiores interesses dos estudantes sejam colocados em primeiro lugar.

Antes de entrarmos mais a fundo na noção de liberdade educacional, será útil ter uma definição apropriada e compartilhada de suas várias expressões e mecanismos de financiamentos como são conhecidos hoje:

- Uma *escola charter pública* é, antes de tudo, uma escola pública. É financiada pelos contribuintes, gratuita e aberta a qualquer pessoa que queira frequentá-la. Geralmente há mais alunos com o desejo de frequentar escolas *charter* do que vagas para os acomodar. Nesse caso, é realizado um sorteio de matrícula. As *charters* recebem financiamento quase da mesma forma que as públicas tradicionais, mas geralmente recebem menos por aluno. A principal diferença é que uma escola *charter* é administrada de maneira independente, o que a liberta da maior parte do fardo da burocracia e de algumas das regulamentações. Essa autonomia possibilita maior criatividade e resultados melhores.

- *Escolha de escola pública* permite que as famílias matriculem seus filhos em uma escola pública diferente da designada pelo governo ou das escolas da zona onde moram. Alguns estados permitem que as famílias escolham entre as escolas que estejam dentro do distrito onde elas moram, enquanto outros permitem que optem por qualquer escola de sua região ou estado. Em ambos os casos, a maioria das instituições escolares limitam a quantidade de alunos não designados que serão aceitos.

- Uma *escola-ímã* é uma escola pública estruturada em torno de um tema ou princípio, como os campos STEM ou artes cênicas. Assim como as *charter*, as escolas-ímã são escolas públicas gratuitas. No entanto, normalmente têm pré-requisitos de matrícula, como desempenho acadêmico. No início, elas foram projetadas para ajudar a integração racial das escolas públicas. A ideia era simples: se as famílias escolhem uma escola com base no que ela oferece, não na sua localização, as crianças vão se identificar com base nos seus interesses compartilhados, não na sua cor de pele. Dessa forma, esperava-se que as escolas-ímã se tornassem integradas naturalmente.

- A *educação domiciliar* é exatamente o que parece: uma escola operada em casa. Os pais usam planos curriculares e aprendizados baseados em experiências para ajudar seus filhos a aprenderem. Cada vez mais o *homeschooling* tem envolvido diversas famílias trabalhando juntas para desenvolver a educação de seus filhos, inclusive com passeios educacionais ou encontros em um local da comunidade para aprenderem juntos. As próprias famílias arcam com todos os custos dessa educação.

- Uma *bolsa de crédito tributário* envolve um processo de duas etapas para facilitar que os alunos escolham uma escola pela qual eles têm que pagar mensalidade. Primeiro, pessoas ou empresas fazem doações para organizações educacionais sem fins lucrativos, conhecidas como 501(c)(3). Para incentivar mais doações, as contribuições são tratadas como impostos pagos, o que significa que a conta de imposto do doador é reduzida pelo valor que eles doaram. Isso não reduz a quantia total paga pelo doador. Apenas significa que ele decide redirecionar uma parte da sua conta de impostos para ajudar que filhos de outras pessoas escolham uma escola boa para eles. Na segunda etapa, a organização sem fins lucrativos proporciona bolsas a famílias para que elas possam escolher o local certo para seus filhos, inclusive escolas privadas. Geralmente elas têm pré-requisitos para quem pode receber as bolsas; o mais comum é ter baixa renda. Alguns programas de bolsas são projetados para beneficiar estudantes com deficiências ou superdotados e talentosos.

- Uma *conta de poupança para educação* é o mecanismo mais novo (e meu favorito até agora) para facilitar a liberdade educacional. Com ela, os fundos são depositados em uma conta que a família pode usar para pagar mensalidades e várias outras despesas relacionadas à educação. Elas maximizam a liberdade de escolha porque as famílias podem usar suas contas com uma variedade de fornecedores, assim "desagregam" ou customizam a escola. As contas de poupança para educação podem ser financiadas pelo governo ou por pessoas que recebem crédito tributário por suas doações.

- Um *voucher* é um pagamento direto do governo a um aluno para sua educação. Ele pode usar o *voucher* para pagar por sua educação em qualquer escola que quiser. Funciona da mesma forma que vales alimentação ou vales moradia.

Esses, de maneira abreviada, são os caminhos da liberdade educacional. Eles são mecanismos que os pais podem usar para educar seus filhos da maneira que acharem apropriada. Pela minha experiência, acho que passamos muito tempo discutindo sobre os caminhos enquanto o porquê é muito mais importante. Deixe-me explicar por que a liberdade educacional ajudará todos os envolvidos.

Para os estudantes, ela resultará em um sistema onde nenhuma criança é desajustada em sua escola. Conforme as famílias buscarem novas opções educacionais para atender às necessidades de seus filhos, os fornecedores responderão a isso. Será algo assim: se seu filho precisar de mais tempo para aprender um conceito ou lição, ele terá esse tempo. Se ele precisar de menos tempo, pode avançar para o conceito seguinte. Se seu filho quiser estudar um idioma ou qualquer matéria que a escola não oferecer, pode aprender em outro lugar. Se ele não gostar de estudar em uma mesa e aprende mais em um laboratório, ou em um jardim, ou entre arranha-céus, pode aprender nesses lugares. Se ele quiser experiências práticas para ajudar a guiar seu caminho de aprendizado, poderá acessá-las. Cada criança deveria ser livre e ter autonomia para aprender da maneira e no lugar que for melhor para ela, tornando seu aprendizado um prazer e não um fardo.

Para os professores, a liberdade educacional seria assim: se você quiser tentar algo diferente na sala de aula que acredita que ajudará mais os alunos, poderá. Terá a possibilidade de escolher ensinar entre diversos tipos de ambientes (talvez um laboratório, um jardim ou entre arranha-céus), com base em onde você acha que terá mais sucesso e se sentirá mais realizado. Se você quiser mentorear, treinar ou desenvolver outros professores, poderá fazer isso e ser recompensado. Se quiser controlar seu desenvolvimento profissional e carreira, terá autonomia para fazer isso. Você seria devidamente pago pelo seu sucesso em vez de estar preso a um cronograma inflexível baseado em senioridade.

Finalmente, a liberdade educacional para os pais seria a oportunidade de matricular o seu filho em qualquer outro lugar se a escola designada pelo governo não for boa para ele. Se for boa, pode ficar. A liberdade de outro pai ou mãe fazer uma escolha não significa que você tem que fazer a mesma escolha. Se quiser educar seu filho em casa em parte da semana e mandá-lo para uma escola clássica no resto da semana, pode fazer isso. Se um tipo de aprendizado ou instrução é melhor para seu filho e outro tipo é melhor para sua filha, você terá a flexibilidade de fazer essas escolhas. Se aquela mais perto do seu trabalho é melhor para sua família, é sua escolha. Você deveria ter a liberdade de tomar as decisões que são melhores para seus filhos e sua família.

Como pais de quatro e avós de dez crianças, Dick e eu sabemos, em primeira mão, que elas não são todas iguais. Cada um dos nossos filhos tem personalidades e interesses muito diferentes e aprendem de maneiras diferentes. Nossas duas filhas, Elissa e Andrea, foram educadas em casa por três anos, durante um período que foi muito bom para as duas, mas por razões completamente diferentes. Nosso filho Ryan dominou a ortografia e outros exercícios de memória enquanto arremessava bolas em cestas de basquete; a atividade física fazia com que o aprendizado mental perdurasse. Nosso filho Rick nunca estava sem um caderno para registrar suas muitas ideias que não se encaixavam bem em qualquer disciplina escolar. Esses são exemplos das muitas formas com as quais nós os ajudamos a acolher suas preferências pessoais e curiosidades natas. No entanto, cada um deles ainda teve que obter a maior parte de sua educação em um sistema baseado no modelo industrial de linha de produção.

Não precisa ser assim. Podemos tornar o aprendizado personalizado uma realidade para todas as crianças se começarmos a financiar o aluno, não o sistema.

A visão positiva e aspiracional da liberdade educacional é a seguinte: os estudantes têm autonomia para encontrar lugares para aprender que maximizem seu potencial, em vez de estarem presos em escolas determinadas pelo governo ou escolas da zona onde moram. Toda criança tem a oportunidade e os recursos para aprender e se tornar um membro completamente produtivo em sua comunidade. A liberdade educacional honra essa visão. Ela coloca o aluno em primeiro lugar, não o sistema.

Apenas isso – colocar as crianças no centro do nosso sistema educacional – é razão suficiente para fazer com que essa causa avance para cada criança. Mas quando você pensa no estado da educação americana hoje – como nossas escolas educam mal para maximizar o potencial de todas as crianças –, a defesa da liberdade educacional é inegável.

≈≈≈≈≈≈

Por décadas, muitos, muitos reformadores bem-intencionados tentaram melhorar nossas escolas públicas sem mudar o sistema. Nós vimos esforços corajosos e louváveis de republicanos, democratas, esquerdistas, conservadores, filantropos, voluntários e todos os outros tipos de pessoas que se possa imaginar.

Os reformadores agregaram novos padrões e testes. Transportaram crianças de ônibus pela cidade. Aumentaram as regulamentações governamentais. Sobretudo, gastaram ou "investiram" mais dinheiro – *muito* dinheiro – para contratar cada vez mais adultos. O financiamento por aluno triplicou de US$ 4.893,00 em 1965 para quase US$ 15 mil hoje – em valores ajustados pela inflação[148]. Mas são as contratações fora da sala de aula – administradores, analistas de dados, diretores de RH, funcionários do gabinete central – que constituem a maior parte dos novos gastos e *não* salários mais altos para professores. Enquanto as matrículas de alunos permaneceram razoavelmente constantes entre 2001 e 2019, o número de professores aumentou 7% e o número de membros de funcionários do distrito cresceu 79%[149].

Este país gasta mais de US$ 750 bilhões em ensino fundamental e médio todos os anos. Esse número é de antes da Covid-19. A quantia é muito mais alta agora. A maior parte dos gastos em educação – 90% ou mais na maioria dos estados – vem dos impostos estaduais e locais. Mas o pagador de impostos federais também entra. Desde 1965, os gastos federais anuais nos ensinos fundamental e médio cresceram dez vezes, de US$ 4,5 bilhões para mais de US$ 40 bilhões, em dólares[150]. O Departamento de Educação dos EUA foi criado em 1979; desde então, contribuintes federais mandaram mais de US$ 1.000.000.000.000 (US$ 1 trilhão) para escolas de ensino fundamental e médio, além de todos os gastos a nível estadual e local[151].

E o que isso nos proporcionou?

A *Avaliação Nacional de Progresso Educacional* (NAEP)[152], mais conhecida como *Relatório da Nação*, proporciona a visão mais abrangente disponível sobre o estado da educação americana. Com início em

---

148. TOTAL and Current Expenditures Per Pupil in Public Elementary and Secondary Schools: Selected Years, 1919–20 through 2017–18. National Center for Education Statistics, Digest of Education Statistics. 2020. Tabela 236.55. Disponível em: https://nces.ed.gov/programs/digest/d20/tables/dt20_236.55.asp/.

149. STAFF Employed in Public Elementary and Secondary School Systems, By Type of Assignment: Selected Years, 1949–50 through Fall 2018. National Center for Education Statistics, Digest of Education Statistics. 2020. Tabela 213.10. Disponível em: https://nces.ed.gov/programs/digest/d20/tables/dt20_213.10.asp/.

150. Valor ajustado para o poder de compra. (N. T.)

151. DEPARTMENT of Education Budget History Tables. Ed History spreadsheet. U.S. Department of Education. 2021. Disponível em: https://www2.ed.gov/about/overview/budget/history/index.html/.

152. National Assessment of Educational Progress (NAEP). (N. E.)

1992, ela nos dá um registro longitudinal de onde nossos estudantes estão e uma ideia bem clara de para onde eles devem ir. A NAEP dá aos pais, professores e líderes americanos um quadro detalhado das conquistas do aluno – ou, em um número assustadoramente grade de casos, a falta delas.

Depois de algumas melhoras nos anos 1980 e 1990, os níveis de conquistas em matemática e leitura para alunos de nove e treze anos ficaram constantes ou declinaram, segundo o relatório, principalmente a partir de 2012. Esses são os resultados do estudo de *Tendências de Longo Prazo* da NAEP lançado em 2021[153].

Entretanto, talvez o mais preocupante é o que fica evidente ao destrincharmos esses dados. Os opositores da escolha escolar atacam constantemente alegando que ela é uma ameaça aos estudantes mais vulneráveis. Na verdade, é o contrário: é o atual sistema que está negligenciado essas crianças. Alunos americanos que já apresentavam baixo desempenho estão ainda piores hoje, enquanto os que apresentam melhor desempenho atingiram um platô. E os 10% inferiores – os mais vulneráveis – ficaram ainda mais para trás.

Os dados de longo prazo da NAEP apresentam duas linhas – uma que mostra que os estudantes com melhor desempenho estagnaram, e a outra que mostra os alunos com dificuldade tendendo constantemente para baixo. Entre 2012 e 2020, a lacuna de realizações em matemática entre alunos de treze anos brancos e negros cresceu sete pontos[154].

O objetivo explícito do programa federal Título I, que representa a maior parte do trilhão de dólares que o Departamento de Educação gastou, era fechar a lacuna de conquistas entre os alunos mais ricos e mais pobres, mas o estudo mais abrangente do assunto, conduzido por pesquisadores de Harvard e Stanford, concluiu que a lacuna não se fechou nem um centímetro[155], e uma análise da Instituição Brookings

---

153. *Ibid.*

154. Mathematics: Student Group Scores and Score Gaps, NAEP Long-Term Trend Assessment Results. The Nation's Report Card. 2020.

155. HANUSHEK, Eric et al. "The Achievement Gap Fails to Close". Education Next 19, n° 3. 2019. Disponível em: https://www.educationnext.org/achievement-gap-fails-close-half-century-testing-shows-persistent-divide/

descobriu que a maior parte do dinheiro do Título I foi gasto em esforços ineficazes[156].

Deixe-me fazer uma pausa para falar um pouco sobre prestação de contas e testes.

Eu sempre acreditei que a maneira mais efetiva de uma escola demonstrar responsabilidade é através do *feedback* fornecido pelos alunos e famílias. Não há nada que possa competir com a responsabilidade que se estabelece quando uma família tem a liberdade de deixar uma escola que não está atendendo às suas necessidades. É claro, até que isso seja uma verdade universal, nós precisamos de outras medidas de prestação de contas. Dados transparentes, coletados dos tipos de resultados de testes citados aqui, nos proporcionam muito dessa prestação de contas desejada.

Os testes não são perfeitos, e há muitas razões perfeitamente válidas para criticá-los, mas a sua necessidade é resultado da natureza do sistema. A *razão pela qual usamos testes padronizados* neste país – que, admito, são os melhores dentre as opções ruins atualmente disponíveis para mensurar as conquistas de um aluno – é que nós temos um modelo educacional padronizado. Você mede as saídas com base nas entradas. No tipo de futuro educacional que eu imagino, uma abordagem baseada em domínio ou competência, os testes padronizados não seriam necessários porque todo estudante teria uma educação personalizada. Seria possível saber *sempre* como eles estariam, qual progresso estariam fazendo, e toda sua experiência seria orientada para que eles alcançassem excelência.

É fácil entender que pontuações em declínio são ruins. No entanto, é mais alarmante entendermos seu significado em contexto. Segundo a NAEP, o "básico" da leitura é definido como a capacidade de entender palavras e responder a perguntas simples sobre informações fatuais do texto. Em 2019, 34% dos alunos de quarta série do país eram o que a

---

156. DYNARSKI, Mark; KAINZ, Kirsten. "Why Federal Spending on Disadvantaged Students (Title I) Doesn't Work". Brookings Institution. 20 nov. 2015. Disponível em: https://www.brookings.edu/articles/why-federal-spending-on-disadvantaged-students-title-i-doesnt-work/.

NAEP chama de leitores "inferiores ao básico" – o que significa que eles não compreendiam uma leitura básica e a nível de sua série; muitos não sabem ler, e ainda mais, não conseguem entender o que leem[157]. Entre os estudantes de quarta série que se qualificam para almoço gratuito e com desconto – alunos de baixa renda –, aproximadamente a metade deles estão na categoria "inferior ao básico"[158].

O termo *proficiência*, usado pela NAEP, é definido como "desempenho acadêmico sólido". Em outras palavras, não é ótimo, mas também não é ruim. Quando o teste usa a palavra *proficiente* para descrever a conquista do aluno, ele quer dizer "o objetivo do que todos os alunos devem saber"[159].

Visto dessa forma – o contexto de o que nossas escolas *deveriam* estar garantindo que os estudantes saibam –, os resultados dos alunos dos ensinos fundamental e médio dos EUA são ainda mais alarmantes.

Apenas 24% dos estudantes do último ano do ensino médio são proficientes ou melhores do que isso em matemática. Entre os alunos da oitava série, 1 em cada 3 são proficientes ou acima. Em ciências, 22% dos estudantes do último ano do ensino médio – apenas 1 em cada 5 – sabem o que deveriam saber[160].

Diante dessas estatísticas deprimentes, o *establishment* educacional continua a acreditar que mais gastos são a maneira certa de reformar a educação. A administração Obama injetou US$ 7 bilhões em um programa chamado Bolsas de Aprimoramento Escolar. Foi o maior investimento federal já realizado para melhorar escolas com baixo desempenho, e não funcionou. Uma avaliação realizada pelo Departamento de Educação de Obama (quem bom que eles foram transparentes) descobriu que resultados de testes, taxas de formatura

---

157. NAEP Report Card: 2019 NAEP Reading Assessment. The Nation's Report Card. 2019.
158. NATIONAL Achievement Level Results. The Nation's Report Card. 2019.
159. WHAT Are the NAEP Achievement Levels and How Are They Determined? National Assessment Governing Board. Disponível em: https://www.nagb.gov/content/dam/nagb/en/documents/naep/achievement-level-one-pager-4.6.pdf. Acesso em: nov. 2021.
160. How Did U.S. Students Perform on the Most Recent Assessments? The Nation's Report Card. Acesso em: nov. 2021.

e frequência escolar não mudaram nas escolas que receberam o financiamento extra[161].

Isso me faz pensar no que será necessário para que o *establishment* entenda que mais gastos não são a resposta. Os pagadores de impostos estão arcando cada vez mais com os custos de escolas que continuam a piorar.

⁂

Os resultados dentro das nossas fronteiras são a causa de uma preocupação grave. Quando você os compara com os resultados de outros países, eles deveriam disparar um alarme ensurdecedor. E eles evisceram a afirmação do *establishment* educacional de que poderíamos ter escolas públicas de primeira classe se gastássemos mais nelas.

Entre os países desenvolvidos e industrializados – ou seja, países como o nosso –, os Estados Unidos gastam mais por estudante do que apenas três países: Luxemburgo, Áustria e Noruega. Mas nós não estamos entre os dez melhores – nem perto – em termos de conquista educacional. Estamos em 37º lugar em matemática, 13º em leitura e 18º em ciências no mundo[162]. Em matemática, somos superados por grandes competidores como Alemanha, França e o Reino Unido, por adversários globais como China e Rússia e por países como Estônia, Finlândia e Eslováquia. Está bom para você?

Imagine por um momento qual seria a resposta se os EUA tivessem a 37ª maior economia do mundo. Ou se nossos atletas não ficassem posicionados entre os dez primeiros em qualquer esporte das Olimpíadas. Os gritos de indignação seriam ensurdecedores. Os gritos de indignação sobre como estamos educando as futuras gerações não deveriam ser diferentes.

---

161. BROWN, Emma. "Obama Administration Spent Billions to Fix Failing Schools, and It Didn't Work". Washington Post. 19 jan. 2017. Disponível em: https://www.washingtonpost.com/local/education/obama-administration-spent-billions-to-fix-failing-schools-and-it-didnt-work/2017/01/19/.

162. PISA 2018 U.S. Results. National Center for Education Statistics. 2018. Disponível em: https://nces.ed.gov/surveys/pisa/pisa2018/#/

Um relatório importante e relevante encomendado em 1983, chamado *Uma nação em risco*, resumiu de maneira bem clara: "Se uma força estrangeira hostil tivesse tentado impor nos EUA o desempenho educacional medíocre que temos hoje, teríamos visto isso como um ato de guerra"[163]. Esse relatório desencadeou a infusão massiva de fundos dos contribuintes. E isso foi há quase quarenta anos.

PISA 2018: Países com melhores classificações[164]. [Soma das médias das notas de ciência, leitura e matemática dos resultados do PISA na OCDE de 2018]:

- China (Pequim, Shangai, Jiangsu e Zhejiang) [1736]
- Singapura [1669]
- Estônia [1576]
- Japão [1560]
- Coreia do Sul [1559]
- Canadá [1550]
- Finlândia [1549]
- Polônia [1539]
- Irlanda [1514]
- Reino Unido [1511]
- Eslovênia [1511]
- Nova Zelândia [1508]
- Suécia [1507]
- Holanda [1507]
- Dinamarca [1503]
- Alemanha [1501]
- Bélgica [1500]
- Austrália [1497]
- Suíça [1494]
- Noruega [1490]

---

163. A NATION at Risk: The Imperative for Educational Reform. National Commission on Excellence in Education. Abr. 1983.

164. ARMSTRONG, Martin. PISA 2018: The Top Rated Countries. Statista. 3 dez. 2019.

- República Tcheca [1486]
- **Estados Unidos [1485]**
- França [1481]
- Portugal [1476]
- Áustria [1473][165]

Esses aumentos significativos de gastos, resultados objetivamente deploráveis e a sucessão interminável de desculpas do *establishment* educacional são as principais razões pelas quais luto tanto pela liberdade educacional. Passamos mais de meio século jogando com os aportes feitos em nossas escolas públicas administradas pelo governo, e nossos filhos são as vítimas. Já passou da hora de demolir o próprio sistema.

※※※※※

O momento está indelevelmente gravado em minha mente. Eu saía de uma escola de tijolos aparentes e de alto desempenho em um bairro de baixa renda de Milwaukee em um dia úmido de setembro de 2019. Acabara de conversar com crianças, professores e pais. Os rostos das famílias que encontrei eram negros e mulatos.

Do outro lado da rua, vi um grupo de manifestantes. Eles não gostavam do fato de que as crianças estavam na escola St. Marcus graças aos *vouchers* fornecidos pelo estado de Wisconsin. Essas pessoas estavam com raiva e gritando. Seus rostos eram brancos, em maioria.

Um pai afro-americano que estava deixando suas duas filhas na escola falou para os manifestantes: "Vocês estão debatendo sobre os filhos de outras pessoas". Aposto que ele amaria ver alguns dos manifestantes em seu lugar por um tempo. Sempre vou me lembrar dele e daquele momento.

Dentro da Escola Luterana St. Marcus, sentei-me em rodas com crianças curiosas, conversei com pais cheios de gratidão e observei professores dedicados. Foi uma experiência de esperança, expectativa e realização; uma experiência que não deveria ser polêmica nos Estados

---

165. Fonte: OCDE.

Unidos. Para as famílias que encontrei, frequentar a St. Marcus era a oportunidade de aprender e prosperar que todos os pais querem para seus filhos.

Mas então eu saí da escola e vi os manifestantes. O líder do sindicato dos professores de Wisconsin estava lá. O presidente do Partido Democrata de Wisconsin estava lá, juntamente com outros políticos democratas. Eles eram lembranças visuais de que há pessoas que não acham que aqueles alunos deveriam ter a oportunidade de escolher uma escola magnífica. Eles vaiaram, assobiaram e gritaram "Vá para casa, Betsy!" Isso não me incomodou nem um pouco.

O que me incomodou *mesmo* era que os manifestantes estavam lá defendendo adultos – políticos, sindicatos, burocratas – e não as crianças. A escola St. Marcus fica em um bairro pobre. As taxas de proficiência em matemática e leitura dos alunos das escolas ao redor eram de apenas um dígito. No entanto, provavelmente os manifestantes não eram da vizinhança – se tinham filhos, haviam exercido a escolha escolar de se mudarem para os bairros seguros e de maioria branca dos subúrbios de Milwaukee. Eles haviam tirado proveito da *sua* oportunidade de escolher. Mas, lá, estavam protestando contra essa oportunidade para os filhos de outras pessoas.

Lembrei-me de Polly Williams nessa visita a Milwaukee. Chamei a cidade de "berço da liberdade educacional". Conforme notei, Milwaukee tem o programa de escolha de escolas privadas mais antigo do país, e, apesar da ideia de escolha escolar ter algumas origens na teoria do livre mercado, na prática, os *vouchers* servem a uma causa maior em Milwaukee e em dúzias de cidades de todo o país. Meu amigo e cofundador da Aliança Negra pelas Opções Educacionais, Howard Fuller, foi uma das forças por trás do programa de Milwaukee. Ele disse que seu apoio à escolha escolar nunca teve a ver apenas com o livre mercado. "Era uma questão de justiça social". Na minha perspectiva, tem a ver com os dois.

Naquele dia, não tive a oportunidade de falar com os manifestantes em Milwaukee, mas, se lhes perguntasse se acreditam em justiça social, tenho certeza de que a maioria responderia que sim. Eles provavelmente concordariam com a ideia de que nosso sistema escolar administrado pelo governo está prejudicando de forma sistêmica crianças negras e de minorias. Mas o que eu aposto que eles não veriam – ou não conseguiriam ver – era o papel que desempenham na perpetuação dessa injustiça histórica.

Muitos dos mesmos adultos que atrapalham a mudança sistêmica para as crianças negras e mulatas defendem teorias educacionais da moda, que não fazem nada além de reduzir o aprendizado de alunos de minorias. "Reformas" como não exigir que alunos entreguem tarefas dentro do prazo, acabar com cursos avançados, chamar a matemática de "racista" e ver o mérito como uma forma de "privilégio branco" – todas essas ideias perigosas são adotadas em nome do antirracismo. Mas seu efeito verdadeiro é aumentar o racismo sistêmico do sistema educacional.

O presidente George W. Bush celebremente denunciou "o fanatismo sutil das expectativas baixas". Os alunos estão sendo cada vez menos desafiados e estimulados em nossas escolas, e aqueles de baixa renda e de minorias estão carregando o maior fardo dessa tendência. Dados da NAEP confirmam que menos alunos estão frequentando mais aulas avançadas de matemática. O número de estudantes de treze anos que aprenderam álgebra caiu nove pontos percentuais desde 2012. O movimento de distanciamento da leitura – o número de alunos de treze anos que relatam que raramente ou nunca leem por prazer – cresceu impressionantes vinte e um pontos, de 8% em 1984 para 29% em 2020[166].

Padrões mais baixos para alguns alunos são um sinal tenebroso para o futuro de um país dividido política, econômica, cultural e racialmente. Os americanos não têm uma etnia comum que os une. Nós não viemos da mesma raça ou religião. O que nos torna uma nação é o conjunto de ideias sobre o qual os EUA foram fundados. Mas estou preocupada que não compartilhemos mais uma visão e entendimento do que essas ideias são e de onde elas vêm. Nossas escolas não estão ensinando essas ideias às crianças. Apenas 24% dos alunos do último

---

166. SPARKS, Sarah. "Young Adolescents' Scores Trended to Historic Lows on National Tests. And That's Before COVID Hit". Education Week. 14 out. 2021. Disponível em: https://www.edweek.org/teaching-learning/young-adolescents-scores-trended-to-historic-lows-on-national-tests-and-thats-before-covid-hit/2021/10/.

ano do ensino médio têm um conhecimento razoável de cidadania – os direitos e deveres dos cidadãos da nossa república[167]. *E só 15% são proficientes em história americana*[168].

Nosso sistema democrático de governo foi projetado para e fundamentado em uma cidadania informada. Não vamos durar muito tempo como república se falharmos em ensinar às nossas crianças o que esperar do governo e quais são suas responsabilidades como cidadãs. Ou ensinaremos as crianças a serem participantes responsáveis do autogoverno ou perderemos o autogoverno.

⚘⚘⚘

A liberdade educacional é moralmente justa. Ela também funciona. Os alunos que têm autonomia para exercer sua liberdade educacional e fazer escolhas apresentam resultados melhores.

Um estudo extensivo conduzido pela Universidade do Arkansas concluiu que "níveis mais altos de liberdade educacional estão associados de maneira significativa a níveis mais altos de realização na NAEP e a maiores ganhos de conquistas da NAEP em todos os nossos modelos estatísticos"[169].

No Arizona, classificado como o estado com a maior liberdade educacional e que tem vários fortes programas de escolha escolar, alunos da quarta série ganharam oito pontos em matemática entre 2009 e 2015, enquanto a média nacional não apresentou nenhum ganho, nada. Em leitura, os mesmos estudantes tinham cinco pontos a mais, enquanto a média nacional apresentou um ponto a menos. Em ciência, onze a mais *versus* quatro a mais[170].

---

167. See How Eighth Grade Students Performed in Civics. The Nation's Report Card. 2018. Disponível em: https://www.nationsreportcard.gov/highlights/civics/2018/.

168. See How Eighth Grade Students Performed in U.S. History. The Nation's Report Card. 2018. Disponível em: https://www.nationsreportcard.gov/highlights/ushistory/2018/.

169. WOLF, Patrick et al. "Is More School Choice Associated with Higher State-Level Performance on the NAEP". School Choice Demonstration Project, University of Arkansas. Mar. 2021. Disponível em: https://files.eric.ed.gov/fulltext/ED612084.pdf/.

170. *Ibid*. Figura 1, p. 23.

Figura 1

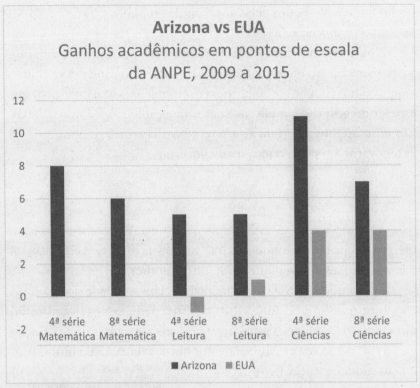

Fonte: Departamento de Reforma Educacional, Universidade do Arkansas

O mesmo estudo descobriu que estudantes da Flórida, dos quais mais da metade escolhem escolas diferentes das designadas, também viram ganhos igualmente impressionantes. Esses ganhos foram mais expressivos entre alunos de baixa renda, e as melhoras apresentadas pelos estudantes com deficiência foram impressionantes[171].

---

171. *Ibid*. Figura 2, p. 25. Figura 3, p. 26.

Figura 2

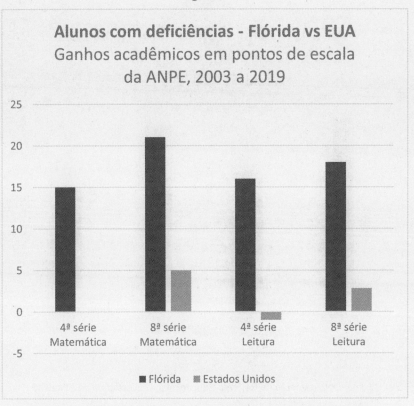

Fonte: Departamento de Reforma Educacional, Universidade do Arkansas

Figura 3

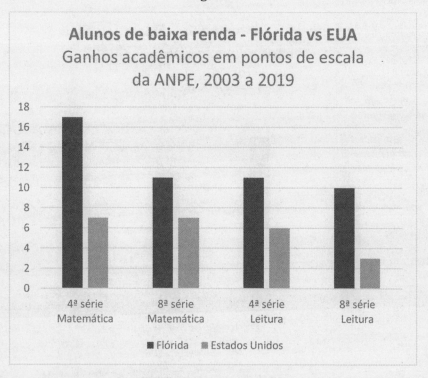

Fonte: Departamento de Reforma Educacional, Universidade do Arkansas

A verdade é que, apesar do que se escuta da mídia, quase todo estudo já conduzido sobre programas de escolha de escolas privadas, em uma ampla variedade de medidas, mostrou que eles melhoram os resultados dos estudantes[172].

---

172. The 123s of School Choice. Slide 7.

Figura 4

Descobertas de estudos de pesquisa sobre escolha de escolas privadas				
O programa de escolha escolar:				
RESULTADO ESTUDADO	NÚMERO DE ESTUDOS	QUALQUER EFEITO POSITIVO	NENHUM EFEITO PERCEBIDO	QUALQUER EFEITO NEGATIVO
Notas de testes do participante do programa	17	11	4	3
Realização educacional	7	5	2	0
Satisfação dos pais	30	28	1	2
Notas de testes de alunos de escola pública	27	25	1	1
Valores e práticas civis	11	6	5	0
Integração	7	6	1	0
Efeitos fiscais	70	65	4	5

Fonte: EdChoice

Uma descoberta interessante e importante é que os níveis de realização de alunos de escolas públicas crescem quando há opções de escolha de instituições privadas por perto. E, novamente, os resultados foram mais expressivos – você adivinhou – entre os estudantes de baixa renda[173].

Por causa dessas descobertas, os opositores da liberdade educacional raramente afirmam que a escolha escolar não funciona na educação

_____

173. FIGLIO, David; HART, Cassandra; KARBOWNIK, Krzysztof. "Effects of Scaling Up Private School Choice Programs on Public School Students". National Bureau of Economic Research. Fev. 2020. Disponível em: https://www.nber.org/system/files/working_papers/w26758/w26758.pdf/.

de crianças; em vez disso, eles alegam que tira dinheiro das escolas públicas tradicionais ou, nas palavras de muitos opositores, "privatiza" a educação pública. Na verdade, agora temos dados suficientes sobre os programas de escolha escolar para dizer que, na realidade, eles economizam dinheiro. O grupo pró-liberdade educacional EdChoice estudou quarenta programas de escolha escolar desde o início até 2018 e descobriu que eles economizaram mais de US\$ 28 bilhões do dinheiro dos contribuintes – ou US\$ 7.500 para cada aluno participante. Isso resulta em uma economia de aproximadamente US\$ 2,80 para cada dólar gasto na expansão de opções educacionais[174]. É difícil argumentar que a escolha tirará o dinheiro das escolas públicas tradicionais, já que seu custo é menor.

A totalidade desses estudos confirma que, quando os alunos e suas famílias têm autonomia para fazer escolhas sobre sua educação, as realizações e os resultados melhoram. A escolha escolar é senso comum; é sensata economicamente e justa socialmente.

❦❦❦❦❦❦

Eu estava em Milwaukee naquele dia de setembro para promover um plano que mudaria fundamentalmente nosso sistema educacional ao tirar o poder dos manifestantes da rua e dá-lo a pais que querem seus filhos em uma escola como a St. Marcus. Alguns meses antes, propus uma lei inédita para o Departamento de Educação: um crédito tributário federal beneficente para doações em apoio a bolsas estudantis estaduais para os ensinos fundamental e médio. Demos o nome de Bolsas de Liberdade Educacional.

Esse programa de escolha apoiado federalmente foi apenas uma de algumas promessas específicas de campanha que o presidente Trump

---

174. LUEKEN, Martin. "School Choice Saves Money and Helps Kids". Wall Street Journal. Nova York, 12 dez. 2021. Disponível em: https://www.wsj.com/articles/school-choice-saves-money-and-helps-kids-education-charter-in-person-learning-remote-covid-11639340381#:~:text=It%20appears%20that%20private%20school,choice%20programs%20exist%20improve%20academically/.

fez na eleição de 2016[175]. Essa promessa foi um grande motivo pelo qual eu concordei em me juntar à administração. Além do compromisso e do nível de financiamento atribuído – US$ 20 bilhões –, não havia muitas especificidades. Mas a promessa era o suficiente. Era mais do que suficiente. Nenhuma administração jamais havia prometido apresentar uma proposta legislativa concreta para a criação de um programa de escolha escolar para todo o país. Tínhamos uma oportunidade histórica, e eu queria ajudar a garantir que ela se concretizasse.

As Bolsas de Liberdade Educacional ficam na categoria da "bolsa de crédito tributário" dos mecanismos de escolha educacional que eu listei antes. Pessoas ou empresas receberiam um crédito tributário quando redirecionassem parte do seu imposto federal a organizações de concessão de bolsas de estudo nos estados. Os estados, por sua vez, usariam esse dinheiro doado voluntariamente para criar seu próprio programa de bolsas com base nas necessidades e objetivos locais. Quando começamos a trabalhar nas Bolsas de Liberdade Educacional, aproximadamente vinte estados tinham programas de escolha financiados por crédito tributário de vários tipos. Eu havia trabalhado com a maioria deles na criação desses programas, e vinham funcionando bem. A maior parte, no entanto, era muito modesto em tamanho e escala. O que precisavam era de mais combustível para aumentar seu crescimento e capacidade de servirem mais alunos.

O único envolvimento federal nas Bolsas de Liberdade Educacional foi uma mudança na lei tributária federal. Não foram necessários nenhum novo mandato ou burocracia federal. O plano não criou um novo "Gabinete de Escolha Escolar" federal. E não envolveu as escolas com amarras federais ou burocracias sufocantes. Além disso, as Bolsas de Liberdade Educacional não tiraram um único dólar dos alunos das escolas públicas tradicionais. E não gastaram um único dólar de dinheiro federal.

Nossa proposta exigia apenas uma coisa: os alunos e pais devem ter a autonomia para tomarem as decisões. Os estados poderiam

---

175. As outras importantes promessas de campanha, pelos nossos cálculos, eram a construção do muro na fronteira com o México e a revogação do Obamacare.

criar programas nos quais as bolsas poderiam ser usadas apenas para mensalidades de escolas privadas ou paroquiais. Ou, mais parecido com as contas de poupança para educação, eles também poderiam usá-las para acessar programas de aprendizagem, programas de treinamento profissional, programas de crédito duplo[176] ou transporte para frequentar escolas fora de seus distritos. A variedade de formas nas quais as bolsas podem ser usadas estava limitada apenas pela criatividade daqueles que implementariam seu uso. Cada estado teria a flexibilidade de determinar quais alunos precisavam mais das bolsas, provavelmente os estudantes com menor renda ou menores realizações, incluindo alunos com deficiência.

As Bolsas de Liberdade Educacional seriam transformadoras para as crianças. Agora, temos apenas que convencer o Congresso a aprová-las.

※※※※※※

O discurso sobre o Estado da União é a plataforma principal de todo presidente para promover suas prioridades políticas. Para a minha felicidade, o primeiro discurso do presidente Trump (que tecnicamente não foi sobre o "Estado da União") para uma sessão conjunta da Câmara e do Senado no início de 2017 defendeu muito a escolha escolar. Ele a chamou, como outros presidentes fizeram antes dele, de "a questão de direitos civis do nosso tempo". E ele apelou ao Congresso que "passasse um projeto de lei educacional que financia a escolha escolar para a juventude desprivilegiada, incluindo milhões de crianças afro-americanas e latinas. Essas famílias deveriam ser livres para escolher a escola pública, privada, *charter*, ímã, religiosa ou ensino domiciliar que consideram mais apropriadas para elas".

O presidente não especificou em 2017 como poderia implementar essa política, mas observadores atentos ao discurso tiveram algumas ideias por conta de uma visitante que estava sentada ao lado da primeira-dama na galeria. Exatamente como foi planejado.

---

176. Permite que alunos dos penúltimo e último anos do ensino médio estudem em cursos de faculdade para ganharem créditos. (N. T.)

Denisha Merriweather cresceu na pobreza com uma mãe adolescente no leste de Jacksonville, Flórida. Ela repetiu a terceira série duas vezes e costumava se meter em problemas na escola com frequência. Ela carregava os estigmas dos parentes mais velhos, e a escola a descreveu como "outra Merriweather", ou seja, outra criança problemática com poucas chances de sucesso. Ela presumiu que eles estivessem certos. Sua ambição era sobreviver à escola e conseguir um emprego no McDonald's.

Mas sua madrinha não aceitaria isso. Ela encontrou uma pequena escola religiosa privada onde acreditava que Denisha se sairia melhor. Mas ela sabia que nem ela nem a família de Denisha conseguiriam pagar as mensalidades. Por sorte, a escola a apresentou ao programa Bolsa de Crédito Tributário da Flórida – um dos programas iniciados por Jeb Buch quando foi governador.

O programa da Flórida permite que empresas direcionem uma pequena quantia de seus impostos estaduais para uma organização de bolsas estudantis chamada Posicione-se pelos Estudantes. Denisha se qualificou e pôde ir à pequena escola que sua madrinha havia encontrado. Em poucos dias, soube que sua vida teria uma trajetória completamente nova. Tornou-se o primeiro membro da família a concluir o ensino médio. Quando o presidente Trump a apresentou ao país naquela noite no Capitólio, ela não era apenas uma formanda universitária: Denisha estava conseguindo seu diploma de mestrado.

Em 2019, o discurso sobre o Estado da União foi marcado logo antes daquele no qual planejávamos revelar as Bolsas de Liberdade Educacional. Era mais importante do que nunca que o presidente Trump usasse o momento para promover a escolha escolar.

O processo de escrita do discurso sobre o Estado da União exige um trabalho em grupo. Ele começa meses antes de ser realizado e todas as agências do gabinete lutam para que suas iniciativas sejam incluídas. Na minha opinião, isso geralmente resulta em um discurso ruim, mas em declarações importantes sobre políticas.

Nós nos esforçamos muito desde o início e conseguimos que o presidente Trump falasse um parágrafo inteiro sobre liberdade educacional. No entanto, quando a versão final foi distribuída no dia anterior ao discurso, o parágrafo havia sumido. Não havia nenhuma menção à escolha escolar ou às Bolsas de Liberdade Educacional. Eu liguei para o presidente, mas não consegui convencê-lo. O discurso já estava muito longo, ele disse. Por isso, pedimos ajuda. Kellyanne Conway e Mercedes Schlapp, importantes aliadas da escolha escolar na Casa Branca, entraram em ação. Elas sugeriram que chamássemos outro defensor da liberdade educacional para defender nosso caso para o presidente: o vice-presidente Mike Pence.

Pence foi para o Salão Oval com nosso parágrafo em mãos na esperança de conseguir colocá-lo novamente no discurso. Depois de um tempo, ele voltou e disse que o presidente não concordou em colocar todo o parágrafo, mas que incluiria uma linha: "Para ajudar a apoiar os pais que trabalham, chegou a hora de aprovar a escolha escolar para as crianças dos Estados Unidos".

Foi uma vitória, em parte. Para ter certeza de que as palavras entrariam no discurso, Kellyanne e Mercedes foram para o gabinete de redação de discursos da Casa Branca e observaram a linha ser acrescentada.

Apesar do processo exaustivo da redação do discurso, estávamos animados para assisti-lo. Havia apenas mais um obstáculo físico: quebrei a minha pélvis algumas semanas antes enquanto andava de bicicleta na Flórida. Entrei em um trecho de areia fofa, fui ejetada e caí em cima do meu quadril. O acidente e a subsequente cirurgia me deixaram em uma cadeira de rodas por alguns meses. O sargento de armas relutou muito para permitir que alguém da minha equipe me empurrasse para a Câmara. No entanto, assim como a linha no discurso, nós conseguimos entrar.

Depois, assistimos ao que provavelmente seria o último discurso de Trump sobre o Estado da União em 2020. Na época em que a Casa Branca começou a prepará-lo, trabalhando com os principais apoiadores, Ted Cruz, senador do Texas, e Bradley Byrne, deputado do Alabama, garantimos o apoio de dúzias de membros do Congresso para a lei das BLEs – apesar de o presidente Alexander ter rejeitado o agendamento de uma audiência do comitê sobre o projeto. Graças novamente à ajuda de Kellyanne, da chefe do conselho de política doméstica Brooke Rollins e de outras pessoas, o discurso foi redigido para transmitir uma defesa enfática das Bolsas de Liberdade Educacional.

Mais uma vez, o presidente Trump queria ter alguém na área de observação da primeira-dama para acrescentar um recurso visual aos seus comentários. A ideia era identificar um jovem que queria ou precisava ir para outra escola, mas não podia porque seu estado não tinha um programa de bolsas estudantis. A presença e exemplo do aluno destacaria para o Congresso a importância de passar o projeto de lei das Bolsas de Liberdade Educacional.

A busca por esse estudante começou. Até onde eu sabia, era uma vitória enorme o presidente defender nosso programa. A pessoa escolhida não era tão importante quanto o pedido por escolha. Mas o pessoal da Casa Branca estava atrás de uma certa aparência. Eles observaram muitos candidatos antes de escolher um que gostassem. Finalmente, decidiram por alguém que tinha a história (nosso critério) e a aparência (segundo a Casa Branca) certas.

Janiyah Davis, da Filadélfia, era uma aluna da quarta série brilhante e adorável que amava arte e matemática. A presença de Janiyah no discurso não apenas ressaltaria a proposta das Bolsas de Liberdade Educacional como também ilustraria os obstáculos que a escolha escolar enfrenta em muitas Assembleias Legislativas – obstáculos que seriam superados pela disponibilidade de um programa federal.

No ano anterior, o governador da Pensilvânia Tom Wolf vetou um projeto de lei bipartidário que dobraria os créditos tributários disponíveis para o programa de bolsas do estado, o Crédito Tributário para Melhoria Educacional. Sua decisão foi motivada puramente por políticas do sindicato escolar. O programa existente proporcionara milhões de dólares em doações de caridade privadas para crianças de baixa renda na Pensilvânia. Havia uma longa lista de espera por bolsas com 40 mil crianças. As empresas já haviam doado mais de US$ 105 milhões, que estavam apenas esperando serem distribuídos aos estudantes. Mas Wolf, que frequentou uma escola particular preparatória para Princeton que custava US$ 61 mil por ano, ficou do lado dos benfeitores do sindicato em detrimento das crianças pobres e de suas famílias, negando-lhes a oportunidade de escolher escolas privadas por uma fração daquela mensalidade[177]. Ele era o garoto-propaganda das políticas dos grupos de interesse que a liberdade educacional enfrenta em muitos estados.

Em seu discurso, o presidente Trump planejava presentear Janiyah com uma "Bolsa Oportunidade" para destacar o fato de que o governador Wolf negou a expansão do programa da Pensilvânia. Havia apenas um detalhe. Não existia "Bolsa Oportunidade" a nível federal – pelo menos até o momento. Por isso, a Casa Branca perguntou se eu estaria disposta a pagar pessoalmente pela bolsa de Janiyah. Eu fiquei feliz em fazer isso. Eu dei parte do meu salário, o qual eu já doava completamente para a caridade, para a educação de Janiyah.

Discursando para as casas conjuntas do Congresso, o presidente Trump observou que dezoito estados já tinham bolsas de crédito tributário para escolha escolar, com dezenas de milhares de alunos em listas de esperas. Um desses alunos, ele disse, era Janiyah Davis, e fez um gesto em direção à galeria. O presidente mencionou o veto do governador Wolf à expansão do programa de crédito tributário na Pensilvânia.

"Mas Janiyah, eu tenho boas notícias hoje", ele disse. "Sua longa espera acabou. Posso anunciar com orgulho que uma Bolsa Oportunidade ficou disponível. Ela vai para você. E você logo irá para a escola de sua escolha".

Um olhar de surpresa genuína se formou no rosto de Janiyah e ela olhou para sua mãe para se certificar de que o que ela estava ouvindo era verdade. A câmara foi tomada por aplausos.

Foi um momento de teatro político. Mais do que isso, foi um gesto substancial de apoio a uma importante legislação. Mas a noite e o discurso ainda não haviam acabado. Em um momento emocionante no meio do discurso, Trump presenteou a personalidade de rádio Rush Limbaugh com a Medalha Presidencial da Liberdade. No dia anterior,

---

177. AS GOV. Wolf Attacks Charter Schools, We Have Questions About His Expensive, Ultra-Exclusive Education at the Hill School. National Coalition for Public School Options. Disponível em: https://www.parentsforschooloptions.org/post/as-gov-wolf-attacks-charter-schools-we-have-questions-about-his-expensive-ultra-exclusive-education-at-the-hill-school. Acesso em: ago. 2021.

Rush havia anunciado que o câncer no pulmão que ele enfrentava era terminal. Ali, na galeria, a primeira-dama Melania Trump colocou a medalha no pescoço do locutor enfermo.

Assim como milhões de americanos, fiquei muito emocionada pelo reconhecimento surpresa de Rush pelo presidente. No dia seguinte, isso dominou a cobertura da mídia sobre o discurso do presidente. Havia pouquíssima menção, se houve, do seu clamor pelas Bolsas de Liberdade Educacional. Foi muito frustrante – e totalmente previsível. Apesar de Rush merecer, seu prêmio foi um evento de um dia. As Bolsas de Liberdade Educacional têm a oportunidade de transformar a vida de milhões de americanos por décadas.

≪≪≪≪≪

Passamos muito tempo defendendo as Bolsas de Liberdade Educacional e buscando uma legislação crucial para aprovação à qual pudéssemos vincular o plano. Percorri o Capitólio, os estados e grupos da indústria para ganhar apoio. Em um desses encontros, um discurso à Conferência Nacional de Prefeitos em um hotel próximo ao Capitólio, em 2019, conheci Joe Biden pela primeira vez. Eu estava na cadeira de rodas devido ao acidente de bicicleta. Minha fiel assistente, Sarah Delahunty, estava me empurrando pelo lugar – literalmente. Como a rampa de acesso ao palco do discurso era muito íngreme, Sarah teve que se esforçar para me empurrar para cima e, na descida, quase perdeu o controle da minha cadeira.

Depois do discurso, Sarah e eu estávamos esperando o elevador de carga nos fundos do salão do hotel para irmos ao térreo quando o antigo vice-presidente Biden saiu a todo vapor de uma sala lateral. Ele deve ter ouvido falar do meu acidente, porque veio diretamente até mim.

"Como você está?" ele perguntou. "Está com algum parafuso?"

Eu disse a ele que estava com um parafuso de aproximadamente oito centímetros por causa do acidente.

Em seguida, esse encontro casual se tornou algo totalmente inesperado e incômodo. Biden se inclinou, colocou suas mãos em meus ombros e pressionou sua testa contra a minha. E ficou um tempo assim.

Enquanto eu tentava arrumar uma forma de rolar minha cadeira de rodas para trás, ele disse: "Eu tenho nove parafusos no meu ombro. Mas todo mundo acha que eles estão na minha cabeça". Então se levantou e foi embora.

Quando descemos para ir ao carro, Sarah perguntou: "Ele é um amigo próximo?"

Eu disse a ela que nunca o havia visto pessoalmente.

"Bem," ela disse, "isso foi bem desagradável". Sim, foi desagradável, e foi uma tentativa ineficaz de me intimidar. Penso naquele encontro toda vez que ouço Biden falar sobre revogar nossas reformas do Título IX.

❧❧❧❧❧❧

Para muitos republicanos, a liberdade educacional é uma questão com a qual eles concordam do ponto de vista filosófico, mas não levam a sério por causa da política. Na minha opinião, isso é uma prova de que os líderes sindicais das escolas têm sido espetacularmente bem-sucedidos. Eles convenceram os políticos de que entrar nessa área é muito doloroso para suportar. Estão obstinadamente dedicados a garantir que o alarme da "destruição de escolas públicas" seja soado toda vez que a liberdade educacional for discutida. Por isso, muitos políticos – tanto os eleitos quanto os aspirantes – que em outras circunstâncias poderiam apoiar a liberdade educacional a veem como uma perda política. Sem falar que os líderes sindicais têm grandes fundos para campanhas, enquanto os pais estão por conta própria.

Os sindicatos carregam muita da culpa pelo nosso sistema educacional ser tão engessado, mas eles não são os únicos culpados da falha em melhorar nossas escolas. Eles tiveram ajuda – uma ajuda muito importante – do governo. O ciclo é assim: o sindicato pega dinheiro dos professores, que são pagos pelos contribuintes, e o usam para eleger e fazer *lobby* com políticos, que, por sua vez, aumentam o financiamento das escolas e, por conseguinte, os cofres dos sindicatos. São as autoridades eleitas que, em última análise, são as responsáveis pela preservação do monopólio dos líderes sindicais e pela luta contra a liberdade educacional.

Exércitos de colaboradores e administradores foram acrescentados para gerir a expansão do sistema. Na realidade, desde 1970, o número de adultos empregados em escolas cresceu a uma taxa nove vezes mais rápida do que o número de crianças que vão para lá a fim de aprenderem[178]. Olhando de 2011 a 2016, o número de professores cresceu 13% enquanto o número de alunos aumentou apenas 2%[179]. Como eu detalhei, todos esses novos funcionários custam mais dinheiro dos pagadores de impostos para mantê-los, e também aumentam o quadro de membros do sindicato e financiam seu monopólio de controle.

O sistema atual, no entanto, não serve aos professores melhor do que serve às crianças.

Pense nos incentivos que bons professores têm hoje. Em nossas escolas públicas, eles não são tratados como os profissionais que são. O sistema criado pelos sindicatos trata e recompensa os professores extraordinários da mesma forma que os normais. Eles não têm caminhos e incentivos para avançarem profissionalmente em seus importantes papéis de ensino. O sistema foi projetado para que eles passem de ano a ano, degrau por degrau, pela mesma escada de compensação automática, independentemente de suas habilidades ou do impacto que exercem. Todos são tratados da mesma forma porque, nesse sistema de sindicatos, todos *devem* ser iguais. Todo mundo, isto é, com exceção dos líderes sindicais, alguns dos quais recebem mais de US$ 500 mil por ano[180].

Ótimos professores desafiam a maneira com a qual as coisas sempre foram feitas, o que tende a desafiar e até constranger os que não fazem isso. Nosso sistema educacional faz tudo que pode para afastar ótimos professores. Não é surpresa que eles deixam as salas de aula com frequência para buscarem realização e recompensas em outro lugar.

---

178. LOEWUS, Liana. "Teaching Force Growing Faster Than Student Enrollment Once Again". Education Week. 17 ago. 2017. Disponível em: https://www.edweek.org/leadership/teaching-force-growing-faster-than-student-enrollment-once-again/2017/08/.
179. STAFF Employed in Public Elementary and Secondary School Systems. Tabela 213.10. Disponível em: https://nces.ed.gov/programs/digest/d20/tables/dt20_213.10.asp/.
180. KEENE, Houston. "AFT head Randi Weingarten makes over $560,000 per year, 9 times average teacher salary, records show". Fox News. 9 jul. 2021.

Os professores não são o problema. Nosso fracassado sistema de educação pública sobrevive por causa das pessoas que *lideram* os sindicatos. Esses líderes fizeram uma aliança profana com autoridades eleitas – em grande detrimento das crianças nas escolas e dos contribuintes que pagam a conta. Sindicatos de escolas públicas – assim como todos os sindicatos de funcionários públicos – são a única opção. Eles têm operações políticas bem financiadas e extremamente poderosas e, se entrarem em greve ou relatarem "estar doentes" ao mesmo tempo, não haverá escolas para a maioria das crianças americanas. Enquanto essa realidade definir nosso sistema, os líderes sindicais terão o poder para fazer com que as autoridades eleitas cumpram suas ordens. Além disso, eles continuarão recebendo recursos dos pagadores de impostos para recompensarem essas mesmas autoridades eleitas com ajuda para serem eleitas e reeleitas. É um puro *quid pro quo*[181].

Os fechamentos de escolas durante a pandemia de Covid-19, a ascensão da teoria crítica de raça e do currículo divisivo e outros escândalos educacionais abriram os olhos dos pais americanos para a natureza egoísta dos sindicatos escolares. Muitos pais sentem que estão de mãos atadas diante do monopólio dos sindicatos, mas há uma maneira eficaz de contra-atacar. É importante ter em mente que são as *autoridades eleitas* que fazem as leis e regulam as escolas. Os *políticos* continuaram a jogar dinheiro nos problemas que não serão resolvidos com dinheiro. Os *políticos* permitiram que ocorresse a superpopulação de escolas com administradores e burocracias. Os *políticos* aprovaram contratos que concedem estabilidade aos professores e os recompensam com base em senioridade, não em eficácia. A pedido dos líderes sindicais, os *políticos* permitiram que se tornasse impossível demitir funcionários de escolas que prejudicaram alunos. Os *políticos* cocriaram um sistema que trabalha ativamente contra os milhares de professores de escolas públicas talentosos e que fazem o que fazem porque querem ajudar as crianças.

Os políticos e os líderes sindicais não podem admitir isso em voz alta. Eles não podem defender honestamente o sistema que presidem.

---

181. Expressão latina que significa "tomar uma coisa por outra", denota confusão ou engano. (N. E.)

Em vez disso, tentam demonizar qualquer pessoa que queira dar autonomia às famílias através da liberdade educacional.

Enquanto isso, políticos, líderes sindicais e muitos que são empregados pelo "sistema" mandam seus próprios filhos para escolas privadas ou para "boas" escolas nos subúrbios. Como Cory Brooker falou antes de abandonar seus princípios: "As pessoas dos subúrbios querem convencer a nós, dos bairros centrais pobres, o que precisamos suportar para que eles possam manter o atual sistema. Não é um sistema que deve ser defendido"[182].

⟨⟨⟨⟨⟨⟨⟨

A aliança entre o Partido Democrata e o sindicato dos professores é forte, mas não é insuperável. Há candidatos concorrendo a cargos públicos que apoiam a liberdade educacional, e eles estão ganhando. Um bom exemplo é a eleição de 2018 para governador da Flórida. Dados eleitorais mostram que "mães a favor da escolha escolar" fizeram a diferença para que o republicano Ron DeSantis vencesse.

DeSantis concorreu a governador prometendo proteger e expandir a escolha escolar. Ele se referiu ao programa Bolsa de Crédito Tributário da Flórida, prometendo: "Eu vou proteger essas bolsas. Vou defender essas famílias". Seu oponente democrata, o prefeito de Tallahassee Andrew Gillum, que é afro-americano, se opôs de maneira explícita à escolha escolar. No fim, o apoio enfático de DeSantis à liberdade educacional atraiu um eleitorado democrata fiel: mulheres afro-americanas. Ele conseguiu 18% dos votos femininos afro-americanos, enquanto a média nacional dos republicanos é de 7%. Cem mil mulheres negras cruzaram as linhas político-partidárias para votarem em DeSantis em vez de votarem em um candidato afro-americano.

---

182. KRANISH, Michael. "Cory Booker Once Allied Himself with Betsy DeVos on School Choice. Not Anymore". Washington Post. Washington, 20 set. 2019. Disponível em: https://www.washingtonpost.com/politics/cory-booker-once-allied-himself-with-betsy-devos-on-school-choice-not-anymore/2019/09/19/484508fe-d0dc-11e9-9031-519885a08a86_story.html/.

Escrevendo sobre esse acontecimento no *Wall Street Journal*, o ativista de educação e direitos civis William Mattox concluiu que, "em uma eleição decidida por menos de 40 mil votos, essas 100 mil mulheres negras foram decisivas". A razão do seu apoio foi a defesa de DeSantis da bolsa Posicione-se pelos Estudantes, que é financiada por um crédito tributário. Sua defesa da escolha escolar também atraiu o apoio de 44% da população latina do estado. Esse resultado, escreveu Mattox, deveria incentivar mais republicanos a defenderem a liberdade educacional e "estimular democratas a repensarem sua fidelidade cega aos sindicatos dos professores"[183].

Quando mostramos ao presidente o artigo que afirmava que os defensores da escolha escolar deram o cargo de governador para Ron DeSantis, Trump respondeu, tipicamente: "*Eu* dei o cargo de governador para Ron DeSantis".

Provavelmente as duas afirmações eram verdadeiras, mas eu acho que o presidente entendeu a parte importante da história. Sua equipe de campanha logo confirmou que sua pesquisa mostrou que a liberdade educacional era uma política administrativa muito popular e eficaz.

Durante o tempo que passei em Washington, percebi que a receptividade do Capitólio à liberdade educacional também estava crescendo. Uma republicana cética há muito tempo em relação à escolha escolar começou a se interessar pela questão.

Susan Collins, do Maine, era um dos dois votos republicanos contra minha confirmação no Senado. Na época, ela achava que a escolha escolar não seria boa para seu estado rural. Mas Susan sempre foi honesta e de mente aberta. Em uma de nossas conversas pelo telefone, ela me contou sobre uma escola rural em Deer Isle, a cerca de três horas ao norte de Portland. A única escola de ensino médio da ilha, chamada Escola de Ensino Médio Deer Isle-Stonington, estava com dificuldades em todos os aspectos. Os alunos não estavam motivados e tinham desempenho baixo, e muitos estavam quase desistindo da escola. Eles achavam que o

---

183. MATTOX, William. "'School Choice Moms' Tipped the Governor's Florida Race". Wall Street Journal. 20 nov. 2018. Disponível em: https://www.wsj.com/articles/school-choice-moms-tipped-the-governors-florida-race-1542757880/.

que eram obrigados a aprender na escola não tinha relevância para suas vidas. Deer Isle abriga uma atividade próspera de comércio de lagostas, na qual a maioria das famílias dos alunos trabalham.

Por isso, uma equipe de professores e funcionários da Escola de Ensino Médio Deer Isle-Stonington e membros da comunidade decidiram tentar estimular os alunos reorientando completamente a escola em torno do comércio de lagostas. Eles começaram a aprender através de projetos e trabalhos práticos na indústria da cidade. Aprenderam matemática através da navegação e do cálculo do preço de mercado para pesca do dia. Aprenderam a escrever por meio de redações sobre táticas de pesca e regulamentação governamental. Não demorou muito para que os estudantes se tornassem atentos e motivados com o aprendizado. Ele se tornou relevante para eles. A escola havia formado apenas 58% de seus alunos antes das mudanças – o pior resultado do estado. Quatro anos depois, 91% dos alunos da escola se formaram[184].

A senadora Collins ficou feliz com essa história e com o que ela significava para os alunos. Eu disse: "Sim, esse é um ótimo exemplo do que eu tenho defendido: ajustar a educação para atender às necessidades dos alunos, não os obrigar a ficarem num modelo único para todos". Acho que esse foi um momento de revelação para ela. Naquele dia, algo mudou no meu relacionamento com a senadora Collins. Havia um novo entendimento e confiança. Isso ficou evidente quando ela começou a questionar seriamente a forma com a qual as escolas do Maine estavam lidando com a Covid e como os sindicatos estavam fortemente impondo o fechamento delas.

⚜⚜⚜

Nos primeiros meses de 2020, as Bolsas de Liberdade Educacional estavam ganhando impulso. O apoio do presidente e nosso trabalho árduo estavam dando resultados. Nosso projeto de lei tinha mais de cento e dez

---

184. PAPERNY, Tanya. "How Lobsters Are Keeping Students in School". The Atlantic. Washington, 11 out. 2016. Disponível em: https://www.theatlantic.com/education/archive/2016/10/how-lobsters-are-keeping-students-in-school/503642/.

apoiadores na Câmara e dezesseis no Senado, tornando-o a proposta de escolha escolar federal mais amplamente apoiada da história.

Então veio a crise do coronavírus. As escolas de todo o país foram fechadas. Washington, DC, também fechou. Mas nós logo vimos um lado bom no *lockdown*: era o momento ideal para conversar com famílias sobre ter opções educacionais para seus filhos. O Congresso começou a trabalhar em um projeto de lei de financiamento de emergência para famílias e empresas impactadas pelo *lockdown*. O pacote inicial da Covid incluía 31 bilhões de dólares para um "Fundo de Estabilização Educacional", dividido quase igualmente entre os ensinos fundamental e médio e o ensino superior.

A legislação foi elaborada na velocidade da luz pelos padrões do Congresso. Ela foi aprovada no fim de março. Não houve tempo para incluir as Bolsas de Liberdade Educacional na proposta de lei, mas conseguimos garantir que os fundos emergenciais fossem para *todos* os alunos, quer estivessem em escolas públicas, privadas ou paroquiais. Nós alegamos o óbvio: todas as crianças estavam sendo impactadas pela pandemia, não importava onde eram educadas, e os fundos de emergência tinham o intuito de ajudar a mitigar o impacto de todos. Não foi surpresa, entretanto, que os distritos não tenham querido dividir os fundos. Muitos processos se seguiram, e alunos das escolas não governamentais foram prejudicados.

No entanto, esse foi apenas o conflito de abertura. Conforme os meses se passavam e as escolas continuavam fechadas, a oportunidade de ganhar apoio para as Bolsas de Liberdade Educacional continuou a crescer. O presidente reconheceu antes de qualquer pessoa a relevância política da permanência do fechamento das escolas. As famílias estavam cada vez mais frustradas, e nos certificamos de que elas soubessem que a liberdade educacional poderia ajudar a solucionar o problema.

No fim de agosto de 2020, eu escrevi uma carta de "volta às aulas" para os pais americanos.

"Vocês deram o seu melhor ao enfrentarem o desafio de serem professores em tempo integral, além de trabalharem no seu emprego – tudo isso enquanto se preocupavam com a saúde e a segurança de sua família. Agora, conforme nos aproximamos do outono, vocês ouviram que terão que passar por isso sozinhos – de novo. É muito. Mas não precisa ser assim", escrevi.

O presidente Trump e eu estávamos lutando por mais opções para pais que sentiam que não tinham nenhuma opção.

"Toda família precisa poder fazer o que é o certo para seus filhos", assegurei aos pais. "Nossas escolas existem porque vocês pagam por elas, e vocês devem ter a autonomia de usar seu dinheiro de uma forma melhor se a sua escola não estiver atendendo às suas necessidades"[185].

Um mês antes, nós, o presidente Alexander e o senador da Carolina do Sul Tim Scott, unimos forças com o senador Cruz para reintroduzir as Bolsas de Liberdade Educacional em um projeto que não apenas tornaria as bolsas uma lei, mas também proporcionaria fundos de emergência pontuais para organizações de concessão de bolsas estudantis nos estados. Esses fundos iriam diretamente aos pais para que eles os usassem da maneira que quisessem durante a pandemia. A legislação complementar da Câmara foi elaborada pelo deputado Byrne e apoiada pelo deputado Dan Lipinski, um democrata de Illinois. Os pontos de vista de Lipinski, que refletiam sua fé católica e incluíam o apoio à escolha escolar, levaram os líderes sindicais das escolas a gastar muito para apoiar seu oponente nas primárias do Partido Democrata no início do ano. Lipinski perdeu, mas passou seus meses finais no Congresso lutando pela liberdade educacional.

O projeto de lei Cruz-Alexander-Scott-Byrne-Lipinski, intitulado Lei da Escolha Escolar Agora, tinha uma chance real de ser incluída no segundo pacote de assistência à Covid-19 que estava sendo negociado no Congresso naquele verão e outono. Conforme a eleição presidencial se aproximava, o presidente Trump mencionava com frequência a escolha escolar em seus comícios de campanha – e com frequência recebia respostas entusiasmadas. A liberdade educacional foi apresentada de maneira proeminente na Convenção Nacional Republicana

---

185. DEVOS, Betsy. "Betsy DeVos' Back-to-School Letter to America's Parents". Detroit News. Detroit, 31 ago. 2020. Disponível em: https://www.detroitnews.com/story/opinion/2020/09/01/opinion-betsy-devos-education-secretary-letter-america-parents-school-choices-covid-19-decisions/3445699001/.

em agosto. À medida que as escolas permaneciam fechadas, os pais começaram a tirar seus filhos de aulas exclusivamente remotas. Pesquisas mostravam um apoio crescente às *charters*, à escolha escolar e à liberdade educacional.

Em setembro, o apoio ao tema foi testado em uma votação do Senado para um projeto de lei para assistência à Covid que incluía a versão Escolha Escolar Agora das Bolsas de Liberdade Educacional. Cinquenta e dois senadores votaram positivo – todos os republicanos, com exceção de Rand Paul, do Kentucky. Porém, seu voto não tinha relação com a escolha escolar, que ele apoia, mas com quem é Rand Paul no geral. O voto foi grandemente simbólico, porque o pacote republicano liderado por Mitch McConnell foi declarado perdido em sua chegada na Câmara de Nancy Pelosi. Mesmo assim, ver a maioria do Senado americano votando a favor de um projeto de lei que era o primeiro esforço federal de incentivo à liberdade educacional em todo o país foi uma importante medida de apoio à autonomia das famílias.

⁂

Com o fim do outono e início do inverno, ficava cada vez mais claro que o segundo projeto de lei para assistência à Covid-19 era a legislação crucial onde as Bolsas de Liberdade Educacional precisavam estar incluídas, e, com a derrota do presidente Trump para o antigo vice-presidente Biden na eleição de novembro, não havia dúvida de que essa seria nossa única oportunidade. Seria aquele projeto de lei ou nenhum projeto de lei.

A pandemia tornava a defesa das Bolsas de Liberdade Educacional mais robusta a cada dia que se passava. Famílias de baixa renda sem acesso à internet e opções de cuidados infantis estavam sofrendo de verdade. Incontáveis alunos não estavam participando das aulas pelo Zoom e estavam sendo negligenciados pelo sistema. Centenas de escolas privadas em comunidades pobres e de classe trabalhadora que dependiam das mensalidades já haviam falido e outras estavam em pressão financeira intensa, pois as famílias não podiam mais pagar pelas mensalidades.

A liderança democrata na Câmara e no Senado ouvia tudo isso de eleitores preocupados e líderes de pensamento. O cardeal Timothy Dolan, arcebispo de Nova York, comunicou ao líder da minoria do Senado, Chuck Schumer, que Nova York, assim como todos os lugares do país, estava perdendo escolas católicas e judaicas para a pandemia. A presidente da Câmara, Pelosi, estava com o mesmo problema na Califórnia. Os dois líderes democratas certamente não se tornaram fãs da escolha escolar, mas compreenderam a peculiaridade do momento. Apesar de sua lealdade aos líderes dos sindicatos escolares, muitos dos seus eleitores democratas frequentavam instituições privadas e paroquiais. Eles estavam sofrendo. A questão do que fazer com o problema das escolas fechadas estava crescendo, apesar da preocupação não declarada dos democratas.

A situação estava criando uma pequena fissura na aliança entre os democratas e os sindicatos de professores. Ficava mais difícil para os democratas ignorarem as vozes de seus eleitores de forma a continuarem agradando aos líderes dos sindicatos escolares. Schumer e Pelosi estavam mais abertos à conversa do que muitas pessoas imaginavam.

Mas, justo quando parecia que teríamos uma chance, a Casa Branca desistiu da luta após a derrota eleitoral de 2020. O presidente estava concentrado na contestação dos resultados da eleição. Sua equipe estava sobrecarregada por apoiar sua empreitada ou apagar os incêndios que ele iniciou por causa disso. Ninguém pareceu perceber – ou se importar – que um acordo com a liderança democrata era possível. Por isso, o secretário do tesouro, Steve Mnuchin, e o chefe de equipe Mark Meadows abandonaram preventivamente a defesa pela Lei da Escolha Escolar Agora. O Senado aprovou um grande e confuso projeto de lei de gastos – sem nenhuma disposição sobre a escolha escolar, emergencial ou não – em 22 de dezembro. O momento passara.

Contrafatuais são sempre complicados. Não podemos ter certeza se as Bolsas de Liberdade Educacional teriam sido aprovadas pelo Congresso nos últimos dias de 2020. O que nós sabemos, no entanto, é que uma oportunidade emergente foi desperdiçada por uma Casa Branca disfuncional focada em coisas erradas.

CAPÍTULO 9

O GRANDE DESPERTAR PARENTAL

O pai diante do microfone na reunião do conselho escolar do Condado de Loudoun, Virgínia, estava irritado. Era fim de janeiro de 2021, quase um ano depois do início da pandemia, e as escolas ainda estavam fechadas. Sua voz se ergueu em frustração. Ele disse que as pessoas que coletam seu lixo estavam se arriscando mais do que qualquer professor. Então, o homem parou de olhar para baixo, em direção às suas anotações, e olhou direto para as autoridades sentadas à sua frente.

"Vocês são um bando de covardes se escondendo atrás das nossas crianças como uma desculpa para manterem as escolas fechadas", ele disse.

O vídeo logo viralizou, e por uma boa razão. Durante a pandemia, um número crescente de pais estava aprendendo – o trocadilho não foi intencional – como as pessoas que administram suas escolas veem seus filhos. Muito tempo depois de ser seguro para as crianças voltarem às escolas, elas continuaram fechadas. Pais como o que estava nessa reunião despertaram e não gostaram do que viram.

⸙⸙⸙⸙⸙⸙

Os alunos dos Estados Unidos nunca vivenciaram nada remotamente parecido com a pandemia de Covid-19. Nenhum evento em toda a história dos EUA interferiu em sua educação de maneira tão profunda e repentina. No curso de um único mês – março de 2020 –, o número de estudantes americanos cujas escolas fecharam devido à pandemia foi de 0 a 55 milhões. Um ano depois, muitas dessas ainda não tinham reaberto. A maioria seguiu recorrendo ao ensino remoto, e um terço dos alunos da quarta à oitava série recebiam duas horas ou menos de aula remota por dia. Como sabemos agora, o impacto dessa grande interrupção educacional foi pior para os alunos de baixa renda. Um ano inteiro após o fechamento das escolas em 2020, apenas 28% dos alunos negros e 33% dos latinos estavam frequentando a escola presencialmente e em tempo integral[186].

Até o momento em que escrevo, já se passaram mais de dois anos desde que as escolas foram fechadas por causa da Covid-19, e ainda estamos lidando com as enormes perdas de aprendizado e com os danos sociais e psicológicos que as crianças americanas sofreram. Em um relatório inicial sobre o efeito do *lockdown*, a empresa de consultoria em gestão McKinsey & Company descobriu que, em média, os alunos terminaram os anos letivos de 2020 e 2021 quatro ou cinco meses atrás de onde deveriam estar. Para os estudantes de comunidades pobres e de minorias, aproximadamente um ano inteiro foi perdido[187].

O que é ainda mais preocupante é que alguns alunos foram perdidos de verdade – e não foram poucos. Estimativas sugerem que mais de 3 milhões de estudantes não foram localizados por suas escolas durante a primavera de 2020[188]. É como se todas as crianças em idade escolar do estado da Flórida desaparecessem do mapa em

---

186. MECKLER, Laura. "Nearly Half of Schools Are Open Full-Time, Survey Finds". Washington Post. Washington, 24 mar. 2021. Disponível em: https://www.washingtonpost.com/education/schools-reopen-data/2021/03/23/a7d10b42-8bed-11eb--9423-04079921c915_story.html

187. DORN, Emma et al. "COVID-19 and Education: The Lingering Effects of Unfinished Learning. McKinsey & Company. 27 jul. 2021". Disponível em: https://www.mckinsey.com/industries/education/our-insights/covid-19-and-education-the-lingering-effects-of-unfinished-learning/.

188. KORMAN, Hailly; O'KEEFE, Bonnie; REPKA, Matt. "Missing in the Margins 2020: Estimating the Scale of the COVID-19 Attendance Crisis. Bellweather Education Partners". 21 out. 2020. Disponível em: https://bellwether.org/publications/missing-in-the-margins-2021-revisiting-the-covid-19-attendance-crisis/.

um semestre. Apenas como exemplo, em Boston, estimava-se que um em cada cinco alunos nunca entraram nas aulas online[189]. Ainda resta saber quantos serão encontrados.

O que se tornou ainda mais claro conforme o tempo passou foram os prejuízos psicológicos e emocionais que o fechamento das escolas infligiu nos estudantes. Em outubro de 2021, especialistas em saúde infantil declararam um "estado de emergência de saúde mental". Tentativas de suicídio entre meninas de doze a dezessete anos subiram mais de 50%. Visitas de emergência a médicos e prontos-socorros de saúde mental aumentaram 24% entre os alunos mais novos e 31% em adolescentes[190]. O *New York Times* publicou uma reportagem preocupante na véspera de Natal de 2021 sobre o estado de estudantes em uma escola de ensino médio de Bethlehem, na Pensilvânia. Violência, ansiedade, depressão e o que o diretor chamou de "desrespeito grosseiro e em flagrante" ocorreram de maneira desenfreada em toda a escola. Os alunos iam para as aulas de pijamas e andavam pelo lugar com os celulares em seus rostos como se ainda estivessem em uma sessão do Zoom[191].

A profundidade e amplitude do dano causado aos alunos não serão conhecidas por anos. Essa geração será, quase certamente, chamada de "Geração Covid".

O impacto que o fechamento das escolas exerceu sobre os pais é mais fácil de ser visto. Os que podiam tiraram completamente seus filhos do controle do sistema de escolas públicas. Dados preliminares do governo federal divulgados no verão de 2021 mostraram uma queda de 3% nas matrículas no ensino fundamental e médio em 2020

---

189. TONESS, Bianca. "One in five Boston public school children may be virtual Dropouts". The Boston Globe. Boston, 23 maio 2020. Disponível em: https://www.bostonglobe.com/2020/05/23/metro/more-than-one-five-boston-public-school-children-may-be-virtual-dropouts/.

190. KLEIN, Alyson. "Children, Teens Are in a Mental Health State of Emergency Child Health-Care Groups Warn". Education Week. 19 out. 2021. Disponível em: https://www.edweek.org/leadership/children-teens-are-in-a-mental-health-state-of-emergency-child-health-care-groups-warn/2021/10/.

191. GREEN, Erica. "The Students Returned, but the Fallout from a Long Disruption Remained". New York Times. Nova York, 24 dez. 2021. Disponível em: https://www.nytimes.com/2021/12/24/us/politics/covid-school-reopening-teen-mental-health.html/.

a 2021[192] em comparação com o ano anterior. De um total de 51,1 milhões de alunos de escolas públicas, 3% equivalem a 1,5 milhões. E entre as crianças que estão começando sua educação, a queda foi muito mais acentuada. O número de estudantes da pré-escola e jardim de infância caiu 13%. Sem dúvida, esses números crescerão conforme tivermos mais dados[193]. Os pais de crianças mais novas adiaram suas matrículas em escolas públicas tradicionais, mantendo-as em casa ou mandando-as para jardins de infância privados.

Cerca de 8,7 milhões de famílias mudaram as escolas de seus filhos nos anos letivos de 2019-2020 e 2020-2021[194]. Pelo menos 240 mil desses alunos foram para *charters* públicas, que viram um aumento de 7% nas matrículas[195].

As taxas de *homeschooling* – incluindo famílias se reunindo em grupos educacionais – mais do que dobraram[196]. Notavelmente, o número de famílias latinas adeptas ao *homeschooling* dobrou, e o número das famílias negras que adotaram esse modelo de educação *quintuplicou*. E isso considerando apenas o que é relatado voluntariamente.

Até o momento em que escrevo, não há dados oficiais de quantos alunos fizeram a transição de escolas controladas pelo Estado para as privadas e religiosas devido aos fechamentos por causa da pandemia, as a evidência anedótica está em todo lugar. Os pais que tinham os

---

192. Nos EUA, o ano letivo começa em agosto ou setembro e termina em maio ou junho do ano seguinte. (N. T.)

193. MAHNKEN, Kevin. "New Federal Data Confirms Pandemic's Blow to K-12 Enrollment, with Drop of 1.5 Million Students; Pre-K Experiences 22 Percent Decline. The 74. 28 jun. 2021". Disponível em: https://www.the74million.org/article/public-school-enrollment-down-3-percent-worst-century/.

194. ROTHERHAM, Andrew; SPURRIER, Alex; SQUIRE, Juliet. "The Overlooked". Bellwether Education Partners. 31 ago. 2021. Disponível em: https://bellwether.org/publications/theoverlooked/.

195. JACOBS, Drew; VENEY, Debbie. "Voting with Their Feet: A State-Level Analysis of Public Charter School and District Public School Enrollment Trends". National Alliance for Public Charter Schools. 22 set. 2021. Disponível em: https://eric.ed.gov/?id=ED616048

196. EGGLESTON, Casey; FIELDS, Jason. "Census Bureau's Household Pulse Survey Shows Significant Increase in Homeschooling Rates in Fall 2020". U.S. Census Bureau. 22 mar. 2021. Disponível em: https://www.census.gov/library/stories/2021/03/homeschooling-on-the-rise-during-covid-19-pandemic.html/.

meios financeiros buscaram escolas que seguramente estariam abertas. Enquanto o *establishment* educacional público provou que não conseguia ser ágil e comprometido o suficiente para abrir as salas de aulas e colocar as crianças em primeiro lugar, os pais que podiam procuraram escolas privadas e religiosas que conseguiam fazer isso.

❦❦❦❦❦❦

Muito antes das "duas semanas para retardar a disseminação" se tornarem mais duas semanas, depois mais duas semanas, e depois mais, pude perceber que a Covid-19 seria um desastre para a educação. No início, ninguém sabia muita coisa sobre essa nova ameaça, mas de uma coisa eu sabia: um vírus tão contagiante assim com certeza afetaria os milhões de alunos que se reúnem todos os dias nas salas de aula. As escolas teriam que fechar; não havia escapatória.

Em 20 de janeiro de 2020, o Centro de Controle e Prevenção de Doenças confirmou o primeiro caso de Covid-19 nos Estados Unidos. Em meados de fevereiro, escolas do estado de Washington e Nova York começaram a fechar temporariamente para fazer uma higienização profunda a fim de combater o vírus. Em 27 de fevereiro, a Escola de Ensino Médio Bothell, no estado de Washington, foi a primeira no país a fechar devido a uma infecção de Covid-19. Um parente de um funcionário havia testado positivo para o coronavírus.

O impacto que eu sabia que ocorreria nas escolas estava começando, mas, pelo menos naquela época, a Casa Branca estava concentrada em outra questão. No fim de janeiro, o presidente anunciou a criação da Força-Tarefa do Coronavírus, liderada, inicialmente, pelo secretário de Saúde e Serviços Humanos, Alex Azar. Além das autoridades de saúde pública e da equipe do governo na força-tarefa, representantes dos Departamentos de Saúde e Serviços Humanos, Estado, Segurança Nacional e Transporte compunham o time. A educação não estava na lista.

Fizemos muitas tentativas para incentivar a Casa Branca a prevenir o impacto nos estudantes. Recebíamos muitos telefonemas de governadores, diretores de escolas estaduais, presidentes de faculdades, superintendentes e líderes educacionais locais. "Eles conseguem prever os problemas", eu disse. As escolas e os alunos seriam, inquestionavelmente, impactados de maneira profunda pelo coronavírus. "Deveríamos estar na força-tarefa", falei. Uma assistente do presidente nem tentou debater. "Caramba", ela disse. "Você está certa". Foi um reconhecimento nobre. Mesmo assim, a Casa Branca não corrigiu esse descuido, apesar de, frequentemente, eu ser convidada para participar (e, quando surgia um problema, eu mesma me convidava).

Em fevereiro, nós criamos a nossa própria força-tarefa dentro do Departamento de Educação para nos adiantarmos à tempestade que se formava. Diane Jones, nossa subsecretária, merece uma grande parte do crédito; seu marido trabalha na área da saúde e ela também tem experiência na ciência, por isso, acompanhava de perto as notícias que vinham da China.

Não anunciamos nem fizemos da força-tarefa algo importante, mas, durante uma audiência do Comitê de Alocação da Câmara, a deputada Lois Frankel, uma democrata da Flórida, questionou o que estávamos fazendo em relação à pandemia. Acredito que ela pensava que seria outra pergunta do tipo "peguei você!" para o YouTube. Eu disse que o Departamento de Educação já havia criado uma força-tarefa para lidar com os desafios esperados nas escolas americanas. Frankel parecia surpresa, sem saber como reagir. Presumo que a pergunta seguinte que sua equipe havia preparado era uma forte crítica a mim, o que ela não pôde fazer. Ela desistiu de fazer a pergunta.

Por outro lado, alguns funcionários da Casa Branca não se agradaram. Acharam que havíamos passado por cima deles, mas eu sabia que devíamos ser proativos. Governadores, superintendentes e diretores de todo o país estavam sendo forçados a tomar decisões sobre o fechamento das escolas. Essas decisões eram deles, mas as orientações conflitantes e confusas das autoridades federais de saúde não estavam ajudando. Muito menos a cobertura da mídia, que gerava pânico e medo, ou os cenários apocalípticos pintados por líderes sindicais, principalmente nas maiores cidades dos Estados Unidos.

Uma das nossas primeiras ações foi adiar os testes ordenados a nível federal que estavam programados para começar nas semanas seguintes. A última coisa com a qual os alunos e professores deveriam se preocupar naquele momento era um teste, sem falar no pesadelo administrativo que isso teria causado enquanto as escolas estavam fechando. Por isso, facilitamos para que os estados suspendessem os testes. Se os alunos não estavam nas escolas – como muitos não estavam –, eles não poderiam fazer o teste. Além disso, os dados provavelmente não seriam muito úteis. Os estudantes estavam preocupados com muitas outras coisas.

Nosso foco seguinte era nos alunos de faculdades que poderiam ter suas vidas viradas de ponta cabeça por viverem longe de casa, e os estudantes com dívidas de empréstimo estudantil que talvez não conseguiriam pagar seus empréstimos devido às dificuldades ou perdas de empregos provocadas pela pandemia. Ao contrário da questão das escolas em geral, fazer algo em relação à dívida estudantil despertou o interesse da Casa Branca.

O chefe de equipe Mark Meadows e Pat Cipollone, conselheira da Casa Branca, me ligaram ao meio-dia em 20 de março. Eles disseram que o presidente estava planejando anunciar uma suspensão de sessenta dias dos pagamentos de empréstimos sem penalidades naquela noite. Tínhamos até às 16h para descobrir como "pausar" os empréstimos estudantis.

Com esforço, conseguimos suspender os pagamentos de milhões de devedores de empréstimos estudantis federais. O presidente Trump fez o anúncio na coletiva de imprensa da Força-Tarefa do Coronavírus da Casa Branca naquela noite. Proporcionamos isenção imediata aos devedores e colocamos as taxas de juros dos seus empréstimos em 0%. Interrompemos as apreensões federais de salários para estudantes e famílias em inadimplência e impedimos que agências de cobranças importunassem os devedores com telefonemas ou e-mails.

Olhando para trás, essas eram as coisas fáceis de se fazer. Eram áreas onde o governo federal tinha controle total. A tarefa mais difícil – e mais urgente – era ajudar os alunos a fazerem a transição para o ensino remoto. Fiz com que fosse minha prioridade enfatizar algo que deveria ser óbvio, mas não era: os adultos deveriam fazer tudo que podiam para garantir que as crianças continuassem aprendendo enquanto as escolas estivessem fechadas. Muitos professores, diretores e superintendentes agiram de forma heroica para fazerem isso. Exortamos autoridades estaduais e locais a trabalharem criativamente para encontrarem soluções e não lavarem as mãos e dizerem que isso não poderia ser feito. Muitas respostas foram muito além de simplesmente estabelecer sessões no Zoom.

As soluções foram diferentes com base na geografia e nas necessidades e, honestamente, variaram devido à voluntariedade dos líderes para resolverem o problema. O comissário de educação de New Hampshire, Frank Edelblut, instalou ferramentas tecnológicas em todo o estado para ajudar os estudantes a ficarem conectados ao aprendizado e usou o financiamento federal de assistência à Covid para permitir que pais contratassem professores ou fizessem um acampamento se percebessem que estavam ficando para trás por causa do ensino à distância. Em cidades montanhosas e remotas do Colorado, sem conexão à internet, professores criariam pacotes de aprendizado semanais e realizaram atendimentos por telefone para ajudar os estudantes com dificuldade.

A Carolina do Sul implementou 3 mil ônibus com ponto de acesso de Wi-Fi móvel para ajudar crianças de áreas remotas a terem acesso ao aprendizado. Canais públicos de televisão de todo o país transmitiram programas e lições de aprendizado em casa.

No entanto, muitos distritos falharam em ensinar alunos de maneira adequada quando as escolas fecharam – pior ainda, muitos simplesmente não tentaram. Um estudo descobriu que nos primeiros meses do fechamento, apenas um em cada três distritos escolares esperavam que os professores estivessem interagindo diretamente com todos os seus alunos. Menos da metade esperava que coletassem trabalhos dos estudantes, dessem notas e as incluíssem nas médias finais do curso. Esses números foram muito piores em distritos pobres e rurais[197].

Eu acreditava que o melhor uso que podia fazer do meu gabinete era apoiar e encorajar líderes escolares que pensavam fora da caixa a continuar a educar as crianças. Nossos críticos do Congresso – liderados em grande parte pela estólida senadora Patty Murray – exigiram

---

197. TRACKING School Systems' Response to COVID-19. Center on Reinventing Public Education. Acesso em: out. 2021.

constantemente que houvesse "um plano" para orientar as escolas. Eles devem ter achado que era uma das suas linhas de ataque mais eficazes, porque toda hora diziam: *Onde está o seu plano?* Mas "planos" centralizados não iriam funcionar. Eles não *poderiam* funcionar. Nenhum decreto do governo federal garantia que estudantes nos milhares de distritos tão diferentes entre si pudessem continuar a aprender. Não havia um plano que eu pudesse desenvolver, mas centenas surgiriam em escolas e distritos se as pessoas se esforçassem. Meu trabalho era ajudar professores e pais a encontrarem e implementarem planos que fossem bons para eles.

Alguns me acusaram de tentar explorar a crise da Covid-19 para impor minha opinião a respeito da educação. Mas eles inverteram a causalidade. Eu não estava impondo nada. Por necessidade, pais, professores e diretores de todo o país estavam despertando para uma nova visão do que faz uma escola e como as crianças podem aprender de maneiras diferentes.

Quando os edifícios de repente foram tirados da equação, as escolas começaram a ser vistas como grupos de *pessoas* – estudantes, professores e famílias – que trabalham juntos para educar as crianças. A pandemia – e não eu – estava fazendo isso. O modelo industrial que a maioria das escolas públicas americanas vem impondo aos alunos por mais de cem anos, de repente, não era mais possível. Não havia mais salas de aula e mesas enfileiradas cheias de estudantes passivos. Os professores foram forçados a alcançar alunos espalhados aos quatro ventos. Pais foram forçados a ser professores. A ideia do que faz uma escola estava mudando. O auxílio do governo federal precisava mudar também.

Em abril, quando as escolas estavam fechadas há cerca de um mês, propus ao governo federal que apoiasse os pais, professores e diretores que estivessem pensando de maneira criativa e proativa para educar crianças nesse novo ambiente. Ofereci uma solução que o *establishment* educacional geralmente recebe bem e na qual até mesmo insiste: dinheiro.

Minha proposta era a criação de "micro bolsas" federais – uma pequena quantia enviada diretamente a uma pessoa – para estudantes desprivilegiados e com deficiência. As famílias poderiam usar as novas bolsas da maneira que achassem adequada – comprando um computador para aprender em casa, contratando professores particulares ou formando um núcleo de aprendizado e/ou terapia em grupo. Eles poderiam gastar esse dinheiro em quaisquer serviços, públicos ou privados, que ajudassem os seus filhos a continuarem aprendendo. Professores que se esforçavam muito para adotar novas formas de se comunicar com seus alunos receberiam as bolsas. Estudantes universitários que estavam entrando em um mercado de trabalho recém-dificultado também poderiam usá-las.

Propus que as micro bolsas fossem financiadas usando 1% dos quase US$ 31 bilhões alocados para o Fundo de Estabilização da Educação na primeira lei de assistência à Covid aprovada pelo Congresso em março – cerca de US$ 300 milhões. *1%*. Um dólar para cada cem seria destinado a dar autonomia a pais e professores para que pudessem ajudar os estudantes imediatamente.

Membros da burocracia da educação tiveram as reações previstas. "Onde está o seu plano para arcar com as dezenas de bilhões de dólares que educadores, governadores, superintendentes e partes interessadas sabem que serão necessários para preencher as lacunas orçamentárias que surgirão rapidamente?" A presidente da NEA, Lily Eskelsen García, falou[198].

Tudo isso era previsto. Eskelsen García não queria ajudar pais e professores a encontrarem novas formas das crianças aprenderem durante a pandemia. Ela apenas queria um *plano* que tinha precisamente um elemento: mais dinheiro para o mesmo sistema antigo[199].

---

198. HUTZLER, Alexandra. "Everything We Know About Betsy DeVos' Microgrants for Students and Teachers Hit by the Coronavirus Crisis". Newsweek. Nova York, 31 mar. 2020. Disponível em: https://www.newsweek.com/everything-we-know-about-betsy-devos-microgrants-students-teachers-coronarvirus-1495342/.

199. É importante ressaltar: Nossa equipe trabalhou dia e noite para entregar os 30 bilhões de dólares que o Congresso havia destinado aos estados dentro de trinta dias. Os funcionários de carreira disseram que foi o financiamento mais rápido que o Departamento já conseguiu disponibilizar.

No fim da primavera e início do verão de 2020, estava cada vez mais claro que as escolas podiam começar a reabrir com segurança. Também estava cada vez mais claro que os alunos vinham sendo prejudicados por não estarem nas salas de aula. Nas reuniões da Força-tarefa do Coronavírus da Casa Branca, os especialistas médicos reforçaram minha crença de que as escolas deveriam estar reabrindo.

Nos bastidores, observávamos uma unanimidade rara na força-tarefa. O Dr. Anthony Fauci, do Instituto Nacional de Alergia e Doenças Infecciosas, advertiu que seria prudente que as escolas em áreas onde havia alta taxa de transmissão de Covid-19 não reabrissem, e isso fazia sentido. Mas em todos os outros lugares, elas deveriam reabrir. Os diretores tinham apenas que recorrer ao bom senso. Todos concordavam com isso.

Outra médica na força-tarefa, a embaixadora Deborah Birx, acreditava que as crianças – principalmente nas primeiras séries – deveriam voltar a frequentar por causa de sua saúde mental. Debbie foi a primeira pessoa a defender que os riscos associados ao vírus deveriam ser analisados ao lado dos riscos crescentes de depressão, suicídio, obesidade e outros efeitos negativos do fechamento das escolas nas crianças. No fim de junho, a Academia Americana de Pediatria advertiu que os estudantes deveriam estar "fisicamente presentes" nas escolas tanto quanto fosse possível. O relatório enfatizou que o aprendizado remoto "era nocivo para a conquista educacional de alunos de todas as idades e piorava a crise crescente de saúde mental entre crianças e adolescentes"[200]. A Dra. Birx se aproximou de mim por estar preocupada que Washington estivesse ignorando essa questão. Ela me pediu para ajudá-la a espalhar a mensagem de que, por preocupação bem-intencionada em deixar os alunos seguros da Covid-19, estávamos fazendo mais mal do que bem.

---

200. COVID-19 Guidance for Safe Schools and Promotion of In-Person Learning. American Academy of Pediatrics. Publicado originalmente em 24 jun. 2020. Disponível em: https://www.aap.org/en/pages/2019-novel-coronavirus-covid-19-infections/clinical-guidance/covid-19-planning-considerations-return-to-in-person-education-in-schools/.

O Dr. Robert Redfield, que era diretor do Centro de Controle e Prevenção de Doenças da época, tinha um interesse pessoal em descobrir como manter os alunos saudáveis e na escola. Ele estava trabalhando diretamente com a Arquidiocese de Baltimore para avaliar estratégias de mitigação modificadas que se adequassem ao perfil de suas escolas, incluindo menos distância entre mesas, mas com mais uso de máscaras. Na sua opinião, apesar de 1,8 metros de distância ser o "melhor", noventa centímetros ainda eram "bons". Ele estendeu essa oferta a qualquer escola que precisasse de ajuda na transição de volta ao aprendizado presencial. Lamentou que a mídia tendeu a relatar as orientações do Centro de Controle e Prevenção de Doenças como absolutas, em vez de um conselho direcional. Como resultado, todas as nuances foram perdidas.

Para mim e minha equipe da Educação, as crianças que sumiram – estimadas em 3 milhões – eram as que mais nos preocupavam[201]. Elas não apareciam nas sessões do Zoom e não se envolviam de nenhuma forma. Alunos com deficiência e os que sofriam com abusos e negligência também nos deixavam apreensivos. A única salvação de muitas era a escola; era o único lugar onde elas comiam bem e onde se sentiam seguras. Todas apareciam com frequência na minha mente e no meu coração. Mas os pais que estavam deixando seus filhos sozinhos para cuidarem de si mesmos o dia todo, seja por necessidade ou negligência, não iriam se identificar. A maioria deles não tinha nome nem rosto, mas cada dia que as escolas permaneciam fechadas era um dia a mais em que essas crianças sofriam mais danos.

Apesar disso, foi revoltante ver tantos distritos e estados hesitarem durante o verão quando se preparavam para reabrir as escolas. Se essas autoridades eram incompetentes, complacentes ou estavam atrasando para receber ainda mais dinheiro e benefícios, tudo provocaria o mesmo impacto nos estudantes. Naquela época, sabíamos claramente que crianças estavam ficando cada vez mais para trás, mesmo quando a

---

201. KORMAN, Hailly; O'KEEFE, Bonnie; REPKA, Matt. "Missing in the Margins 2020: Estimating the Scale of the COVID-19 Attendance Crisis Bellweather Education Partners. 21 out". 2020. Disponível em: https://bellwether.org/publications/missing-in-the-margins-2021-revisiting-the-covid-19-attendance-crisis/.

defesa da abertura das escolas no outono em segurança ficou ainda mais forte[202].

Washington, de maneira correta, não estava decidindo quais escolas iriam abrir e quais não – era melhor que essa decisão fosse tomada por estados e comunidades. Mas Washington também não ajudou muito. Pouquíssimas pessoas da capital do país reconheceram completamente as dificuldades que os pais enfrentaram com o fechamento – e a futura consequência política que isso teria. Pouquíssimos acreditaram que as crianças estavam sofrendo e ficando para trás.

Em agosto, circulamos um memorando para nossos colegas da administração instando sobre a necessidade de responder tanto ao desejo dos pais de abrir as escolas quanto ao seu desejo de manter seus filhos seguros. Não era uma decisão binária – a solução não era fazer todas as crianças voltarem ou mantê-las em casa. A resposta tinha a ver com a liberdade educacional.

"Para escapar do debate dicotômico da abertura de escolas versus segurança, devemos recorrer aos nossos ideais políticos centrais de escolha escolar", dizia o memorando. "Em vez de deixar que a esquerda caracterize nossos esforços como uma ordem federal para que toda criança frequente a escola presencialmente, devemos defender vigorosamente que todo estudante americano tenha o poder – e os recursos – para fazer a escolha certa para sua situação".

A mensagem da administração deveria ser clara e precisa: os estudantes que queriam deveriam poder voltar às salas de aula, e as escolas não poderiam usar desculpas para mantê-los em casa isolados. Mas, nessa questão das escolas e da Covid-19 no verão de 2020, a mensagem foi inconsistente, conflitante e simplesmente ausente.

Como pessoas de fora olhando para a Força-tarefa do Coronavírus da Casa Branca, estava claro que uma forte combinação de desconfiança

---

202. SCHOOLS Should Prioritize Reopening in Fall 2020, Especially for Grades K–5, While Weighing Risks and Benefits. National Academies of Sciences, Engineering and Medicine. 15 jul. 2020. Disponível em: https://www.nationalacademies.org/news/2020/07/schools-should-prioritize-reopening-in-fall-2020-especially-for-grades-k-5-while-weighing=-risks-and-benefits#:~:text-WASHINGTON%20%E2%80%94%20Weighing%20the%20health%20risks,new%20report%20from%20the%20National/.

e postura política entre seus membros prejudicou severamente sua habilidade de comunicar uma mensagem consistente. O presidente Trump não confiavá no Dr. Fauci, e era difícil trabalhar com ele para ajudar as escolas a serem abertas. A equipe do vice-presidente parecia não confiar na Dra. Birx, por isso foi difícil para nós trabalharmos abertamente com ela. Além disso, o Dr. Fauci e a Dra. Birx frequentemente discordavam sobre os avanços da ciência e o que isso significava para a educação. Era de se esperar que o Dr. Fauci assumisse a posição mais limitada e centrada no vírus, enquanto a Dra. Birx geralmente pedia que considerássemos todos os fatores que impactavam os estudantes: físico, mental e emocional.

Todas as maquinações internas da força-tarefa combinadas com as implicações do mundo real para os alunos fizeram com que a Casa Branca finalmente se concentrasse na questão da educação. O vice-presidente, responsável pela força-tarefa, me pediu para receber uma reunião do grupo no Departamento de Educação. Eu obedeci voluntariamente. Nós precisávamos enfatizar tudo o que a administração estava fazendo para ajudar os estudantes e incentivar educadores a voltarem para o ensino presencial.

Mas a reunião não foi tranquila. Os problemas de comunicação que assolavam a Casa Branca de Trump apareceram novamente e atrapalharam nossa mensagem. Na manhã da reunião, o presidente primeiro falou sobre a possibilidade de cortar o financiamento de escolas que não reabrissem. O que ele disse era importante. O Congresso havia aprovado bilhões de dólares em financiamento educacional de emergência para as instituições, mas muitas não estavam abertas e sequer planejavam reabrir tão cedo. O público tinha o direito de questionar a razão disso. Claro que as escolas que se esforçavam muito para fazer com que as crianças continuassem a aprender precisavam de financiamento, mas e as que nem estavam tentando?

Eu concordava com o objetivo do presidente, mas seu meio era brusco e direto demais. Primeiro, ele decidiu negar financiamento às escolas que não abrissem na época das eleições. "Os democratas acham que seria ruim politicamente para eles se as escolas dos EUA abrissem antes da eleição de novembro, mas isso é importante para as crianças e as famílias. Posso cortar o financiamento se elas não abrirem!" ele tuitou.

Segundo, as pessoas entenderam que o presidente disse que todas as crianças deveriam voltar presencialmente às escolas para que se qualificassem para receber dinheiro de auxílio da pandemia. Essa nunca foi a intenção, mas a mensagem da administração não estava conseguindo transmitir isso. Eu pensava que os pais deveriam ter a escolha de mandar seus filhos para a escola ou deixá-los aprendendo remotamente, mas, se a escola não estivesse oferecendo aulas presenciais, não fazia sentido financiá-la para mitigar os esforços das aulas presenciais.

Quando me perguntaram sobre os comentários do presidente, eu me esquivei porque nós ainda não sabíamos se o governo federal poderia, legalmente, reter o financiamento de escolas que não abrissem. No entanto, confirmei que estávamos ponderando de "maneira muito séria" sobre essa questão. Mais tarde naquela semana, pude esclarecer nosso posicionamento. A solução do problema da reabertura das escolas não seria encontrada no corte do financiamento, mas ao dar controle do financiamento para os pais.

"O investimento do governo na educação é uma promessa para nossos alunos e famílias, e, se as escolas não vão reabrir, não estamos sugerindo cortar o financiamento da educação, mas, em vez disso, permitir que famílias recebam o dinheiro e decidam onde seus filhos poderão ser educados se suas escolas se recusarem a abrir", eu disse a Sandra Smith, da Fox News[203].

Infelizmente, o que passou pelo filtro da mídia foi que nós queríamos punir escolas que não reabrissem. E, para algumas pessoas, se o presidente Trump fosse a favor de uma coisa, elas automaticamente seriam contra essa coisa. Uma dessas pessoas era Randi Weingarten.

"Nossos professores estavam prontos para voltar, desde que fosse seguro", ela disse, de maneira combativa, em setembro. "Então Trump e DeVos fizeram sua besteira política"[204].

---

203. KAPLAN, Talia. "Betsy DeVos Says Kids Need to Return to Classroom: 'There Are No Excuses for Sowing Fear'". Fox News. 9 jul. 2020.

204. MACGILLIS, Alec. "The Students Left Behind by Remote Learning". New Yorker. Nova York, 28 set. 2020. Disponível em: https://www.newyorker.com/magazine/2020/10/05/the-students-left-behind-by-remote-learning/.

Nossa "besteira política" era, evidentemente, nosso pedido para que as escolas reabrissem de maneira segura. Mas, se os líderes sindicais das escolas estavam prontos para retornarem no outono, como as palavras do presidente mudaram isso? A questão que supostamente estava impedindo os sindicatos de apoiarem a reabertura das escolas era a segurança dos professores – isso não foi mudado pelos *tweets* do presidente. Eu me perguntei: será que os sindicatos tinham um plano de que os professores retornassem no outono, mas que abandonaram quando o presidente começou a pedir que as escolas abrissem? Eu não sabia. Mas parece ser isso que Weingarten estava dizendo. Seu comentário da "besteira política" sugeriu que era a luta política, e não as crianças, que mais importava.

No início de 2021, cientistas analisaram as escolas que estiveram parcial ou completamente abertas no segundo semestre de 2020 e concluíram que os dados não embasavam a permanência do fechamento. Diversos estudos mostraram que a transmissão de Covid-19 não foi afetada pela abertura das escolas[205]. Três pesquisadores do Centro de Controle e Prevenção de Doenças publicaram um artigo no *Journal of the American Medical Association* alegando que "houve pouca evidência de que as escolas contribuíram de maneira significativa para aumentar a transmissão na comunidade"[206].

As evidências deixaram ainda mais claro que era seguro voltar às escolas. Países como Dinamarca, Suécia, Coreia do Sul e Japão já haviam reaberto. Eu conversei com o ministro da educação britânico,

---

205. HARRIS, Douglas; HASSIG, Susan; ZIEDAN, Engy. "The Effects of School Reopenings on COVID-19 Hospitalizations". National Center for Research on Education Access and Choice. 4 jan. 2021.
206. BARRIOS, Lisa; BROOKS, John; HONEIN, Margaret. "Data and Policy to Guide Opening Schools Safely to Limit the Spread of SARS-CoV-2 Infection". JAMA Network. 26 jan. 2021. Disponível em: https://jamanetwork.com/journals/jama/fullarticle/2775875#:~:text=In%20addition%2C%20all%20recommended%20mitigation,crowding%2C%20increasing%20room%20air%20ventilation%2C/.

que foi bem enfático sobre a possibilidade de reabrir as escolas depois do início da pandemia. Na Holanda, os colégios ficaram fechados por apenas oito semanas. Estudantes do ensino fundamental da Dinamarca ficaram fora das salas de aulas por um mês – foi o primeiro país europeu a reabrir suas escolas em abril de 2020. Na verdade, a maioria das escolas europeias estavam abertas em maio[207]. Mais perto de casa, muitas particulares e *charters* haviam reaberto com segurança, juntamente com as distritais, que eram menos sufocadas pelos sindicatos[208].

Mas os líderes sindicais dos Estados Unidos reforçaram sua recusa em permitir que professores retornassem. Pais que haviam apoiado suas escolas de todo o coração no início do *lockdown* começaram a mudar de ideia. Os professores não eram o problema, mas a liderança sindical era cada vez mais.

Em Montclair, Nova Jersey, o sindicato interveio e impediu um plano do distrito para que alunos retornassem à educação presencial em janeiro. Acontece que o prefeito de Montclair era o segundo oficial na Associação de Educação de Nova Jersey[209].

Em Chicago, o sindicato dos professores ameaçou entrar em greve se fosse solicitado que eles voltassem às salas de aula. Em janeiro de 2022, quase dois anos depois da pandemia, eles fizeram isso, deixando as crianças desamparadas por dias. O prefeito de Chicago, Lori Lightfoot, disse que o sindicato havia feito as crianças "reféns"[210].

---

207. COVID-19 in Children and the Role of School Settings in Transmission-Second Update. European Centre for Disease Prevention and Control. 8 jul. 2021. Disponível em: https://www.ecdc.europa.eu/en/publications-data/children-and-school-settings-covid-19-transmission/.

208. DEANGELIS, Corey; MAKRIDIS, Christos. "Are School Reopening Decisions Related to Union Influence?" Social Science Research Network. 1 set. 2020. Disponível em: https://onlinelibrary.wiley.com/doi/abs/10.1111/ssqu.12955/.

209. MARTIN, Julia. "Stop harming kids. Students, parents protest after union blocks Montclair school reopening". NorthJersey.com. Disponível em: https://www.northjersey.com/story/news/essex/montclair/2021/01/25/montclair-nj-school-reopening-blocked-union-kids-parents-protest/6699225002/.

210. EVANS, Zachary. "Chicago Mayor Accuses Teachers Union of Holding Students 'Hostage'". National Review. Nova York, 6 jan. 2022. Disponível em: https://www.nationalreview.com/news/chicago-mayor-accuses-teachers-union-of-holding-students-hostage/.

Nos dois maiores distritos escolares da Califórnia, San Diego e Los Angeles, os sindicatos se recusaram a concluir uma negociação que levava meses sobre as condições nas quais seus membros voltariam às escolas.

No Condado de Fairfax, Virgínia, o sindicato exigiu, no início de 2021, que seus membros fossem colocados como prioridade para receberem a recém-desenvolvida vacina contra a Covid-19. No entanto, assim que foram atendidos, o sindicato anunciou que não apoiaria o retorno à educação presencial *até mesmo no outono de 2021*.

Na Virgínia Ocidental, o sindicato processou o estado para impedir a retomada do ensino presencial.

Os líderes sindicais dos cinco maiores distritos escolares de Oregon se recusaram a reabrir as escolas.

Sindicatos de escolas em Newark, Filadélfia, Massachusetts, Minneapolis-St. Paul, Condado de Broward, Manchester, Ohio, Maryland – e a lista continua – resistiram a planos para que os alunos voltassem às salas. Todos citaram preocupações com a segurança diante da Covid-19, e tudo isso apesar dos volumes crescentes de dados científicos – nos Estados Unidos e em todo o mundo – mostrando que a abertura das escolas era segura.

Até mesmo o *New York Times* concluiu que

> educadores estão usando algumas das mesmas táticas de organização que implementaram em greves relacionadas à questão de salários e financiamento nos últimos anos para exigir que as escolas permaneçam fechadas[211].

Enquanto isso, o vice-presidente Pence, a Dra. Birx e eu viajamos por todo o país visitando escolas que descobriram como receber os alunos de volta com segurança. Também nos encontramos com pais desesperados para que seus filhos voltassem à escola. Uma mulher, que era professora aposentada e mãe de uma criança com síndrome de

---

211. GOLDSTEIN, Dana; SHAPIRO, Eliza. "I Don't Want to Go Back': Many Teachers Are Fearful and Angry Over Pressure to Return". New York Times. Nova York, 11 jul. 2020. Disponível em: https://www.nytimes.com/2020/07/11/us/virus-teachers-classrooms.html/.

Down da Carolina do Sul, me disse que, todos os dias em que seu filho estava fora da sala de aula, ele ficava mais para trás – academicamente e emocionalmente. Outra mãe da Carolina do Norte me contou, com olhos cheios de lágrimas, sobre sua filha, que ia para o último ano do ensino médio. Ela ficara preocupantemente sombria e deprimida ao longo da primavera, quando sua escola fechou. Ao matricular sua filha em uma escola privada que já havia reaberto, percebeu uma mudança completa em apenas um dia. Sua filha tem apenas uma chance de crescer, sua mãe me contou, e não tinha tempo para esperar que os líderes sindicais negociassem seu resgate.

Poucos distritos demonstraram de maneira mais clara a resistência dos sindicatos das escolas – e da complacência das autoridades governamentais que eles controlam – do que o Distrito Escolar Unificado de Los Angeles. Abrigando mais de 600 mil estudantes, é o segundo maior distrito escolar do país. Em 16 de março de 2020, ele fechou suas portas para todos os estudantes do fundamental e médio. Assim como os outros distritos do país, o plano era fechar por duas semanas para entender como reagir à pandemia. Esse era o plano. O ensino presencial em tempo integral não voltou para os estudantes das escolas públicas de Los Angeles até o outono de 2021 – dezessete meses depois. O sindicato controlou o processo do início ao fim.

Até mesmo no início da pandemia, a líder do Professores Unidos em Los Angeles (UTLA)[212] Cecily Myart-Cruz pretendia usar o fechamento para beneficiar os seus membros. Enquanto outros lugares se esforçaram para organizar aulas pelo Zoom e outros tipos de ensino remoto, Myart-Cruz insistiu que seus membros não dariam aulas remotamente por mais de quatro horas por dia, mesmo recebendo o salário de um dia inteiro. Ela conseguiu resistir até setembro de 2020, quando os professores de Los Angeles foram obrigados a proporcionar ensino ao vivo e *online* em vez de material pré-gravado.

O sindicato de LA estava determinado a sair da pandemia com mais do que apenas novos benefícios. No verão de 2020, o UTLA publicou um "artigo de pesquisa" exigindo que as escolas não reabrissem

---

212. United Teachers Los Angeles (UTLA). (N. E.)

até que os governos federal, estadual e local parassem de priorizar "plutocratas" em detrimento dos "pupilos".

O UTLA exigiu medicina socializada (Medicare para Todos)[213] antes que as escolas abrissem. Eles pediram o fim do financiamento à polícia, impostos adicionais sobre a riqueza e moratória para as *charters*.

Era uma lista minuciosa de desejos políticos que não tinham nada a ver com o retorno das crianças às salas de aula. Pior ainda: suas exigências terminaram com uma declaração chocante de quem iria ganhar – e de quem iria perder – com a reabertura. "Dessa forma", o UTLA concluiu, "as únicas pessoas com garantia de se beneficiar da reabertura física prematura das escolas em meio a uma pandemia que se acelera rapidamente são os bilionários e políticos que eles compraram"[214].

Os líderes sindicais de LA não poderiam estar mais errados – nem ser mais desonestos. Eram os alunos pobres e de minorias – as pessoas que eles afirmavam estar tentando ajudar ao eliminar a desigualdade – que tinham mais a ganhar com a reabertura das escolas. Quatro dias depois, autoridades do distrito se juntaram ao sindicato e anunciaram que as escolas públicas de LA não reabririam no outono.

Quando o novo ano letivo começou, as negociações se arrastaram e as escolas continuaram fechadas. Em fevereiro de 2021, o sindicato publicou uma lista de novas exigências. Todos os funcionários deveriam ser a segunda prioridade – atrás apenas dos profissionais de saúde – para receber vacinas da Covid-19. Além disso, as comunidades tinham que ter um nível de transmissão da doença *mais baixo* do que o governador da Califórnia, Gavin Newsom, propusera. Novamente, como numa coreografia, o superintendente anunciou que as escolas de LA não reabririam até que mais funcionários estivessem vacinados e as taxas de transmissão da Covid-19 alcançassem a exigência do sindicato.

---

213. Projeto de lei que expande o programa de cuidados médicos gratuitos Medicare, que atualmente é destinado apenas para pessoas de 65 anos ou mais, para pessoas de todas as idades. (N. T.)

214. "THE Same Storm, but Different Boats: The Safe and Equitable Conditions for Starting LAUSD in 2020–21". United Teachers Los Angeles. Jul. 2020. Disponível em: http://wftufise.org/utla-the-same-storm-but-different-boats-the-safe-and-equitable-conditions-for-starting-lausd-in-2020-21/.

Enquanto tudo isso acontecia em Los Angeles e em outros distritos do país, Washington estava, literalmente, sobrecarregando distritos escolares com novos financiamentos. Nos três projetos de lei relacionados à Covid, o Congresso aprovou aproximadamente US$ 200 bilhões em Ajuda Emergencial às Escolas de Ensino Fundamental e Médio para as escolas públicas. Para se ter uma noção, em qualquer ano, a contribuição federal aos ensinos fundamental e médio é de cerca de US$ 40 bilhões.

No início, havia uma necessidade legítima de ajudar as escolas a enfrentarem a pandemia de Covid-19. Elas precisavam organizar o ensino remoto e a comida deveria ser fornecida para as crianças que dependiam das escolas para comer. Ouvimos muito das escolas sobre a necessidade de limpar e melhorar sistemas de ventilação antes da reabertura.

A ajuda veio em três infusões enormes do Congresso. O primeiro projeto de lei, aprovado em março de 2020, incluía US$ 13,2 bilhões para escolas de ensino fundamental e médio. O segundo foi aprovado em dezembro do mesmo ano com mais de US$ 54 bilhões para essas escolas. Finalmente, sob a nova administração de Biden, o Congresso distribuiu impressionantes US$ 128 bilhões.

Em novembro de 2020 – quando o Congresso havia aprovado apenas US$ 13 bilhões dos US$ 200 bilhões que destinaria às escolas de ensino fundamental e médio –, o Departamento de Educação revelou um "portal" de dados que rastreava os gastos do dinheiro de emergência. *Descobrimos que apenas US$ 1,6 bilhões dos US$ 13,2 bilhões iniciais destinados às escolas em março – apenas 12% – haviam sido gastos em setembro de 2020*[215].

Em fevereiro de 2021, enquanto o Congresso se posicionava para alocar o maior e último montante do novo financiamento. O Gabinete de Orçamento do Congresso estimou que as escolas administradas pelo governo estavam tão inundadas pelo dinheiro injetado que conseguiriam gastar apenas US$ 6,4 bilhões dos US$ 128 bilhões no ano fiscal de 2021. O Gabinete de Orçamento do Congresso previu que levaria sete anos, até 2028, para todo o financiamento extra ser

---

215. EDUCATION Stabilization Fund. U.S. Department of Education. Disponível em: https://covid-relief-data.ed.gov/. Acesso em: set. 2020.

gasto – anos depois de qualquer pessoa acreditar que ainda estaríamos lidando com uma emergência de Covid-19.

Quando o dinheiro da Covid-19 foi calculado por estudantes de cada estado, a quantia média alocada por aluno era de US$ 2.800. Mas os distritos receberam valores bem diferentes entre si. Enquanto US$ 1.300 por estudante foram alocados para Utah, Detroit ganhou a maior quantia entre os grandes distritos: mais de US$ 25 mil por aluno[216]. Quando vi esses dados, me lembrei de uma conversa que tive com o superintendente das escolas de Detroit depois que a primeira leva de financiamento de assistência à Covid-19 foi aprovada. Ele já havia recebido os primeiros US$ 13,2 bilhões e me disse que não precisava de mais. Ele comprara tudo o que precisaria para reabrir as escolas em segurança.

A alocação do Congresso do auxílio de "emergência" à pandemia foi tão excessiva que o *Wall Street Journal* publicou:

> Democratas estão usando a bandeira de "auxílio da Covid" não para aumentar o aprendizado dos estudantes, mas para recompensar um eleitorado democrata às custas dos contribuintes[217].

É difícil negar essa conclusão. Escolas e professores mereciam ter os recursos de que precisavam para educar as crianças, principalmente em uma pandemia que raramente acontece, mas, em algum momento entre 2020 e 2021, Washington parou de financiar escolas para financiar aliados políticos. Eles inundaram um sistema que já vinha falhando com estudantes e famílias com o maior financiamento federal da história do país. Dessa forma, fizeram um sistema corrompido se consolidar ainda mais.

Outro exemplo da disposição dos sindicatos de escolas e de seus aliados para jogar jogos políticos – mesmo em meio a uma emergência

---

216. BINLEY, Colin et al. "Detroit Schools Got More COVID Aid Per Student Than Any Big District in the Country". Crain's Detroit Business. Detroit, 26 ago. 2021. Disponível em: https://www.crainsdetroit.com/education/detroit-schools-got-more-covid-aid-student-any-big-district-country/.

217. Covid "Relief" Through 2028. Wall Street Journal. Nova York, 23 fev. 2021. Disponível em: https://www.wsj.com/articles/covid-relief-through-2028-11614098697/.

nacional – foi como propuseram lidar com as necessidades dos estudantes com deficiências. Muitos deles precisam de serviços especializados e terapias que apenas podem ser proporcionadas presencialmente.

Membros do Congresso – principalmente democratas – estavam em um dilema. Por um lado, queriam realizar os desejos do *lobby* e sindicatos das escolas, que vinham pressionando intensamente por dispensa do cumprimento dos requisitos da Lei de Educação para Indivíduos com Deficiência para os alunos. Eles afirmavam que cumprir as exigências era "impossível"[218]. Por outro lado, o Congresso não queria ser culpado por prejudicar os estudantes com deficiências. Então passaram a bola para mim. Eles me deram trinta dias para decidir se haveria uma dispensa ou não.

Mas isso não foi uma demonstração de respeito ao meu gabinete. Suspeito profundamente que pensavam estar plantando uma armadilha astuta.

Os membros do Congresso logo sugeriram que *sua própria* ideia de dispensa era algo que eu havia pedido (não pedi) e que eu poderia usá-la para privar os alunos com deficiências de seus direitos (algo que eu não faria). Como previsto, acionaram a máquina da mídia, e o *New York Times* escreveu:

> Escondida no projeto de lei de US$ 2 trilhões para estabilização do coronavírus está uma provisão que permite que a secretária de educação, Betsy DeVos, busque apoio do Congresso para dispensar partes da lei educacional federal enquanto as escolas combatem a pandemia de coronavírus. *Como ela pode usar essa autoridade assusta os pais...*[219]. (Ênfase minha).

---

218. STRAUSS, Valerie. "Disability Rights Advocates Urge Education Secretary DeVos to Ensure Special Education Students Receive Equal Services". Washington Post. Washington, 20 abr. 2020. Disponível em: https://www.washingtonpost.com/education/2020/04/20/disabilities-rights-advocates-urge-education-secretary-devos-ensure-that-special-education-students-receive-equal-services/.

219. GREEN, Erica. "DeVos Weighs Waivers for Special Education. Parents Are Worried". New York Times. Nova York, 2 abr. 2020. Disponível em: https://www.nytimes.com/2020/04/02/us/politics/special-education-coronavirus.html/.

Mais absurdamente ainda, mas sem me surpreender, foram alguns membros do Congresso que acharam adequado exigir que eu não usasse a autoridade que *eles* me deram – é claro, sem mencionar o papel deles em toda essa situação.

O Congresso achou que poderia terceirizar a culpa para mim enquanto dava aos seus apoiadores financeiros a vitória que eles queriam. Mas todo esse episódio foi mais uma prova de que eles nunca entenderam o que me motiva. Eu sempre faria o que fosse melhor para as crianças, e isso significava me recusar a dispensar os direitos educacionais daquelas com deficiências. Nem precisei pensar duas vezes para tomar essa decisão[220].

Enquanto isso, em Los Angeles, toda a mudança de metas e pro-crastinação do UTLA deram resultado. Em março de 2021, finalmente concordaram em reabrir *parcialmente* as escolas públicas de LA. Antes tarde do que nunca, poderíamos dizer. Naquela época, quase 60% dos estudantes do país estavam frequentando escolas presencialmente e em tempo integral, e 88% dos alunos americanos estavam frequentando algum tipo de educação presencial[221].

Mas, para o UTLA, a longa batalha valeu a pena. É claro, as crianças ficaram em casa durante um ano inteiro. A educação presencial e em tempo integral não começou novamente por um ano e meio. Mas o sindicato terminou as negociações com todas as exigências satisfeitas – mais US$ 8.363 por aluno em financiamento federal extra[222].

---

220. SECRETARY DeVos Reiterates Learning Must Continue for All Students, Declines to Seek Congressional Waivers to FAPE, LRE Requirements of IDEA. Comitiva de imprensa do Departamento de Educação dos EUA. 27 abr. 2020.

221. LEHRER-SMALL, Asher. "The Week in School Reopenings: Nearly 9 in 10 Youth Have Access to In-Person Learning, but Some Big City Districts Are Only Now Returning Students to Classrooms". The 74. 12 abr. 2021. Disponível em: https://www.the74million.org/the-week-in-school-reopenings-nearly-9-in-10-youth-.have-access-to-in-person-learning-but-some-big-city-districts-are-only-now-returning-students-to-classrooms/

222. ASSOCIATED Press. "Look Up How Much Covid Relief Aid Your School District Is Getting". Education Week. 10 set. 2021. Disponível em: https://www.edweek.org/policy-politics/look-up-how-much-covid-relief-aid-your-district-is-getting/2021/09/.

Quando a história da educação americana durante a pandemia de coronavírus for escrita, ela registrará o despertar dos pais, quando as escolas fecharam, para a sua falta de voz diante do *establishment* educacional. Aquele sentimento de impotência foi intensificado pelo que viram nas telas dos seus filhos em casa.

Uma pequena história do conselho escolar do Condado de Loundoun, na Virgínia, ilustra isso bem. Ele tem a renda média maior do que qualquer condado dos Estados Unidos. Não coincidentemente, está localizado a menos de oitenta quilômetros de Washington, DC. Tem uma comunidade que se diversifica cada vez mais e que votou em Joe Biden para presidência em 2020 com mais de dez pontos de diferença.

Antes da Covid, as reuniões do conselho escolar do Condado de Loundoun eram eventos pouco frequentados e chegavam a dar sono. Aconteciam duas vezes por mês na escola de ensino médio e ninguém se importava muito com elas. Tudo isso mudou quando entraram no oitavo, nono, décimo e décimo primeiro meses fechadas durante a pandemia. Grupos chamados Lute pelas Crianças e Pais de Loundoun pela Educação rapidamente se organizaram pela internet e levaram suas queixas para as reuniões do conselho escolar de terça-feira à noite, as quais começaram a lotar. Pais preocupados se espalharam no estacionamento. Muitos deles seguravam placas que pediam a destituição dos membros do conselho escolar.

Então, uma coisa interessante aconteceu. Dezessete meses depois de serem fechadas, as escolas do Condado de Loundoun abriram para o ensino presencial em tempo integral. Mas as multidões das reuniões não se dispersaram – elas ficaram maiores.

⸎⸎⸎⸎⸎

O assassinato de George Floyd em Minneapolis em maio de 2020 deu início a um acerto de contas racial nos EUA. De repente, a questão de raça e de como ela é percebida e vivenciada no nosso país estava em todos os lugares. Muito dessa autoanálise nacional era uma correção há muito tempo necessária. Ela abriu os olhos de muitos americanos para as experiências de seus compatriotas. Mostrou que a vida de alguns homens e mulheres do nosso país é marcada pela injustiça e pela desigualdade. Levou-nos de volta ao sonho do Dr. Martin Luther King Jr., que pediu que a promessa dos fundamentos dos Estados Unidos – de vida, liberdade e busca pela felicidade – fosse garantida para *todos* os americanos.

Mas esse acerto de contas também evocou uma ideologia tóxica que rejeita a crença na bondade fundamental dos EUA, sustentada pelo Dr. King. É uma ideologia que descreve os Estados Unidos como um país irremediavelmente racista – fundado sobre a exploração de minorias, principalmente afro-americanos, e dedicado à sua contínua exploração. Esse país é dividido entre opressores e oprimidos. Pessoas brancas são racistas simplesmente por serem brancas. Outros grupos são, automaticamente, vítimas por causa da cor da pele, da orientação sexual ou do gênero que lhes é atribuído. Longe de serem baseados no julgamento das pessoas pelo "conteúdo do seu caráter", os Estados Unidos retratados por essa ideologia são divididos e conflituosos – e eles não podem ser reparado. Eles só podem ser desfeitos e reconstruídos.

"Teoria Crítica da Raça" se tornou o termo genérico de todas as ideias racializadas e divisivas sobre raça que estavam sendo ensinadas. Pais de todas as raças e convicções políticas ficaram espantados com o que viram. Eles acreditavam que seus filhos estavam sendo ensinados a odiarem seu país e a si mesmos. O *establishment* educacional respondeu à preocupação crescente dos pais com condescendência, negação e tecnicalidades. Defensores dos novos ensinamentos, desde o presidente Biden até os líderes sindicais de escolas e membros do conselho escolar do Condado de Loundoun, disseram aos pais que eles estavam vendo coisas. Disseram que o que os pais afirmavam estar nas telas dos computadores de seus filhos não estava lá, porque a teoria crítica da raça não estava sendo ensinada em escolas de ensino fundamental ou médio. É uma teoria "de décadas" ensinada apenas em faculdades e cursos de direito.

Isso era e é uma completa desculpa esfarrapada. Pode ser verdade que essa teoria é ensinada em faculdades e cursos de direito, mas isso não significa que o racismo que ela gera não chegou às salas de aula do ensino fundamental e médio. Chegou sim.

Em 2019, uma auditoria das escolas de Loudoun realizada por uma empresa de consultoria chamada Equity Collaborative, concluiu que as escolas públicas do distrito eram um "ambiente de aprendizado hostil" para alunos e professores pertencentes a minorias. Em seguida, o condado pagou à mesma empresa quase US$ 400 mil para que ela criasse e implementasse um "Plano Abrangente de Equidade". A escola de ensino médio mudou sua mascote do "Raiders" – que estava relacionada aos confederados da Guerra Civil – para os "Capitães". Eles fizeram um vídeo pedindo desculpas pela segregação. Foi exigido que os professores passassem por um treinamento sobre "sensibilidade cultural".

Um dos programas de treinamento que a Equity Collaborative oferece aos professores é chamado de "Introdução à Teoria Crítica da Raça". Ele alega que a teoria está centrada na "permanência do racismo" nos Estados Unidos, enraizado em nosso sistema e até mesmo nas crenças que temos. Para vencê-lo, os professores e, por consequência, os estudantes, devem rejeitar os princípios da democracia liberal, tais como "daltonismo racial, neutralidade da lei, mudança incremental e oportunidades iguais para todos". Essas ideias servem, afirma o programa, não para proteger os direitos inalienáveis de todos, mas para

> permitir que os brancos se sintam conscientemente irresponsáveis pelas dificuldades que pessoas de cor enfrentam e sofrem diariamente e para manter o poder e influência dos brancos na sociedade[223].

Em outras palavras, os fundamentos da democracia liberal apenas perpetuam o racismo e a injustiça. Mas o que os professores devem fazer com essa informação? Guardar para si mesmos? Ensinar em uma aula do curso de direito? Não. A última sessão do programa "Introdução à Teoria Crítica da Raça" incita os professores a imaginar "Como você pode usar essa teoria para identificar e lidar com a opressão sistêmica na sua escola, distrito ou organização?".

Alguns professores do Condado de Loudoun se queixaram de um quadro usado em uma das sessões de treinamento que dividiu os

---

223. INTRODUCTION to Critical Race Theory. Equity Collaborative. 7 maio 2020.

americanos em dois grupos, um que "vivencia privilégios" e outro que "vivencia opressão". Os cristãos foram listados entre os privilegiados, enquanto os não cristãos foram classificados como oprimidos[224].

Nada disso impediu Terry McAuliffe, o candidato democrata a governador da Virgínia em 2021, de afirmar que fui *eu* quem "inventou" a teoria crítica da raça[225].

A indignação demonstrada pelos pais não se limitou ao norte da Virgínia. Conselhos escolares de todo o país ficaram abarrotados de pais de alunos de escolas infectadas pelo racismo da nova ideologia educacional.

Em Cupertino, na Califórnia, a tarefa de estudantes da terceira série de uma escola era criar um "mapa de identidade" que os descrevia. Eles tinham que listar sua raça, classe social, gênero, religião, entre outros traços. Depois, a professora disse aos alunos que eles vivem em um país com uma "cultura dominante" de "brancos de classe média, cisgêneros, bem-educados, fisicamente aptos, cristãos e de falantes de inglês" que usam seu domínio para oprimir outras pessoas[226].

Em 2019, como parte do seu esforço para promover "equidade, inclusão e diversidade", as escolas públicas de Seattle desenvolveram uma "Estrutura de Estudos Étnicos em Matemática". O método pretendia ensinar a matéria com conceitos divisionistas e não relacionados. Por exemplo, a estrutura pediu que os alunos "explicassem como a matemática impõe a opressão econômica" e "como tem sido usada para explorar recursos naturais". Os alunos também podiam achá-la útil para "identificar as iniquidades inerentes do sistema de testes padronizado, usado para oprimir e marginalizar pessoas e comunidades de cor"[227].

---

224. SAUL, Stephanie. "How a School District Got Caught in Virginia's Political Maelstrom". New York Times. Nova York, 4 nov. 2021. Disponível em: https://www.nytimes.com/2021/11/14/us/loudoun-county-school-board-va.html/.

225. EVANS, Zachery. "McAuliffe: Critical Race Theory Controversies are 'Made Up' by GOP to 'Divide People'". Yahoo News. 10 out. 2020. Disponível em: https://news.yahoo.com/mcauliffe-critical-race-theory-controversies-170832552.html/.

226. RUFO, Christopher. "Woke Elementary". City Journal. Nova York, 13 jan. 2021. Disponível em: https://www.city-journal.org/article/woke-elementary/.

227. K–12 Math Ethnic Studies Framework. Seattle Public Schools. 20 ago. 2019.

Em Lexington, Massachusetts, estudantes do quarto ano foram ensinados a "explicar o que é identidade de gênero e por que é importante usar linguagem não-binária para descrever pessoas que ainda não conhecemos". Eles aprenderam sobre "identidade de gênero", "expressão de gênero", "orientação sexual" e "sexo designado ao nascer" colando papeizinhos em um "boneco de neve sem gênero" desenhado com canetinha.

Esses exemplos podem não estar relacionados, tecnicamente, à teoria crítica da raça, mas, nas mentes de um número cada vez maior de pais no verão de 2021, essa teoria era apenas um resumo do racismo e do conteúdo sexual inapropriado ensinado em suas escolas sem seu conhecimento ou consentimento. E isso não estava acontecendo só nas escolas públicas tradicionais.

A Escola Grace Church em Nova York é uma instituição particular de elite que adotou a prática de costumeiramente separar seus alunos em grupos com base em raça, gênero e etnia. Um dia, um professor de matemática da escola estava com um grupo de estudantes que "se identificavam como brancos" quando um consultor de diversidade contratado pelo local afirmou que objetividade e individualismo são conceitos da "supremacia branca". O professor, Paul Rossi, confrontou o consultor.

"Os atributos humanos estão sendo reduzidos a traços raciais", ele disse. Em resposta, o consultor perguntou a Rossi se ele estava tendo "sentimentos brancos".

Alguns dos alunos de Rossi compartilharam sua reprovação ao racismo do exercício com seus colegas. Quando o caso chegou à administração, ele foi publicamente envergonhado por seu questionamento. Disseram que poderia permanecer na escola apenas se concordasse em realizar "práticas reparadoras" para os estudantes de minorias que ele supostamente ofendeu. Em vez disso, ele pediu demissão[228].

---

228. POWELL, Michael. "New York's Private Schools Tackle White Privilege. It Has Not Been Easy". New York Times. Nova York, 27 ago. 2021. Disponível em: https://www.nytimes.com/2021/08/27/us/new-york-private-schools-racism.html/.

Outro pai de aluna de uma escola particular cara da cidade de Nova York, Brearley, escreveu uma carta ácida para outros pais quando, por desagrado, tirou sua filha da escola. Vale a pena reproduzir integralmente a carta aberta de Andrew Gutmann à comunidade porque capta a rejeição e o desprezo pelas opiniões dos pais sobre a nova ideologia educacional, mesmo em uma escola privada de Nova York que custa US$ 54 mil por ano.

> Eu desaprovo, com um sentimento tão forte quanto possível, que a Brearley tenha começado a ensinar o que pensar, em vez de como pensar. Eu desaprovo o fato de que a escola agora está promovendo um ambiente onde nossas filhas e seus professores estão com medo de expressar o que pensam nas aulas por medo das "consequências". Eu desaprovo o fato de que a Brearley está tentando usurpar o papel dos pais no ensino da moralidade e importunando pais para adotarem essa falsa moralidade em casa. Eu desaprovo o fato de que a Brearley está fomentando uma comunidade dividida onde famílias de raças diferentes, as quais até recentemente faziam parte da mesma comunidade, agora estão segregadas em dois grupos. Essas são as razões pelas quais nós não podemos mais deixar nossa filha frequentar a Brearley[229].

Os defensores da politização da educação afirmam que essas são histórias "isoladas" que pintam uma imagem falsa das escolas, mas esses são apenas alguns dos, literalmente, centenas de exemplos que vieram à tona conforme pais e professores passaram a se sentir mais confortáveis para expor a verdade sobre o que está acontecendo nas escolas.

E a verdade é o que é desesperadamente necessário em nossas escolas hoje. O passado dos EUA é manchado pela escravidão e pelas leis Jim Crow[230]. O racismo perdura em todo seu rastro. Todo plano

---

229. ROSSI, Paul. "I Refuse to Stand By While My Students Are Indoctrinated". Common Sense. 13 abr. 2021.

230. Leis estaduais e locais que impunham a segregação racial, promulgadas no fim do século XIX e início do século XX. O nome é uma referência ao personagem do ator branco Thomas Dartmouth, que pintava o rosto com tinta preta e interpretava estereótipos de um escravo afro-americano. (N. T.)

curricular de história americana deveria lidar honesta e objetivamente com esses fatos. Com certeza, o Loudoun, na Virgínia, tem seu passado racial conturbado. Mas a ideologia *woke* impregnada pela teoria crítica da raça em nossas escolas vai muito além do ensino de fatos ou até do reconhecimento dos desafios do nosso presente. Em nome do "antirracismo", o *racismo* está sendo ensinado às crianças americanas. Fatos fundamentais do nosso país e seus princípios basilares estão, no melhor dos casos, sendo ignorados e, no pior dos casos, sendo distorcidos e negados.

Talvez o mais prejudicial à educação das crianças é o fato de que a solução geralmente defendida para alcançar a "equidade" – reduzir a diferença do desempenho acadêmico entre as raças – é diminuir as expectativas e os padrões para todos e não aumentar as conquistas dos que têm pior desempenho. Apesar de as escolas estarem cheias de novos financiamentos graças às leis de assistência à Covid-19, muitas estão desistindo dos padrões de aprendizado e da aspiração pela excelência. Em vez disso, elas explicam sua rendição com a lógica deturpada da teoria crítica da raça.

No verão de 2021, Kate Brown, a governadora democrata de Oregon, assinou silenciosamente uma lei que removia a exigência de que alunos do ensino médio do estado demonstrem saber ler, escrever e fazer contas matemáticas antes de se formarem. O problema era que a taxa de formação de estudantes afro-americanos estava muito abaixo da taxa dos estudantes brancos de Oregon. Portanto, a solução, segundo a governadora Brown, era tornar todos "iguais" ao eliminar os padrões. Aparentemente sem perceber que estava desrespeitando os grupos que a governadora afirmava querer ajudar, seu porta-voz disse que a eliminação do teste beneficiaria "os estudantes negros, latinos, latinas, *latines* [*sic*], indígenas, asiáticos, das ilhas do Pacífico, tribais e de cor de Oregon"[231].

---

231. HESS, Frederick. "Oregon Democrats Resurrect the 'Soft Bigotry of Low Expectations'". The Dispatch. 12 ago. 2021. Disponível em: https://thedispatch.com/article/oregon-democrats-resurrect-the-soft/.

Não há nada mais antiético para a conquista da igualdade entre indivíduos de raças diferentes do que definir padrões, mérito e trabalho árduo como "racista". Lamentavelmente, essa mensagem tóxica não está sendo transmitida apenas em escolas públicas. Em 2020, a cadeia de *charters* Programa Conhecimento é Poder anunciou que estava abolindo seu *slogan* tradicional "Trabalhe arduamente, seja legal" para enfrentar o racismo sistêmico. Aparentemente, aos olhos dos líderes do Programa Conhecimento é Poder, as frases "trabalhe arduamente" e "seja legal" "apoiam a ilusão da meritocracia"[232]. Ao expor essa "ilusão", essas escolas, que já foram muito boas, afirmaram aos pais de todas as etnias que elas não se importam mais com as realizações e o sucesso de seus alunos. Mas qual pai quer mandar seu filho para uma escola que acredita que recompensar conquistas é uma "ilusão"?

❦❦❦❦❦❦

O presidente Trump tinha o costume de me ligar em momentos e lugares aleatórios. A maioria de suas ligações não era agendada, mas ocorria quando ele se sentia inspirado para falar ao telefone. Foi o que ocorreu em um final de semana no verão de 2020 quando o presidente me ligou para fazermos algo a respeito do Projeto 1619.

Esse projeto era uma produção do *New York Times* que pretendia explicitamente "reconsiderar" – os críticos diriam revisar – a história americana na perspectiva da existência da escravidão. A data no nome do projeto, 1619, é o ano em que se acredita que os primeiros escravos americanos chegaram às colônias do Novo Mundo. A declaração principal do projeto está muito alinhada com os princípios da teoria crítica da raça, quando afirma que a verdadeira data da fundação dos Estados Unidos foi 1619 – e não 1776. O país nasceu sobre a escravidão, responsável por torná-lo uma grande potência. Na verdade, o Projeto 1619 afirmava que a escravidão era o *propósito* dos Estados Unidos e dizia que a Guerra da Independência foi realizada para preservar a escravidão.

---

232. RETIRING "Work Hard. Be Nice." As KIPP's National Slogan. KIPP: Public Schools. 1 jul. 2020. Disponível em: https://www.kipp.org/retiring-work-hard-be-nice/.

Os acadêmicos mais respeitados da história americana louvaram a série por focar na escravidão na história americana, mas ressaltaram que muitos "fatos" que ela defende – inclusive a alegação principal de que os Estados Unidos foram fundados para preservar e proteger a escravidão – estavam completamente errados. Na verdade, um dos verificadores do projeto se sentiu obrigado a compartilhar publicamente as edições factuais que a equipe do *New York Times* se recusou a fazer[233]. Mas isso não impediu que a série se tornasse um *podcast*, um livro e – preocupantemente – uma parte do plano curricular do ensino médio.

O intuito da ligação do presidente Trump naquele fim de semana era reclamar sobre as imprecisões nefastas presentes no Projeto 1619 – uma opinião que eu compartilhava – e me perguntar sobre a viabilidade de bani-lo das escolas americanas. Tive que lembrá-lo de que os Estados Unidos não têm um plano curricular nacional – e por uma boa razão. Eu disse que o governo federal não podia banir o Projeto 1619. Os estados deveriam se posicionar e guerrear. Mas nós podíamos e devíamos usar nossa posição de influência para falar sobre como o projeto era deturpado e divisionista.

O presidente Trump disse que entendia, mas que essa, claramente, não era a resposta que ele queria ouvir. Em seguida, a Casa Branca teve a ideia de criar um plano curricular para combater o Projeto 1619. Conforme a eleição se aproximava, em setembro de 2020, a administração criou a Comissão 1776, para apoiar o que o presidente chamou de "educação patriota". Nós afirmamos que era completamente apropriado que uma entidade do setor privado criasse um plano curricular para corrigir a história revisionista do Projeto 1619, mas que o governo federal não podia e nem devia criar um plano curricular nacional. Nós alegamos que, se as pessoas eram contra a *Common Core*, elas deveriam ser contra isso. Argumentamos que o melhor uso do nosso tempo e recursos era defender o retorno

---

233. HARRIS, Leslie. I Helped Fact-Check the 1619 Project. The Times Ignored Me. Politico. 6 mar. 2020. Disponível em: https://www.politico.com/news/magazine/2020/03/06/1619-project-new-york-times-mistake-122248/.

das aulas de cidadania nas escolas públicas americanas, algo que foi quase completamente abandonado.

No fim das contas, foi a administração Biden, e não a de Trump, que politizou o ensino da história americana. Quase que imediatamente após assumir o gabinete, o Departamento de Educação de Biden mudou o critério para que escolas recebessem o maior financiamento do departamento para ensinar história americana e cidadania. Eles citaram o Projeto 1619 e o teórico crítico da raça, Ibram X. Kendi, ao anunciar que programas que "implementassem perspectivas racial, étnica, cultural e linguisticamente diversas" teriam prioridade para receber o subsídio. O tumulto subsequente forçou a administração a desistir do critério alguns meses depois. Não foi surpresa alguma. Mais de dois terços dos adultos se opunham às escolas ensinando que os Estados Unidos foram fundados com base no racismo[234].

Essa falta de apoio à ideologia racista nas nossas escolas tem um grande contraste com as visões declaradas dos sindicatos escolares. Ano passado, em meio à revolta dos pais em reuniões dos conselhos, a Associação Nacional de Educação votou a favor de currículos escolares "baseados em estruturas acadêmicas (…) incluindo a teoria crítica da raça". Ela também comprometeu dezenas de milhares de dólares não apenas para promover essa ideologia tóxica, mas também para conduzir pesquisas de oposição contra seus críticos.

Por volta da mesma época, Randi Weingarten disse a educadores na conferência anual da Federação Americana dos Professores que pais são "professores de *bullying*" por sua oposição à teoria. Ela também afirmou que o fermento anti-teoria crítica da raça era parte do esforço político para influenciar as eleições de 2020 (sem mencionar que a AFT transferiu mais de US$ 10 milhões para políticos democratas apenas em 2020). Em seguida, a NEA e a AFT criaram dois fundos diferentes: o primeiro para promover a importância de ensinar essa

---

234. POLL: Americans Overwhelmingly Reject "Woke" Race and Gender Politics in K–12 Education. Parents Defending Education. 10 maio 2021. Disponível em: https://defendinged.org/press-releases/poll-americans-overwhelmingly-reject-woke-race-and-gender-policies-in-k-12-education/.

teoria e o segundo para defender professores que eram criticados por ensiná-la[235]. Ao mesmo tempo, continuaram alegando que as escolas *não a estavam ensinando*[236]. Inacreditavelmente, a mídia corporativa tradicional nunca percebeu que essas duas ações eram irreconciliáveis.

⫷⫸⫷⫸

Toda a história do fechamento das escolas na pandemia é uma prova do desequilíbrio de poder entre pais e sindicatos. Ao contrário do discurso dos seus porta-vozes, são os líderes dos sindicatos escolares que praticam *bullying*. A maioria dos pais não queria lutar contra seus conselhos escolares locais. Eles se expressaram porque se importam com seus filhos e estavam fartos da administração pelo governo e do controle pelos sindicatos impondo sua versão do que acham melhor.

Para entender os EUA, é necessário compreender os pecados do nosso passado, inclusive a escravidão. Mas também é necessário valorizar as maneiras com as quais gerações de americanos trabalharam juntos para formarem uma união mais perfeita. É necessário ensinar *toda* a nossa história, com o intuito de apreciar o que há de bom nos Estados Unidos. Uma narrativa minuciosamente autodepreciativa da nossa história é tóxica. Também é errada.

A saída não é banir a teoria crítica de raça nas escolas, apesar de muitos legisladores estaduais tentarem fazer isso. Ideias não podem ser banidas, mesmo as nocivas, e o antiamericanismo reflexivo continuará presente em algumas escolas, não importa o que as leis estaduais decretarem.

A solução é que os pais americanos tenham escolas que refletem os *seus* valores, não os da NEA. A saída é forçar o monopólio das escolas

---

235. NATANSON, Hannah. "Amid Critical Race Theory Controversy, Teachers Union Chief Vows Legal Action to Defend Teaching of 'Honest History'". Washington Post. Washington, 6 jul. 2021. Disponível em: https://www.washingtonpost.com/local/education/teachers-union-critical-race-theory-weingarten/2021/07/06/ef327c20-de-61-11eb-9f54-7eee10b5fcd2_story.html/.

236. WILL, Madeline. "Teachers' Unions Vow to Defend Members in Critical Race Theory Fight". Education Week. 6 jul. 2021. Disponível em: https://www.edweek.org/teaching-learning/teachers-unions-vow-to-defend-members-in-critical-race-theory-fight/2021/07/.

públicas tradicionais a atender às pessoas que ele deve servir. Quem duvida de que líderes de escolas públicas iriam empurrar muito menos suas agendas políticas e sociais sobre os estudantes se eles soubessem que os pais têm o poder de matricularem seus filhos em outro lugar?

Pais – principalmente de minorias – apenas querem que seus filhos tenham uma boa educação e ponto. Se ativistas de sindicatos quiserem procurar racismo sistêmico neste país, não precisam procurar muito além das escolas designadas pelo governo que eles defendem de maneira tão grosseira e veemente. Nosso sistema educacional atual é a definição de racismo sistêmico – ele é projetado para manter crianças negras e latinas pobres reféns das agendas das pessoas que o controlam.

Entre muitas outras coisas, a liberdade educacional é a ideia de que estudantes devem ser livres para aprenderem onde, quando e como for melhor para eles. Isso inclui estarem livres da doutrinação forçada dos adultos que administram suas escolas. Nossas crianças merecem ser desafiadas, não sofrerem lavagem cerebral.

CAPÍTULO 10

O QUE UM PAI DEVE FAZER?

Imagine comigo, por um momento, que estamos no ano de 2030. Você é o pai ou a mãe de uma aluna ambiciosa do ensino fundamental II, e juntos vocês estão escolhendo as disciplinas que sua filha irá cursar. É verão, mas isso não significa que ela está de férias. Não faz sentido que uma criança ambiciosa – ou qualquer outra criança – tenha uma pausa de três meses simplesmente porque sempre foi assim.

Em vez disso, ela iniciou sua manhã em uma imersão virtual de hindi ensinada por um dos melhores professores bilíngues de Mumbai. Ela não está apenas aprendendo o idioma – uma disciplina que sua escola designada pelo governo não oferece –, mas fez amigos de todo o mundo. Ela ainda não disse, mas claramente eles estão planejando se encontrar pessoalmente algum dia, em algum lugar.

Depois ela vai para uma escola *charter* próxima focada em STEM para frequentar o curso de matemática aplicada. Não há livros didáticos de matemática; em vez disso, eles aprendem conceitos de geometria e álgebra na prática enquanto programam um robô alimentado por IA. Você espera que hoje seja o dia no qual ela o treina para limpar seu quarto, uma das poucas coisas na vida pela qual ela não parece muito interessada.

Ela vai de carona com alguns colegas de turma depois da aula de matemática para o que era conhecido como a escola particular de elite quando você era criança, a que você queria frequentar, mas seus pais nunca puderam pagar. Hoje em dia, ela é simplesmente conhecida como uma escola muito boa. Lá, sua filha está fazendo um curso integrado de economia, história e administração pública. Hoje eles estão fazendo uma simulação sobre como as taxas de imposto impactam as *startups*.

No outono, ela quer passar as manhãs na escola anexa à igreja que vocês frequentam para desenvolver o caráter. É importante para todos vocês que ela esteja próxima aos valores da sua família. Enquanto está lá, vai aprimorar sua habilidade de escrita. Estará em uma sala de aula, mas o professor não. Ele é o autor da ficção adolescente que mais fez sucesso no ano passado, e nunca se interessaria em ensinar escrita em apenas uma escola, mas ficou intrigado por uma proposta de lecionar para cinquenta salas de aula simultaneamente. Haverá um instrutor na sala para garantir que todos recebam a ajuda de que precisam, e o autor que se tornou educador está planejando visitar a escola da sua filha pessoalmente em poucas semanas. Ela tenta esconder, mas está muito animada.

O custo disso tudo? Nenhum centavo. Seu estado aprovou uma lei de conta de poupança para educação há cinco anos. Em vez de mandar os recursos destinados para a educação da sua filha para um edifício escolar que você não escolheu, a nova lei os coloca em uma conta de educação que você controla. Desde então, o amor da sua filha pelo aprendizado explodiu. É claro, ainda há manhãs onde você tem que arrancá-la da cama, mas, uma vez que ela levanta, vai estudar e não há nada que possa impedi-la.

Ou talvez você seja um pai ou mãe de um aluno do ensino médio que mora em uma área rural no meio dos EUA. Ele frequenta o que a maioria das pessoas considera uma escola pública regional boa e, na maior parte, ele concorda. Seus professores são dedicados e as aulas que ele frequenta são razoavelmente envolventes.

Mas ela não tem nenhuma disciplina que ele *quer* de verdade. Seu objetivo é ser um engenheiro de inteligência artificial e *machine learning*. Não é um emprego comum na sua comunidade de fazendeiros, mas ele acredita que unir robótica e sensores poderia melhorar muito o rendimento das plantações e reduzir a quantidade necessária de água e pesticidas.

Ele começa sua manhã na fazenda, ajudando seu pai. Está matriculado no programa Grandes Livros da Universidade Columbia e usa o tempo que passa no trator para ouvir os romances. Às 9h, vai para a fábrica da John Deere onde é aprendiz, trabalhando ao lado de alguns dos maiores pensadores do ramo de IA. Fica lá até o almoço, volta para casa e participa das aulas virtuais de uma *charter* para estudar sua disciplina favorita (que também lhe dá créditos para o programa de aprendizagem). Ele descobriu que as aulas em seu próprio ritmo o ajudam a se concentrar melhor do que na sala de aula e, ainda por cima, ele pode estudar o material muito mais rápido do que no ritmo da sala de aula. Às 17h, é a hora da aula de futebol americano. Eles passaram a ser um time baseado na comunidade em vez de ser baseado na escola. Anteriormente, havia apenas uma escola e eles excluíam alunos não matriculados. Há alguns anos, perceberam que isso não fazia muito sentido. Além disso, o time ganhou muito mais jogos desde então.

Ele também faz tudo isso com sua conta de poupança para educação. Sua família não tem que pagar por nada, o que é bom para uma família de fazendeiros onde as margens sempre parecem estar apertadas. Talvez suas recém-descobertas habilidades de engenharia e ciência da computação o ajudem a aumentar sua renda – e a de todos os outros fazendeiros da área – em pouco tempo.

Em vez disso, talvez você seja um pai solteiro ou uma mãe solteira que vive em uma área urbana. Você gasta muito tempo no caminho para ir e voltar do trabalho. Por isso, não é possível conciliar as horas da escola designada pelo governo. Todo dia é uma luta para ver quem vai cuidar do seu filho desde a hora em que vocês entram no ônibus pela manhã até a noite, quando você volta para casa.

Você se preocupa com a qualidade acadêmica, mas se preocupa mais com a segurança. O bairro parece ficar pior a cada ano que passa. Um dia você se depara com um estande no YMCA com todas as informações sobre opções escolares na área. Você nunca teve tempo para pensar em mandar seu filho para outro lugar; na maioria dos dias, você nem tem tempo para pensar direito. Uma opção chama a sua atenção. É uma escola de imersão bilíngue, e o mais importante, aberta de 7 às 19 horas. Eles reuniram diversos recursos e programas da comunidade em um mesmo lugar para proporcionar um lugar seguro e acolhedor para que crianças como a sua conquistem novas habilidades e expandam seus horizontes, em vez de enfrentar o que as espera nas ruas.

Você se maravilha com o conceito inovador de uma escola que funciona de acordo com os horários dos pais, não o contrário; mas, como resultado, presume que não pode pagar suas mensalidades. Para sua surpresa, ela está integrada a um programa de bolsas estudantis financiado por crédito tributário do seu estado. Você matricula o seu filho imediatamente.

❧❧❧❧❧❧

A educação pode ser assim. É assim que ela *deveria* ser. Crianças inatamente curiosas seguindo sua paixão, expandindo seus horizontes e aprendendo com o melhor dos melhores. Educadores – tanto os que foram treinados para lecionar quanto os que têm muito conhecimento para compartilhar – livres para inspirar e engajar mentes jovens sem se conformarem a um sistema controlado por ordens das camadas superiores da hierarquia e medido apenas por um teste padronizado.

É um contraste assombroso com como é a educação hoje. Também é um salto gigantesco em relação ao que a maioria de nós pode imaginar a educação se parecendo, provavelmente porque nunca conhecemos outras opções.

Reformadores educacionais chamam a abordagem à educação que eu descrevi acima de "desagregação". Significa isso mesmo. Em vez de "agregar" todas as disciplinas escolares em um pacote fornecido por uma escola, ela olha para aulas, lugares e aprendizado como peças diferentes que podem ser misturadas e combinadas para atender às necessidades de um aluno individual da melhor forma possível.

Uma maneira mais fácil de entender esse conceito é pensando em um exemplo mais próximo a você: sua televisão.

É difícil adivinhar o que você tem hoje, mas há grandes chances de que há pouco tempo você tinha TV a cabo. Ela entregava os canais que a empresa escolhia. Você pagava o preço estabelecido pela empresa. Se você não tivesse uma entrada para cabo no cômodo que queria, ou até mesmo no lado certo do cômodo, teria que simplesmente aceitar ou passar por um processo complicado para levar o cabo até onde ele deveria estar.

Outros podem ter tido uma antena parabólica e, quando paramos para pensar, a sua funcionalidade não era tão diferente da TV a cabo. Era apenas uma forma diferente de entregar o mesmo conteúdo, ainda preso na dinâmica de "aceite ou fique sem". A exceção, é claro, é que, com a antena parabólica, não apareceria nenhuma imagem na televisão se o clima estivesse ruim.

Ou, ainda para outros, talvez a TV a cabo ou por satélite fossem algo com que você apenas sonhava – pois não podia pagar por elas. Você teria amado ter mais opções de programas para assistir, mas não podia se dar a esse luxo. Então, reajustava as antenas da sua televisão e assistia o que estivesse disponível. Por muito tempo, isso não era necessariamente ruim, já que a *CBS*, *NBC* e *ABC* eram os criadores dos conteúdos imperdíveis.

Pensando na forma pela qual assistíamos televisão no passado, não importava se você não gostava dos canais que tinha ou se havia um canal que você queria ter, mas não podia. Restava apenas o que o sistema lhe proporcionava e a maneira com a qual ele fazia isso. Consumidores eram reféns do sistema e da forma pela qual as coisas sempre foram feitas. As melhoras eram graduais, não transformadoras. A mudança para um guia de TV na tela, em vez do guia impresso, foi útil, mas não mudava a programação que você podia assistir.

Avançando para a realidade atual. Para a maioria das pessoas, assistir televisão é muito diferente hoje. Nós assinamos Netflix, Disney+, Amazon Prime, HBO Max. Nós assistimos aos canais que queremos. E meus netos ainda ficam perplexos quando assistem a algo que tem um – pasme! – comercial.

Mas não são apenas os "cortadores de cabo" (ou *streamers*) que estão se beneficiando. As próprias TVs a cabo reagiram às mudanças na demanda do consumidor. Elas oferecem muito mais pacotes e opções de personalização dos canais que você recebe. As TVs por satélite fazem o mesmo. Elas até oferecem versões em *streaming* do seu produto tradicional – sem cabo físico necessário. Os mecanismos de entrega não são as únicas coisas que mudaram. O conteúdo melhorou e se diversificou também. Quase toda rede ou plataforma teve um programa original de sucesso. Parece até que não conseguimos acompanhar todos os programas bons.

Essas mudanças também transformaram a indústria de aluguel de filmes (descanse em paz, Blockbuster). Você não precisa mais rebobinar a fita ou tomar cuidado para que o DVD não fique arranhado. Os filmes que você quer assistir estão disponíveis na sua casa, sob demanda.

Eu poderia continuar falando sobre esse exemplo, mas acho que você entendeu. A televisão não foi apenas transformada, ela não está apenas diferente: está melhor. Muito melhor. Melhor para todos. Mais qualidade, mais opções, mais controle e menos custo.

Podemos fazer a mesma coisa com a educação.

A educação é a indústria menos transformada dos EUA. Eu já falei isso algumas vezes. As pessoas da área ainda se ofendem ao ouvir a palavra *indústria*, mas isso não a torna menos verdade. A educação *é* uma indústria. Ela proporciona um serviço para o público. Ela troca esse serviço por dinheiro e tem postos em todas as cidades do país. Tem comerciantes, feiras comerciais, linhas inteiras de negócio configuradas apenas para sustentá-la e lobistas – exércitos de lobistas – locais, estaduais e federais. Para falar a verdade, há algumas indústrias clássicas que não têm toda essa estrutura.

O que é mais revelador para mim é que o *establishment* educacional não contesta a parte "menos transformada" da declaração acima. Eles não podem fazer isso porque sabem que é verdade. Eles sabem que a educação não se desenvolveu da mesma maneira que a televisão e todas as outras coisas com as quais nós interagimos.

Horace Mann, que falou que as crianças americanas são "reféns da causa" do nosso sistema de escolas públicas, é geralmente chamado de "pai" desse sistema. Em meados do século XIX, Mann pegou um modelo de educação desenvolvido na Europa central para a época industrial e o trouxe para as escolas dos Estados Unidos. Os estudantes se enfileiraram. Um professor ficou diante de um quadro negro. O aprendizado foi mecanizado. Sente-se; não converse; olhe para frente, espere o sinal, vá para a próxima aula. E… repita tudo.

A educação americana não mudou dessa estrutura básica criada por Mann há 175 anos. Pense nisso no seguinte contexto: Horace Mann morreu quase duas décadas *antes* de Alexander Graham Bell (1847 – 1922) inventar o telefone. O homem que projetou o sistema educacional que ainda está estruturalmente intacto em quase todos os Estados Unidos nunca fez um telefonema. Provavelmente sequer sonhou com isso.

Levou um século – cem anos – desde que Bell fez sua primeira ligação para o sr. Watson para que o primeiro telefone celular fosse comercializado, e, três décadas depois disso, Steve Jobs mostrou o primeiro iPhone para o mundo. No total, 150 anos separam a morte do "pai" Horace Mann da nossa capacidade de acessar informação do mundo todo na palma da nossa mão. Uma criança entrando no jardim de infância hoje pode nunca ver um telefone fixo em toda a sua vida, pelo menos não fora de um museu. Apesar de isso despertar certa nostalgia das pessoas da minha geração, é difícil defender que a criança está em desvantagem por causa disso.

Essa é a beleza da transformação. As ideias que perduram melhoram nossas vidas. Elas representam progresso. Elas aprimoram a condição humana. E é isso que torna tão absurdo tantas pessoas se oporem à transformação da educação – à melhora dela. Sim, a mudança assusta, mas também é através dela que aprimoramos as coisas.

Nós falamos como a disrupção acontece; como a inovação pode transformar as coisas para melhor. Agora, vamos falar sobre coisas que inibem a mudança: táxis.

Por décadas, os táxis eram a única forma de transporte particular dentro das cidades porque o governo determinava isso. Ele vendia "medalhões" – licenças – caros que os motoristas tinham que ter para dirigirem um táxi. Esse sistema de controle governamental limitava severamente as opções dos passageiros. Você tinha que pagar a taxa que estabeleciam. Tinha que se contentar com qualquer taxista que estivesse disponível. O carro era o carro – geralmente velho, fedorento e não muito confortável. E você tinha que pagar com dinheiro – eles diziam que era impossível aceitar cartão de crédito.

Então surgiu o Uber.

De repente, o passageiro podia escolher. Havia tipos diferentes de carros, preços diferentes. Era possível programar uma corrida. Você podia ver se o motorista era uma pessoa confiável. O pagamento era realizado na interface do usuário, em um cartão de crédito – sem conversas desconfortáveis sobre gorjeta, sem precisar se esforçar para conseguir dinheiro em espécie. O Uber não foi apenas uma grande melhora em um sistema antigo e consolidado. Ele foi, mas essa não foi a única maneira com a qual o Uber melhorou a vida do passageiro. Ele aprimorou todo o sistema de transporte automobilístico. Os táxis mudaram porque precisaram – a proteção ao seu monopólio havia acabado. De repente, eles começaram a aceitar cartão de crédito. Começaram a ter aplicativos. Começaram a levar a qualidade mais a sério. A competição e a disrupção os forçaram a se tornar melhores.

É isso que eu quero para a educação nos Estados Unidos. Eu não estou apenas procurando o Uber, a Netflix, a Amazon Prime das escolas, apesar de precisarmos disso desesperadamente. Eu quero a faísca que forçará todo o sistema a se desenvolver e melhorar. Minha missão – na verdade, meu chamado – é motivar uma disrupção suficiente para que não imaginemos mais a educação da mesma forma antiga, porque a alternativa é muito melhor.

Deixe-me pausar para ressaltar o óbvio: educar crianças não é equivalente à televisão, ao transporte ou aos telefones. Não é a mesma coisa. É muito mais importante. Educar todas as crianças americanas é realizar a promessa dos Estados Unidos. Tem a ver com o seu e com o nosso futuro. Todos temos um interesse muito prático – e muito pouco sentimental – em ver todas as crianças americanas recebendo educação para que elas alcancem todo o seu potencial.

Isso também não significa que a educação será da mesma maneira "nova e melhorada" para todos. As visões que eu compartilhei sobre crianças aprendendo em ambientes e formas diferentes pode parecer com algo que seria bom para seu filho. Por outro lado, você pode chegar à conclusão de que seu filho precisa de um ambiente mais estruturado com guarda-corpos[237] robustos para aprender e crescer bem. E pode até chegar à conclusão de que a escola pública designada pelo governo é a opção certa. E isso é ótimo!

Quando se trata de encontrar a verdade, existem respostas certas e erradas. Mas, quando se trata de como educar seu filho da melhor forma, não há uma resposta universal – a certa é a que é melhor para *seu* filho e família.

❧❧❧❧❧❧

Nenhuma criança é média. Eu não estou falando isso como um clichê previsível; estou falando por ser um fato empírico.

Todd Rose, um professor de Harvard, compartilhou uma história em seu importante livro, *The End of Average*[238] [*O fim da média*[239]]. A Força Aérea dos EUA enfrentou um sério problema depois da Segunda Guerra Mundial: os aviões continuavam a cair. O problema é que não havia nada mecanicamente errado com os aviões. A primeira hipótese era de "erro do piloto", mas, depois de entrevistar os pilotos, ficou claro que aquele provavelmente não era o caso. Então, a Força Aérea começou a se concentrar nas condições em que eles dirigiam as aeronaves.

Quando o Exército projetou o *cockpit* pela primeira vez em 1926, fez isso com base nas medidas de vários atributos físicos de cem soldados e na determinação do tamanho "médio" das mãos, cabeças, braços, pernas e todo o resto. Um aviador empreendedor pensou que essa poderia ser a causa do problema. Eles encomendaram um estudo muito maior, com 4.063 pilotos, para verificar quantos deles se encaixavam

---

237. No original: *guardrails*. "Guarda-corpo" ou simplesmente "guarda", trata-se de uma estrutura de proteção de meia altura, em gradil, balaustrada, alvenaria, entre outros materiais; comumente ele resguarda laterais de escadas, terraços, balcões, rampas, varandas, sacadas ou vãos. Pode-se traduzir, também, como *guard rail*, uma proteção usada em estradas de alta velocidade, feita de ferro fixado fortemente no asfalto, serve principalmente para parar carros desgovernados. Obviamente que no texto o sentido é metafórico, referente às crianças sob a tutela de terceiros.(N. E.)

238. ROSE, Todd. *The End of Average: How we Succeed in a World That Values Sameness*. Nova York: Harper One, 2016.

239. Tradução livre. (N. T.)

nas dimensões "médias". Os resultados foram impressionantes. No que se tornou um momento de revelação, eles descobriram que nenhum piloto se encaixava em todas as dez dimensões físicas mais importantes para o *design* do *cockpit*.

Não havia um piloto com tamanho médio.

A Força Aérea decidiu realizar a mudança necessária. O avião precisava estar adequado ao piloto, não o contrário. Naturalmente, o sistema militar e as fabricantes de avião relutaram, afirmando que isso não poderia ser feito e que seria caro demais, mas o Exército insistiu e os engenheiros aeronáuticos deram o seu jeito. Tecnologias que existem em todas as casas ou carros hoje, como assentos ajustáveis e alças de capacetes, se tornaram a regra. Como resultado, todo piloto passou a conseguir alcançar os instrumentos e pedais com facilidade e seu equipamento se ajustava bem a eles. Dessa forma, seu desempenho melhorou. Os aviões pararam de cair. O problema estava solucionado.

Seres humanos são indivíduos. Todos nós somos únicos. Mas o sistema educacional de Mann não acolhe nossa singularidade inerente; ele cria conformidade.

H. L. Mencken (1880 – 1956), um dos principais autores e críticos culturais dos anos 1920, descreveu adequadamente a educação americana da seguinte forma:

> A suposição mais errônea é no sentido de que o objetivo da educação pública é suprir os jovens da espécie com conhecimento e despertar sua inteligência, e assim torná-los aptos a cumprir os deveres da cidadania de maneira esclarecida e independentes. *Nada poderia estar mais longe da verdade.* O objetivo da educação pública não é disseminar esclarecimento; é simplesmente reduzir a quantidade possível de indivíduos para o mesmo nível seguro, é reproduzir e treinar cidadãos padronizados, é dar um fim às diferenças e à originalidade[240]. (Ênfase minha)

A descrição que Mencken redigiu há um século não está muito distante dos dias atuais. A educação ainda está sujeita ao que Todd

---

240. MENCKEN, H. L. "The Little Red Schoolhouse". American Mercury. Nova York, 4 abr. 1924. p. 504.

Rose apelidou de "tirania da média". Um seis é uma nota *média* (ou era antes da inflação das notas). Estudantes têm uma *média* das notas. Pais se esforçam para se mudar para bairros com escolas "acima da *média*". Um professor colocado em uma sala de aula com vinte e uma crianças (a *média* nacional)[241] não tem muita alternativa a não ser ensinar ao aluno *médio*, com poucas formas práticas de ajudar estudantes avançados a se desenvolverem mais rápido e alunos com dificuldades a terem mais ajuda.

Planos curriculares determinam o que um estudante *médio* deve saber. Eles estabelecem qual deve ser o progresso anual *médio* (que eles mais assustadoramente chamam de "adequado"). Eles dão testes padronizados para avaliar se houve uma quantidade *média* de aprendizado. E às vezes até mesmo avaliam em curva se a *média* não acabou sendo, bem, a *média*.

Até mesmo a estrutura da escola se conforma a uma *média*. Crianças da mesma idade são agrupadas na mesma sala de aula por suporem que elas têm a mesma capacidade *média* com base na sua idade. Faça uma pausa – isso é inteligente? Só porque dois indivíduos têm dez anos, isso não significa que eles aprenderam as mesmas coisas em seus primeiros nove anos de vida nem que eles aprenderão no mesmo ritmo ou da mesma maneira. Pior ainda, a suposição da *média* é aplicada em todo aspecto. "O sistema" não dá espaço para que eles sejam leitores avançados ou cientistas com dificuldades. Em vez disso, estão na quinta série (supondo que suas datas de nascimento foram na mesma época média do ano) – e ponto.

Como secretária, eu frequentemente fazia perguntas de "por quê". Era algo do tipo:

- Por que agrupamos alunos por idade?
- Por que as escolas fecham no verão?
- Por que o dia letivo deve começar com o nascer do sol?
- Por que as escolas são designadas pelos nossos endereços?
- Por que alunos devem ir para um edifício escolar?

---

241. AVERAGE Class Size in Public Schools, by Class Type and State: 2017–18. National Center for Education Statistics. Disponível em: https://nces.ed.gov/surveys/ntps/tables/ntps1718_fltable06_t1s.asp. Acesso em: dez. 2021.

- Por que a escolha está disponível apenas para aqueles que podem pagar por ela?
- Por que um estudante não pode aprender em seu próprio ritmo?
- Por que a tecnologia não é adotada de maneira mais abrangente nas escolas?
- Por que limitamos o que um aluno pode aprender com base na capacidade e nas instalações disponíveis?

Pela minha observação, esses tipos de perguntas geralmente são rotulados como algo "que não pode ser negociado" ou colocados na categoria de "coisas que não podemos mudar". Acho que o comum é que, quando pessoas fazem essas perguntas, as outras dão de ombros e todos seguem em frente.

Não há nada de errado se pessoas diferentes tiverem respostas diferentes para essas perguntas. Na verdade, é exatamente isso que estou querendo dizer. Se a educação não deve ser um modelo igual para todos, então não deveria haver uma resposta padronizada para essas perguntas. Mas são perguntas que deveriam ser feitas e respondidas. Elas – e outras – *devem* ser respondidas. Essa é a única forma de acabar com a média dos alunos americanos.

❧❧❧❧❧

A educação pública deveria significar educar o público e não ser representada por um tipo único de edifício ou sistema. Entender essa definição é fundamental para compreender o que o futuro deve guardar. Eu alegaria que qualquer *escola* que educa o público é pública e que qualquer *lugar* ou *pessoa* que educa o público está proporcionando educação pública. Afinal, esse é o objetivo do financiamento público da educação – fazer com que o público seja educado.

Até para Horace Mann, a razão pela qual os pais deveriam entregar seus filhos como reféns era que ele sabia que uma república composta por indivíduos não educados provavelmente não permaneceria uma república por muito tempo. Washington e Jefferson, juntamente com muitos de seus contemporâneos, pensavam da mesma forma.

Na verdade, o primeiro *voucher* para educação nos Estados Unidos não foi estabelecido em 1989 em Wisconsin. O primeiro veio muito antes disso – em 1781, para ser exata. Thomas Jefferson (1743 – 1826), enquanto construía o sistema escolar de Virgínia, percebeu que alguns alunos teriam a capacidade e o interesse de buscar níveis mais altos de educação do que aquele que seus pais poderiam pagar e que estavam além do que as escolas públicas da época ofereciam. Por isso, Jefferson propôs uma solução simples: o governo arcaria com o custo da sua educação[242]. Jefferson não chamou isso de "*voucher*", mas sua solução era exatamente isso.

Até agora, nunca conheci nenhuma pessoa séria que se opõe à educação, ou à educação pública – como definida acima. É isso que faz as alegações dos sindicatos de que eu e outros reformadores somos "antieducação pública" serem tão enlouquecedoras. Uma das críticas mais citadas da escolha escolar, mas que faz menos sentido, é de que ela tem o objetivo de destruir ou cortar o financiamento das escolas públicas tradicionais. Em um sistema de escolha, a única maneira de uma pública tradicional perder estudantes e, consequentemente, financiamento, é se uma família *escolher* sair. É pouco provável que alguém escolha sair de uma escola cujos alunos estão aprendendo, crescendo e se desenvolvendo. Os estudantes deixarão as que não forem boas para eles, e, se uma escola não estiver sendo boa para a maioria das crianças designadas a ela, isso deveria ser um sinal para os líderes de que mudanças precisam ser feitas – e, se eles não puderem responder de maneira adequada, talvez ela devesse fechar! Claramente, ela não está cumprindo seu trabalho.

É isso que acontece com as *charters* e particulares. Se não houver famílias suficientes que as escolham, elas fecham. Assim como a Blockbuster fechou. Não há nada inerentemente ruim nisso. Lojas e empresas fecham todos os dias. Novas abrem. Essa dinâmica saudável é o que continuamente nos proporciona restaurantes melhores, mercados melhores e experiências melhores em todas as áreas da vida.

---

242. JEFFERSON, Thomas. *Notes on the State of Virginia*. Chapel Hill: University of North Carolina Press for the Institute of Early American History and Culture, 1954.

O motivo pelo qual as escolas públicas não fecham é que nos tornamos mais apegados à infraestrutura do que a quem é servido dentro dela. Defender o sistema e todos os seus componentes – seus edifícios, tradições, poder, até nossa nostalgia com nossa própria experiência escolar – se tornou o mais importante. "O sistema" é o foco de quase todas as discussões sobre a educação do ensino fundamental e médio.

É importante observar que eu nunca os ouvi afirmar que dar mais opções aos pais é ruim para os pais e para as mães. Ou para seus filhos. O que eu ouço é que isso é ruim para "o sistema" – para o edifício escolar, o sistema escolar, o fluxo de financiamento. Isso diz muito sobre quais são as suas prioridades.

Deixe-me propor outra hipótese. Imagine que demos a todo estudante dos EUA uma conta de poupança para educação com a soma total do investimento do contribuinte local, estadual e federal que atualmente é dado para sua escola designada pelo governo.

Qual seria a desvantagem?

As crianças continuariam a aprender. Os professores continuariam a ensinar. Os contribuintes pagariam a mesma quantia que pagam hoje.

É claro, eu acredito – e pesquisas confirmam – que a educação melhoraria. Os alunos aprenderiam mais. Os professores teriam mais autonomia para ensinar. Contribuintes veriam um retorno melhor do seu investimento.

No entanto, mesmo que você não acredite em tudo isso, dados de décadas provam categoricamente que o sistema atual não está funcionando. Lembre-se das pontuações da NAEP e do PISA. Temos escolas públicas que estão produzindo, de maneira consistente, resultados medianos – até mesmo para os "melhores" alunos.

Então, por que não paramos de tentar "reformar" nosso sistema educacional fazendo a mesma coisa sempre? Por que não mudamos nosso sistema educacional para um modelo que ofereça liberdade educacional?

Como Donald Trump disse infamemente, apesar de ter sido em um contexto diferente: "que diabos você tem a perder?"

Terry McAuliffe está errado. Os pais *deveriam* ter uma voz sobre o que seus filhos aprendem. Eles *devem* ter uma voz. Eles devem ser os principais educadores de seus filhos, porque são *seus* filhos! A ideia de que as famílias modernas devem ceder a educação de seus filhos para os especialistas, como reféns de uma causa, é tão antiquada quanto preocupante.

Então o que fazer em relação a isso? Como libertar seus filhos da condição de reféns? Essa é sua oportunidade – sua tarefa de casa, por assim dizer.

Reivindique o seu papel como principal educador do seu filho

Desde que Horace Mann implementou nosso sistema educacional, os pais têm ouvido que devem deixar a educação para os especialistas. Sutilmente, ou não tão sutilmente, dizem que eles não são qualificados para se envolverem no ensino de seus filhos. Mas ninguém se importa mais com seu filho do que você. Como pai ou mãe, você tem o direito de garantir que ele receba uma educação não apenas de excelência, mas que também reflita seus valores.

Você também tem a oportunidade e a obrigação de estar envolvido com a educação de seu filho. Mais do que deixar na escola e pegar, o engajamento dos pais exige, na verdade, um envolvimento ativo no que seus filhos aprendem ou não. Isso significa tomar a responsabilidade e o domínio, como família, pelo aprendizado. Envolve solucionar problemas, não apenas fazer reclamações.

Exija liberdade educacional

Isso é algo que você pode fazer agora. Mande *e-mails*, ligue e escreva para os legisladores do seu estado, seu governador, membros do Congresso e até para o presidente dos Estados Unidos. Diga para cada um deles que você quer liberdade educacional para sua família. Você quer ter o poder, o controle e o dinheiro necessários para garantir que seu filho receba a melhor educação e a que seja certa para ele.

Você pode fazer isso facilmente aqui: *https://www.federationforchildren. org/advocacy/*.

Você pode não acreditar que sua opinião importa, ou que políticos escutem, mas posso lhe dizer por experiência própria: eles escutam. Ouvir eleitores que têm uma forte opinião sobre um assunto pode dar a um político a coragem de votar pela liberdade educacional. Eu já vi isso acontecer muitas vezes.

Abra uma escola

Isso pode parecer assustador, mas milhares de pais de todos os EUA fizeram isso nos últimos dois anos. Nós chamamos de muitas coisas diferentes – grupos, escolas domiciliares, microescolas, entre outros; mas, se é um lugar onde alunos podem aprender e crescer, tudo isso pode ser considerado uma escola.

Talvez você veja em sua comunidade uma necessidade de um espaço que foque em crianças que gostam de arte, como a Academia da Cidade do Kansas. Ou com foco em empreendedorismo, como a Academia Acton. Ou com foco no ensino bem-sucedido de leitura, escrita e aritmética, como a Academia Sucess. Qualquer que seja a necessidade, qualquer que seja a paixão da criança, quaisquer que sejam suas habilidades e dons – você pode fazer isso! Tudo que é preciso para iniciar a revolução necessária na educação é de pais engajados que se envolvem e se comprometem em fazer a diferença.

Seja alguém engajado na jornada de aprendizado do seu filho

Qualquer pessoa pode começar a fazer isso hoje. Não há barreiras para iniciar. Pergunte ao seu filho o que ele aprendeu na escola hoje. Encontre formas de fazer com que as tarefas diárias sejam oportunidades de aprender algo novo. Façam passeios educacionais juntos. Até mesmo pegar um livro e ler juntos pode ter um grande impacto.

Comprometa-se a continuar aprendendo também. Seja um exemplo de curiosidade e desenvolvimento que motive seus filhos. Compartilhe com eles quando você aprender algo novo. Se você criar um ambiente onde o aprendizado é a regra, ele se torna uma alegria, não um fardo.

Peça para ver o plano curricular

A qualidade do professor e o rigor do plano curricular são duas bases inegáveis do sucesso acadêmico. No entanto, por muito tempo, muitas pessoas tentaram ofuscar a importância delas. Pais têm o direito de ver o que está sendo ensinado aos seus filhos e fazer isso pode proporcionar *insights* valiosos sobre como sua escola está abordando assuntos fundamentais. Você pode começar pedindo apenas para ver o plano curricular. Se a instituição resistir, você pode usar a Lei de Liberdade de Informação (ou algo similar no seu estado) para requisitar uma cópia dele.

Além disso, as exigências do "direito de saber dos pais" na Lei Todo Aluno Triunfa (a lei federal americana que governa a maior parte dos ensinos fundamental e médio) permite que todos os pais peçam e recebam informações detalhadas sobre as qualificações do professor de seu filho. Ela também proporciona muitos outros direitos para o envolvimento dos pais, incluindo relatórios frequentes sobre o progresso da criança e o plano distrital para garantir que todos os alunos possam alcançar os padrões desafiadores estabelecidos pelo distrito[243].

A Emenda de Proteção aos Direitos do Aluno garante que uma escola não pode fazer perguntas sensíveis e pessoais ao seu filho, incluindo perguntas sobre política, sexo ou religião, sem sua permissão[244]. Além disso, a Lei de Direitos Educacionais da Família e Privacidade existe para ajudar a garantir a privacidade do aluno. Ela dá aos pais o direito de ver os registros de educação do seu filho[245].

---

243. EVERY Student Succeeds Act (ESSA). U.S. Department of Education. Acesso em: nov. 2021.

244. WHAT Is the Protection of Pupil Rights Amendment (PPRA)? U.S. Department of Education. Disponível em: https://studentprivacy.ed.gov/training/what-protection-pupil-rights-amendment#:~:text=The%20Protection%20of%20Pupil%20Rights%20Amendment%2C%20or%20PPRA%2C%20is%20a,use%20of%20personal%20information%20for. Acesso em: dez. 2021.

245. Family Educational Rights and Privacy Act (FERPA). U.S. Department of Education. Disponível em: https://www2.ed.gov/policy/gen/guid/fpco/ferpa/index.html. Acesso em: dez. 2021.

Candidate-se ao conselho escolar

Como a maioria das entidades governamentais, as escolas só prestam contas quando se exige isso delas. A maneira mais poderosa de fazer com que as públicas tradicionais prestem contas é ser eleito para o seu conselho de administração. Os conselhos escolares têm um controle amplo, mas não completo, sobre o que acontece dentro de um sistema escolar. Ao se integrar em um, você pode defender o que é melhor para pais e estudantes na sua região.

Se a candidatura não é sua praia, há outras opções que impactam: apareça. Pergunte. Dê retorno. Desafie, respeitosamente, quando necessário. Reuniões de conselho podem não continuar chamando tanta atenção por muito tempo, mas ainda são reuniões públicas onde qualquer cidadão pode se expressar e levantar questões que precisam de atenção. Você também pode pedir para se encontrar em particular com membros do conselho escolar.

O mesmo quadro se aplica em escolas privadas. Apesar de não terem um conselho escolar eleito, ainda são sensíveis às demandas das famílias que pagam suas mensalidades. Encontre-se com o diretor da escola para compartilhar suas visões e expectativas, ou considere formar um comitê consultivo de pais voluntários para garantir que vocês sejam ouvidos.

Seja um eleitor pela educação

Às vezes, eleitores são agrupados em categorias (como a Segunda Emenda, meio ambiente, aborto etc.). Como resultado, há um poder político visível nesses movimentos. Deveria ser o mesmo com a educação. Os pais deveriam ser vistos como uma força que os políticos não querem enfrentar, assim como foram na Virgínia em 2021.

Comece localmente. Descubra quando serão as eleições do seu conselho escolar e vote. Depois, aumente o raio de influência, certificando-se de que seus representantes estaduais, governador e membros do Congresso estejam dispostos a apoiar uma reforma educacional profunda e a liberdade educacional. Não dê seu voto a nenhuma autoridade eleita, em nenhum nível, que se recuse a fazer o que é melhor para seus filhos.

Essa, com certeza, não é uma lista abrangente e exaustiva; há milhares de formas com as quais você pode começar a revolucionar a educação hoje. O importante é se engajar, fazer as perguntas difíceis, ser um ativista, exigir melhorias, ter voz.

O mesmo se aplica às escolas. O envolvimento dos pais não pode ser visto como uma atividade feita apenas por fazer. Importar-se sinceramente com o que os pais pensam, juntamente com o desejo e disposição de realizar mudanças quando as expectativas não estão sendo atendidas, devem ser atitudes diárias. A escola não existe para seu próprio benefício, ela existe para servir aos estudantes que estão dentro dela para aprenderem.

A transformação dos fundamentos da educação começará em volta de mesas de jantar e de salas de aula. Ela começa com pais preocupados e educadores atenciosos decidindo realizar mudanças – grandes e pequenas, fáceis e difíceis – porque elas são necessárias. Os americanos conseguem fazer coisas difíceis. Nós sempre conseguimos.

Eu achei que o presidente Trump entendeu essa ideia muito bem quando disse: "Se podemos levar um homem à lua, cavar o Canal do Panamá e vencer duas guerras mundiais, não tenho dúvida de que, como nação, podemos proporcionar escolha escolar para todas as crianças desprivilegiadas dos Estados Unidos"[246].

Dar a todas as famílias a oportunidade de ter uma educação de qualidade não chega nem perto das dificuldades que ele citou. Apenas exige pessoas, como os aviadores que consertaram os *cockpits* dos nossos aviões de combate, dispostas e comprometidas a realizarem mudanças.

---

246. GABRIEL, Trip; PARKER, Ashley. Donald Trump Releases Education Proposal, Promoting School Choice. New York Times. Nova York, 8 set. 2016. Disponível em: https://www.nytimes.com/2016/09/09/us/politics/donald-trump-education.html/.

Quando eu estava trabalhando no Departamento de Educação, conheci uma mãe que estava desesperada por respostas. Ela não estava em uma mesa redonda ou em uma reunião. Ela era uma caixa da cafeteria do departamento. Seu nome era Shirley, e nos tornamos amigas. Eu a procurava todas as vezes que ia almoçar. Um dia, quando lhe perguntei como estava sua família, ela me confidenciou que estava muito preocupada com seus quatro filhos. A maioria deles não estava indo bem na escola designada pelo governo e ela sentia que não havia nada que podia fazer por eles. Estavam desinteressados e desmotivados e ela tinha medo de que eles desistissem da escola e nunca alcançassem todo seu potencial.

Falei à Shirley sobre uma tábua de salvação à qual ela poderia se apegar. A Bolsa Oportunidade DC estava disponível para seus filhos. O Congresso a criou como o único programa de escolha escolar federal no país. Shirley poderia usá-la para colocar seus filhos em escolas melhores e mais adequadas às suas necessidades. Ela não precisava ficar desamparada e preocupada. Havia uma opção para seus filhos. Enviei-lhe o *link* do programa.

Eu não vi Shirley novamente por muitos meses. Nossa cafeteria fechou e ela estava trabalhando em outra agência. Quando a encontrei, ela estava muito animada para me contar sobre seus filhos. Todos os quatro estavam frequentando a Escola Cornestone – uma escola pequena, cristã e academicamente rigorosa em Washington, DC. Os quatro filhos da sua irmã também estavam frequentando essa escola. Eles estavam progredindo.

Pela graça de Deus, a Bolsa Oportunidade DC estava lá para os filhos de Shirley. Os líderes sindicais das escolas e seus aliados estavam tentando acabar com o programa desde que aquela mãe determinada, Virginia Walden Ford, reuniu um grupo bipartidário em Washington para criá-lo. É um milagre eles não terem conseguido acabar com ele. O programa de bolsas estudantis de DC é um testemunho do que é possível. Ele foi criado sob circunstâncias improváveis e pode e deve ser recriado em outras comunidades.

Eu não finjo ter todas as respostas para pais que estão procurando um milagre para seus filhos. E eu nunca pretendi ser uma política, por isso não tenho um plano de dez etapas para consertar tudo que há de errado nos EUA. Mas eu tenho exemplos incontáveis de líderes e escolas que estão nos apresentando a maneira de mudar a educação para melhor – para as nossas crianças. Eu compartilhei algumas das suas histórias aqui.

Minha esperança é que este livro dê início a um debate sobre o que você pode fazer pelos seus filhos, seus netos e sua comunidade. Espero que ele tenha aberto seus olhos, mente e coração para pensar novamente sobre o que devemos fazer para mudar a forma por que educamos as crianças nos Estados Unidos. Espero que ele tenha dado o otimismo de que a mudança pode acontecer. *Milagres* acontecem. Eles apenas não aconteceram em lugares suficientes e para crianças suficientes... ainda.

Em vez de continuar fazendo as mesmas coisas para sustentar a mesma abordagem malsucedida e o mesmo sistema antiquado, vamos focar nas crianças a que o sistema deve servir. Geralmente, eu uso a metáfora de uma mochila. A maioria das crianças levam uma consigo para a escola todos os dias, e elas estão cheias das coisas que serão necessárias naquele dia. Vamos tentar colocar o dinheiro que já está alocado para sua educação dentro dessa mochila e dar autonomia à sua família para tomar a decisão sobre onde gastar esse dinheiro para a educação daquela criança. Essa abordagem já está funcionando para crianças em lugares como a Flórida, Arizona, Indiana e Milwaukee. Há razão para crer que ela funcionará em todos os lugares.

Uma maioria esmagadora de americanos consistentemente apoiam dar aos pais mais opções de onde e como seus filhos podem aprender. Escolas públicas *charter* são extraordinariamente populares. Há mais estudantes em ensino domiciliar hoje do que quando Horace Mann começou a tomar reféns para sua causa de 175 anos. Pais americanos estão começando a reassumir a educação de seus filhos.

Há uma realidade inevitável que confronta aqueles que se posicionam contra a reforma educacional e defendem a "causa" e o sistema. Eles podem revogar toda lei de *voucher*, fechar todas as *charters* e tirar o financiamento de todos os programas de escolha escolar no país, mas eles não podem dar um fim à escolha. Sempre haverá escolhas educacionais para os ricos e poderosos. São os marginalizados que continuarão a ser abandonados. Aqueles que não podem se mudar ou pagar mensalidades. Aqueles que não se encaixam na "média". Aqueles que vêm do "lado errado da cidade".

São crianças como Denisha, Samuel, Janiyah e centenas de outras como elas que eu conheci ao longo dos anos, e mais milhares que nunca conheci, mas que enfrentam os mesmos desafios. Elas não estão preocupadas com o "tipo" de escola que frequentam. Não se importam com o mecanismo de escolha escolar ou com o representante do sindicato. Estão preocupadas em aprender em um ambiente seguro e estimulante que as desafie, atenda às suas necessidades e as ajude a alcançar seus objetivos.

Durante minha audiência de confirmação no Senado, expus minha visão em termos muito simples. Eu disse: "Eu confio nos pais e acredito nas nossas crianças"[247]. Essa continua sendo minha visão hoje. Na verdade, é o trabalho da minha vida. Nossos filhos, *seus* filhos, foram mantidos reféns por muito tempo. Enquanto eu viver, continuarei a lutar por eles e espero que você se junte a mim! Trabalhando com muitos outros que estão comprometidos com a liberdade educacional para todos, nós podemos ser os agentes da mudança. Lembre-se, há mais de nós: mais estudantes, mais pais, mais reformadores e mais cidadãos interessados do que defensores do sistema.

Este é um livro sobre pessoas extraordinárias, mas, no fim das contas, *normais*; pessoas que são motivadas pela preocupação mais comum e humana: o bem-estar de seus filhos. Eu não citei muitas personalidades históricas ilustres neste livro, mas há algo que o presidente Lincoln disse às vésperas da Guerra Civil que é apropriado aqui. "Os dogmas do passado calmo são inadequados para o presente tempestuoso", ele escreveu para o Congresso. "Uma vez que nosso caso é novo, precisamos pensar e agir de maneira diferente".

---

247. DEVOS, Betsy. "Opening Statement Before the Senate Health, Education, Labor, and Pensions Committee". 17 jan. 2017. Disponível em: https://www.help.senate.gov/imo/media/doc/DeVos.pdf/.

Temos um problema urgente. Desafios – até mesmo grandes desafios, como a pandemia – aparecem e vão embora. Mas educar e preparar a futura geração de uma nação é uma busca atemporal. Também é uma tarefa na qual não podemos falhar. Não é exagero dizer que nosso futuro está em risco. O mundo está mudando rapidamente. Nossa economia mudou fundamentalmente. A globalização exige que eduquemos nossas crianças para estarem cientes e saberem como lidar com adversários globais. As crianças de hoje são os líderes nacionais do amanhã, e devemos dar a elas todas as oportunidades possíveis para que elas tenham sucesso.

Nos Estados Unidos, a solução para um problema é sempre encontrada na liberdade. A solução para o nosso futuro será encontrada na liberdade educacional. Liberdade do controle centralizado. Liberdade de uma mentalidade única para todos. Liberdade do "sistema".

Os "dogmas do passado calmo" da educação não são adequados hoje. Pais de todos os EUA estão despertando para esse fato. Devemos pensar e agir de maneira diferente. Somos uma nação muito boa para fazer qualquer coisa menor do que isso, e nossas crianças merecem nada menos do que isso. Um futuro melhor e mais positivo está à espera de cada criança se tivermos a coragem e a disposição política para libertá-las. Apenas com a liberdade educacional elas *nunca mais serão reféns*.

EPÍLOGO

Cerca de duas semanas antes de o pai pegar o microfone na reunião do conselho escolar do Condado de Loudoun para repreender seus membros por "se esconderem atrás dos nossos filhos como desculpa para manter as escolas fechadas", eu renunciei como secretária de educação dos EUA.

Desistir não está no meu DNA. Eu costumo dizer: "Você deve às suas ideias o compromisso de vencer". Quando assumo uma missão, é para chegar até o fim.

A única exceção é quando não há outra opção viável. Foi o que aconteceu duas vezes na minha vida: quando era presidente do partido no estado em 2000 e depois como secretária de educação em 2021.

Os sinais de alerta já estavam aparecendo há um tempo.

Eu fiquei preocupada com a forma que o presidente estava lidando com sua derrota – ou *não* lidando, por assim dizer. Ele estava cada vez mais isolado na Casa Branca. Raramente saía de lá. Pessoas erradas sussurravam coisas erradas em seus ouvidos. Mas, para ser honesta, eu não tinha muito tempo para me concentrar nisso. O Congresso estava no meio da negociação do segundo projeto de lei de assistência à Covid e toda minha atenção estava focada em tentar fazer com que o projeto de lei Escolha Escolar Agora fosse incluído. Como sempre foi o caso, o presidente Trump faria e diria o que bem entendesse. Eu estava focada em realizar o trabalho.

A primeira vez em que fiz uma pausa para refletir sobre sua luta para reverter o resultado das eleições foi em uma reunião da Comissão 1776. O presidente abriu a reunião, entretanto, a Constituição não estava na sua cabeça – mas sim o resultado das eleições. Ele passou vinte minutos nos explicando sua opinião sobre por que a eleição foi fraudada. Finalmente, um membro já tinha ouvido o suficiente. Ela disse ao presidente que a única maneira de ele ter uma chance de conseguir o que queria era se humilhando diante do Senhor. Ela deslizou seu livro de devocional diário pela mesa da Sala do Gabinete até que ele chegasse ao presidente.

Ele aceitou o livro e disse que ela poderia estar certa. Entramos na pauta da reunião. Mas o que se seguiu deixou bem claro que o presidente levou a mensagem sobre humildade a sério.

⁙⁙⁙⁙⁙

Eu assisti com pavor ao que aconteceu em 6 de janeiro de 2021. Era possível ver claramente o Capitólio do meu escritório no departamento. Apesar de nem sempre gostar do que acontecia debaixo daquele domo, para mim, ele era um lembrete visual forte e marcante da luta pela liberdade. Eu não assisti à pior parte daquele lugar privilegiado. Devido à insistência da minha equipe e principalmente dos membros do Serviço de Delegados dos EUA (U.S. Marshals), eu havia ido para casa na hora do almoço. Havia numerosos indícios de que aquele não seria um dia bom em DC, mas acho que ninguém sabia como isso acabaria mal.

Algumas pessoas acreditam que o presidente acendeu a faísca que inflamou naquele dia – reconheço que isso pode ser questionável. Mas também não tenho certeza de que ele previu ou queria o que aconteceu em seguida. O que não é questionável é que ele falhou em impedir que isso acontecesse. A gota d'água para mim aconteceu quando o presidente Trump *não* fez o que podia fazer: pedir para que a multidão que estava saqueando o Capitólio parasse. Minha preocupação se transformou em choque quando ele se voltou contra seu vice-presidente – um amigo que havia sido infalivelmente leal a Trump – mesmo quando ele e sua família foram forçados a se esconderem da multidão.

Para mim, havia um limite. Não tinha a ver com o resultado das eleições. Tinha a ver com os valores e a imagem dos Estados Unidos.

Tinha a ver com o serviço público superando o ego. O presidente havia perdido a noção disso.

Também não estava claro para mim se o presidente estava mentalmente apto para continuar a servir como o comandante-chefe da maior potência militar do mundo. Seu comportamento estava cada vez mais errático e inquietante.

A Constituição estabelece pouquíssimos poderes significativos para os membros do gabinete. Um poder claro que ela proporciona é através da 25ª Emenda, que determina que, se a maioria do gabinete e o vice-presidente apresentarem "sua declaração por escrito de que o presidente não está apto para cumprir os poderes e deveres de seu ofício, o vice-presidente deve imediatamente assumi-los como presidente interino".

A Constituição determina que o gabinete é responsável, como um conselho de diretores, por remover o presidente se ele não estiver apto para o trabalho. O que significa exatamente "não estar apto" é uma questão legal amplamente não testada, mas era uma pergunta que eu achava que tínhamos a obrigação de fazer. Passei a maior parte da manhã de 7 de janeiro ligando para meus colegas de gabinete a fim de saber suas opiniões. Elas eram variadas, desde o desejo de convocar o gabinete pela necessidade de entender melhor o arcabouço legal até o desejo de permanecer em silêncio.

Naquela tarde, entrei em contato com o vice-presidente Pence, o homem que havia me feito secretária de educação – duas vezes – e o homem que enfrentou ameaças verdadeiras contra sua vida no dia anterior. Eu estava preocupada com ele e não conseguia imaginar o peso e estresse que estava sentindo. Minha mensagem foi que, como amiga, estava lá para apoiar qualquer coisa que ele quisesse fazer. Vou manter o conteúdo da conversa em sigilo, mas, como Mike Pence já disse publicamente, ele não via a remoção do presidente do cargo como a coisa certa a se fazer[248]. Respeitei sua decisão, mas disse a ele que

---

248. MITCHELL, Josh. "DeVos Resigned After She Believed 25th Amendment Taken Off Table". Wall Street Journal. Nova York, 8 jan. 2021. Disponível em: https://www.wsj.com/livecoverage/biden-trump-electoral-college-certification-congress/card/lYaOFSzLVD0yGreJVPDM

não conseguia ficar parada sem fazer nada. Ele disse que respeitava isso também.

Naquela noite, enviei minha renúncia ao presidente, observando que "não há como negar o impacto que sua retórica teve sobre a situação, e que aquele era o ponto de inflexão para mim".

Meu chefe de equipe, Nate, havia me falado que viu sua pequena filha assistindo à violência na televisão no dia 6 de janeiro. A imagem de uma criança testemunhando a degradação de um símbolo tão poderoso da democracia americana como o Capitólio ficou na minha cabeça.

"Crianças impressionáveis estão assistindo a tudo isso, e elas estão aprendendo conosco", eu escrevi ao presidente. "Acredito que cada um de nós tem a obrigação moral de exercer um bom julgamento e termos o comportamento que esperamos que elas imitem. Elas devem saber de nós que os Estados Unidos são maiores do que o que aconteceu ontem".

Não consegui falar com o presidente e não conversei com ele desde então, mas recebi uma resposta do chefe da equipe da Casa Branca, Mark Meadows: "Obrigado pelo seu serviço". Com isso, o *meu* trabalho em Washington chegou ao fim. Mas *o* trabalho de libertar os alunos americanos para aprender e crescer continua.

Eu destaquei isso na minha carta:

> Caro sr. Presidente,
>
> Por mais de trinta anos, luto em defesa dos estudantes dos Estados Unidos a fim de expandir as opções que eles têm para alcançarem uma educação de qualidade. Como você sabe, muitos deles têm acesso negado a uma oportunidade igual para uma educação de qualidade simplesmente por causa do lugar onde moram ou da renda das suas famílias. Você acertou ao dizer que esta era uma das questões de direitos civis mais importantes da nossa época.
>
> Liderar o Departamento de Educação dos EUA me deu uma oportunidade única de defender os alunos esquecidos e deixados para trás pelo sistema educacional tradicional. Nós tivemos muitas conquistas.
>
> Nós despertamos uma conversa a nível nacional acerca de colocar estudantes e pais no controle da educação, gerando

aumento da escolha escolar e da liberdade educacional em muitos estados. Nós restauramos o papel federal adequado ao darmos de volta o poder aos estados, comunidades, educadores e pais. Restauramos o devido processo legal às instituições do nosso país e defendemos os direitos da Primeira Emenda para estudantes e professores. Melhoramos drasticamente a forma com a qual os alunos se relacionam com o Auxílio Estudantil Federal. Nós ajudamos os estudantes ao restaurarmos as Bolsas Pell durante todo o ano, expandido o programa Pell Segunda Chance, promovendo oportunidades sem precedentes para alunos de faculdades e universidades historicamente negras, entre muitas outras coisas.

Finalmente, sr. Presidente, tenho certeza de que a história mostrará que estávamos corretos em nossa insistência e defesa da reabertura das escolas neste ano e de fazer com que todos os alunos americanos voltassem a estudar. Esse continua sendo o maior desafio que os estudantes de nosso país enfrentam, principalmente os de cor e com deficiências. Neste momento, milhões deles estão tendo acesso negado à educação, em grande parte devido aos líderes sindicais que exercem muito controle sobre o sistema educacional tradicional.

Deveríamos estar destacando e celebrando as muitas conquistas da sua administração em nome do povo americano. Em vez disso, temos que lidar com a confusão causada por manifestantes violentos que invadiram o Capitólio em uma tentativa de comprometer os negócios da população. Esse comportamento foi inadmissível para o nosso país. Não há como negar o impacto que sua retórica exerceu sobre a situação, e esse é o ponto de inflexão para mim.

Crianças impressionáveis estão assistindo a tudo isso e estão aprendendo conosco. Acredito que cada um de nós tem a obrigação moral de exercer um bom julgamento e sermos o exemplo que esperamos que elas imitem. Elas devem saber de nós que os Estados Unidos são melhores do que o que ocorreu ontem. Por isso, hoje eu renuncio a meu cargo, com efeito a partir de sexta-feira, 8 de janeiro, em apoio ao juramento que fiz à nossa Constituição, ao nosso povo e as nossas liberdades.

Exercer esse cargo foi uma grande honra para mim, e sempre serei grata pela oportunidade de servir aos Estados Unidos e a seus estudantes.

Atenciosamente,
Betsy DeVos (Grifos meus)

Como disse na carta, acreditava veementemente que havia muitas coisas boas que não foram relatadas ou celebradas.

Certamente, isso era verdade no Departamento de Educação. Nós havíamos reorientado a conversa sobre educação para que ela focasse nos estudantes e suas necessidades, não nos adultos. Nós passamos por uma pandemia que transformou nossas escolas. Restauramos a razão aos casos de assédio sexual sob o Título IX. Havíamos deixado o processo de empréstimo estudantil mais justo, menos caro e mais voltado ao aluno. Havíamos tirado os burocratas de Washington e suas "orientações" do caminho e demos autonomia a estudantes, professores, famílias, comunidades e estados para que fizessem o que fosse melhor para eles.

Estou orgulhosa do trabalho realizado pela nossa equipe. Nós mudamos o debate sobre educação em Washington e realizamos um progresso significativo nos estados. Estou grata pelo presidente Trump ter me dado a oportunidade de servir. A experiência me fez ter mais esperança e ser mais otimista do que nunca diante da possibilidade de melhorar as vidas e jornadas de aprendizado do futuro dos Estados Unidos, suas crianças.

Agradecimentos

Antes de tudo, sou grata aos meus filhos e netos por seu amor e apoio inabalável. Minha paixão por servir às crianças fez com que meus próprios filhos não tivessem minha atenção exclusiva em muitas ocasiões. E, ao restante das famílias Prince e DeVos, vocês aguentaram receber respingos de lama por causa do meu trabalho em mais de uma oportunidade e calmamente se limparam e seguiram em frente. Sou grata pelo seu amor e apoio.

Meu marido, Dick, tem sido um apoiador e um incentivador extraordinário. Suas contribuições e opiniões sobre este projeto foram muito valorizadas. Sem falar que, mesmo depois de 43 anos, meu coração ainda acelera quando o vejo.

Escrever um livro nunca esteve na lista de coisas que eu queria fazer, mas tem a ver com dois pontos que defendo: aprendizado por toda a vida e compartilhamento das minhas paixões. Foi muito mais envolvente e catártico do que eu imaginava, sem dúvida por causa das pessoas com as quais fui abençoada por poder trabalhar durante esse processo.

Trabalhar com a Jessica Gavora foi uma alegria. Sua paciência, sabedoria e talento em seu ofício foram uma dádiva. Tem também o Nate Bailey, de quem não consigo expressar adequadamente as contribuições para o que você (espero) desfrutou e foi desafiado. Ele trabalhou como controlador de tráfego aéreo e piloto ao mesmo tempo. Não tenho como agradecê-los o suficiente.

Muitos amigos e colegas contribuíram oportuna e inestimavelmente, com certeza tornando a leitura melhor. Obrigada a Greg McNeilly, John Booy, Greg Brock, Tandy Champion, Em Wierda, Bill Hybels, Bruce Los e Bill Payne. Sou grata por cada uma das suas contribuições. Bob Eitel e Jim Blew me ajudaram a lembrar de alguns dos detalhes mais minuciosos (ou mais preocupantes) do nosso trabalho no Departamento de Educação.

Dougie Simmons e Lizz Hill proporcionaram suporte logístico e pesquisas úteis, além de tantas outras formas com as quais eles me ajudaram a fazer as coisas que eu faço melhor. E não havia uma equipe de apoio melhor em DC do que aquela com a qual eu tive o privilégio de trabalhar, incluindo: Sarah Delahunty, Jessica Newman, Allen Ernst, Daniela Garcia e Nick Hahn. Para *todos* os membros da nossa equipe de nomeados políticos, obrigada pelo tempo e talento que vocês dedicaram à causa dos estudantes americanos.

Também sou grata a todos os membros do Serviço de Delegados dos EUA (U.S. Marshals) que me protegeram em (quase literalmente) cada passo. Dan Vizzi e equipe – obrigada, obrigada.

Phil Rosenfelt, Denise Carter, Jason Gray, Tracey St. Pierre, Joe Conaty e todo o pessoal do Departamento de Educação que trabalharam todos os dias pensando nas crianças às quais servimos – obrigada pelo seu comprometimento. Paul Wood e Joshua Hoover, obrigada por todas as lindas fotos – e risadas – na jornada. E obrigada ao oficial Newman, de quem sempre me lembrarei e estimarei seu cumprimento diário cheio de alegria.

Muitos amigos também foram fontes regulares de encorajamento. Nosso grupo Insula: Jillane e Bill, Sally e Dirk, Lessa e Jon, Linda e Ken, Susan e Clare, Sharon e Dave, Mary e Garth, Sally e Bill, Andi e Frank, Julie e Brian, Meg e Kevin, Val e Mike, Claire e Garry, Marcy e Jerry; nossa igreja: John, Ruth e Jeff, Stefany e Tom; além de Lynne e Bill, Tori e Henry, Kathy e Al, Dee e Jimmy… viver com vocês é maravilhoso.

Alex Pappas, obrigada a você e a todo o time da Hachette pelo seu incentivo e suporte editorial. Matt Latimer e Keith Urbahn da Javelin, obrigada pela sua ajuda do início ao fim.

Finalmente, saudações aos meus colegas na luta pela liberdade educacional que estão na linha de frente. Não há mais ninguém com quem eu preferiria estar na batalha do que com pessoas como Bill Oberndorf, John Kirtley e toda a equipe da AFC. A todo estudante, pai, mãe, avô, avó, tia, tio, autoridade eleita, ou qualquer outra pessoa que tenha corajosamente acrescentado sua voz ao coral que pede para que as crianças não sejam mais feitas reféns: obrigada, acima de tudo.

SOBRE A AUTORA

Betsy DeVos é uma líder, inovadora, disruptora e defensora da liberdade. Nos Estados Unidos, ela é a maior defensora da liberdade educacional para alunos de todas as idades, e exerceu o cargo de 11ª secretária de educação de 2017 a 2021. Betsy defende liberdade para pessoas e mercados, livre troca de ideias e, principalmente, liberdade na educação.

Como defensora da escolha escolar e de múltiplas opções de educação para todos os estudantes após o ensino médio, ela acredita no potencial único de cada aluno e que não existe um modelo único de caminho para o sucesso de todos. Por mais de três décadas, tem sido incansável em sua luta por reformas de políticas públicas que tiram o controle governamental e permitem que todos os estudantes tenham a liberdade, flexibilidade, os recursos e apoio que precisam para escolherem onde, quando e como vão aprender. Seu ativismo promoveu a criação de novas escolhas educacionais para alunos dos ensinos fundamental e médio em mais de vinte e cinco estados e no Distrito de Columbia e expandiu as opções educacionais pós-ensino médio para estudantes e aprendizes adultos.

DeVos também é uma líder de negócios bem-sucedida. Ela atuou como presidente do Grupo Windquest, uma empresa de gestão e investimento privado situada no Michigan com um portfólio diversificado de produtos e serviços ao consumidor. Ela foi presidente da Federação Americana pelas Crianças, do Fórum de Filantropia e do Partido Republicano do Michigan, e trabalhou em muitos outros conselhos nacionais, como o Kennedy Center e o Instituto American Enterprise. DeVos se formou na Calvin College e é casada com Dick DeVos, empresário, filantropo e ativista comunitário. Juntos, eles têm quatro filhos e dez netos.

Acompanhe a LVM Editora

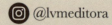 @lvmeditora

Acesse: www.clubeludovico.com.br

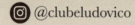 @clubeludovico

Esta edição foi preparada pela LVM Editora e por Décio Lopes,
com tipografia Baskerville e Gotham, em março de 2024.